U0944966

他们都有病

中国历史大人物的身体隐情

谭健锹◎著

中国出版集团 现代出版社

版权登记号：01-2016-1732

图书在版编目（CIP）数据

他们都有病：中国历史大人物的身体隐情 / 谭健锹著. -- 北京：现代出版社, 2017.1

ISBN 978-7-5143-5352-5

Ⅰ. ①他… Ⅱ. ①谭… Ⅲ. ①中国历史—古代史—通俗读物 Ⅳ. ①K220.9

中国版本图书馆 CIP 数据核字（2016）第218478号

他们都有病：中国历史大人物的身体隐情

作　　者	谭健锹
责任编辑	袁子茵
出版发行	现代出版社
地　　址	北京市安定门外安华里 504 号
邮政编码	100011
电　　话	010－64267325　010－64245264（兼传真）
网　　址	www.1980xd.com
电子信箱	xiandai@vip.sina.com
印　　刷	三河市金泰源印务有限公司
开　　本	660mm × 900mm　1/16
印　　张	19
版　　次	2017年1月第1版　2017年1月第1次印刷
书　　号	ISBN 978-7-5143-5352-5
定　　价	39.80元

推荐序
Preface

以医学与科普角度重现历史的吉光片羽

蒋忠和（澳门中华文化发展促进会秘书长、《澳门日报》原副总编辑）

谭健锹医师的新书就要出版了，他嘱我作个序。我不是医师，历史也懂得不多，该怎么写呢？好生为难，所幸最近与谭医师常有来往，交谈中颇多收获，那就先谈谈我对谭医师的印象吧。我认识谭健锹医师也是因书而起。那天书店来了位文质彬彬的中年人，挑选了两三本文史类的书，我看在眼里，就向他介绍《台湾时报文化》二〇一四年四月出版的《历史课本没写出的隐情：那些帝王将相才子的苦痛》，因为这本书我看过，觉得蛮有趣味性，也不是信口开河胡编乱造那一类。这位先生看到封面上作者的名字时，面露喜色地说："哦，谭医师，是我的同事。"于是他把这本书买了回去，还给我留下了谭医师的电话。

过了些日子，因为文促会的工作，就找了谭医师来商量，当然也特别想认识谭医师这个人。交谈之下，我知道谭健锹兴趣广泛，熟读历史书籍，更可喜的是，谭医师喜欢以历史的眼光加上现代医学的知识，解剖历史上一些名人的生老病死，推敲折磨他们的病痛。就比如《历史课本没写出的隐情：那些帝王将相才子的苦痛》这本书，他就是从医学的角度剖析屈原、白居易、曾国藩、乾隆皇帝、万历帝、周瑜、诸葛亮等历史名人的病因、病史，参以人物的生平事迹、言行成就，并辩证地指出史料、传闻的谬误，让那些沉睡了千百年的灵魂更加跃然纸上，吸引读者。

其实早在二〇一三年五月，《台湾时报文化》就出版了谭健锹医师的《病榻上的龙》。在这本书中，谭健锹以专业医学的眼光，根据史料记载，仔细推敲历代诸侯、帝王的病因、翻检审视其病史，让读者重新理解他们的生存环境、生活习惯与性格基因，并以全新的角度辩证历史传闻及观点的正误，同时针对帝王罹患病例提供保健之法，突显与众不同的读史切入点。随后的二〇一四年五月，台湾商务印书馆也出版了他的《疫警时空：那些纠缠名人的传染病》。谭医师结合中外名人的病史、著名医药学家的研究历程，生动、科普地阐释流感、天花、炭疽、狂犬病、登革热、疟疾、梅毒、结核等十二种著名传染病的病原特点、发病特点，同时展开与疾病罹患者、疫病征服者相关的人生讨论。

的确，当变换一个视角，历史呈现给你的会是另一个五彩缤纷的世界。谭健锹奉献给读者的作品，就是以一个医师的敏感，从医学和科普角度去重现历史文化的吉光片羽。

这一次，谭健锹的笔端触及的领域更辽阔宽广了，比如由抗金英雄岳飞的“将军肚”，触及古代人健美观念的偏差；据晚清“胡庆余堂”出现的虎骨选购风波，他回顾了中医对虎骨的追捧，但也比较了中、西医眼中不同的虎骨地位；从篡汉的新朝皇帝王莽既戴头巾裹着脑袋，还用染料把头发、胡须染黑这“时髦”的行为，联想起脱发和白发的成因……

说实话，把历史上有争论、有疑义的名人病例找出来，并且能够冲破樊篱，把视角和触角伸向更为广阔的历史、社会领域，编写出一本文史、医学并融的书绝非易事。在谭健锹笔下，每一个事件或案例都力图既具备完整的故事情节，又兼顾当时或后世的不同说法；在综合诸家之见、各派之说的基础上，独辟蹊径，做出自己的判断，融故事性、学术性和趣味性于一体。

读谭健锹医师的书稿，不仅不感枯燥，反倒觉得是一种享受，常常情不自禁地为书中的精彩内容所吸引，回到历史上那些动人心魄的场景。对于这样有助于提供知识、增添生活乐趣，有益于开发智力、开阔视野的好书，我当然表示热烈的欢迎，并且要向人们热情地推介。

自 序

Preface

在探索中求变，在当下持续笔耕

在过去的一年中，发生了很多不寻常的事情，有喜有忧。可以说，变化无处不在。也许，人生就该是这样。只是当人们在漫漫的路程中，无法停下匆忙的脚步，也无力回顾张望时，往往会无暇顾及其他，更遑论体会了。

我，继续着自己的生活，写作、行医，做一位不很合格的丈夫，当一位不很称职的爸爸。人，若按照原来的老路一直走下去，很容易觉得枯燥和劳累，会很想暂停一下，歇一歇……但是我停不下来。

去年年初，我获得第十届澳门文学奖散文组的季军，这实在是意外的收获。我只是把医师日常工作的小片段，诉诸平实、家常般的言语，想不到也能打动评委。也许，他们更感兴趣的是医疗工作者这神秘而“刺激”的职业吧？其实我觉得好的作品有时不一定都需要华美的文采、曼妙的比喻、高雅的境界和深邃的思想，那些来自作者心灵深处最朴素、真挚的情感，那些看似稚嫩甚至笨拙的文字，只要提炼真实的生活，只要渗透着鲜活的气息，哪怕带着泥土的味道，都能够令人回味无穷。

由此，我的拙笔仍旧写写涂涂，改来改去，寄到报社，石沉大海也好，荣登传媒也罢，我并不介意，我寻找的是那种倾诉生活的感觉。不仅写疾病，不仅写历史，还写美食、写读书、谈军事，也聊时事，很多时候不免漫无边际，很多时候久盼之余并未见报，但过去那种极其容易出现的气馁和慨叹，慢慢消失，只有一份吐之畅快的心情。

去年年中的时候，分属两家出版公司的《历史课本没写出的隐情》《疫警时空：那些纠缠名人的传染病》几乎同时出版，我心如静水，全然没有前年第一次出版《病榻上的龙》时那种瞬间的兴奋感。因为，这毕竟代表我的过去，《历史课本没写出的隐情：那些帝王将相才子的苦痛》是探案、鉴证式的医学科普介绍，混搭了历史人物评说；《疫警时空：那些纠缠名人的传染病》则是平铺直叙的历史故事、生生硬硬的传染病说教，和突突兀兀的心灵鸡汤炒成一碟的怪味菜品。探寻如何挣脱它们的桎梏，也许才能更体现一个作者的价值，才能吸引更多的读者。

九月中的一天，突然收到《澳门日报》汤梅笑主任的电邮，邀请我到报社一聚。那是一次难忘的见面。记得那天下午，雨下个不停。窗外飘飘洒洒的，如同自己的思绪一般。我等来了汤女士。虽既往见面次数不多，但有着太多的共同话题，从澳门的文学氛围到中国古典诗词，我们相谈甚欢。聊起我以往在书上介绍过的曹植、李贺患病之事，及其病源推测，她认为“很有启发”。末了，她建议我在日报上开辟专栏，写写“历史与医学”相互“纠缠”的小文章。

“知道你们医师很忙，如果你有兴趣，每两周写一篇，字数八百左右，如何？”汤女士笑道。我沉思了一阵子，抬起头，轻轻地说：“我尽量每周一篇。”其实，我心里最想说的是：再忙也值得！

如果说书籍是我和读者交流的小平台，那么，报刊就是我们的大平台。从此，我的生活似乎更加忙碌，但也更加充实、更有分量。

这次没有重蹈过去的模式，因为我无意成为医学史上的福尔摩斯或名侦探柯南，至少风格和写法不想固执一味。成功的演员不能老是扮演同一种类型的角色，同理，作者也应如此。唯有不断拓宽自己的“戏路”，创作灵感才会源源不绝，写作技能才可日臻成熟，生活的光泽才得以活灵活现。

因此，我的笔下不再是西医眼里对名人疾病的追根溯源，干脆天南地北、中医西医，无所不及，有医患关系的探讨，也有心理分析的初试，只要与“历史和医学”有关，都尽收囊中，依题发挥。由河豚的中毒原理，触及一代文豪苏东坡；由“初唐四杰”之一卢照邻久病厌世、投河自尽一事，对古代临终关怀机构和澳门镜湖医院的“康宁中心”进行了一番比较；从对扬州城隋炀帝墓葬的发掘，了解到仅剩的遗骸——两颗牙齿，进而由牙质的硬和软，联想到那些二世而亡的短命王朝。

陈廷焯在《云韶集》中评价辛弃疾的词作，说：“词至稼轩，纵横博大，痛快淋漓，风雨纷飞，鱼龙百变，真词坛飞将军也。”浙西词派论家吴衡照也说：“辛稼轩别开天地，横绝古今，《论》、《孟》、《诗》小序、《左氏春秋》、《南华》、《离骚》、《史》、《汉》、《世说》、《选学》、李杜诗，拉杂运用，弥见其笔力之峭。”

这也是我写作追求的境界啊！

年底，我给汤女士发去了一篇文章《隋炀帝的牙齿》。她读罢，回信曰：“好看！”这是长辈对晚辈的最高首肯了。可惜我们再次见面的时候，她对我说：“我退休了，我想享受以前没尝试过的生活。你放手继续写你的专栏吧。加油！”

怅然、惊愕之余，还有一丝忧伤，也许这就是喜欢写作的人内心特有的敏感吧？望着她远去的身影，我勉励自己要在探索中求变，提醒自己要随时注意摒弃貌似固有的习惯，也许有一天我们会江郎才尽，或许还未到那一天，读者就已经把我们抛弃了，唯有在当下持续笔耕才是最踏实的。

默默地，我继续写着喜爱的专栏，每一期八百字，实在说不完心中酝酿已久的故事，道不尽那些早已发酵的念头。这八百字只是骨架，我努力把它们一再润色、打扮、添彩，使之骨肉丰满，起码把“颜值”分数拉高一些。

日子就这样在忙碌中来去，好像只有我女儿出生前后那个月，我才把手中的笔稍稍停了一停。感谢她的降生给我们带来新的喜悦，感谢这种喜悦为初涉文坛的我带来灵感上的点滴。

当我接近“完工”的时候，德高望重的心脏科邓医师从工作十九载的医院离职了，他要开一家诊所，打算重新开创一片属于他的天地。是啊，人生，没有什么一成不变，也没有什么值得墨守成规。祝贺他，也祝贺汤女士。

2015 年 8 月 15 日　雨天于镜湖医院

目　录
CONTENTS

形貌背后有真相 / 1

医食向来是同源 / 53

心病还须心药医 / 99

药毒总在一线间 / 157

憾恨绵绵无绝期 / 209

医疗古今事件簿 / 241

跋 / 286

壹

形／貌

背后有真相

秦始皇焚书坑儒皆因佝偻症？

秦王为人，蜂准、长目、挚鸟膺、豺声，少恩而虎狼心。

——《史记·秦始皇本纪》

据古代文献记载，中国历代帝王的长相多半不是其貌甚伟，不是奇异不群，比方“皇帝”的第一人——秦始皇嬴政，到底是英武潇洒，还是身形猥琐？

骨骼异常的丹凤眼大汉

可惜史册语焉不详，只留下司马迁的片言只语，而且还是旁人转述。时下许多名人视不雅照或狗仔镜头为洪水猛兽，必欲除之而后快，嬴政也是吗？

关于嬴政的相貌，现存最早的记载见于《史记·秦始皇本纪》，转述尉缭形容：“秦王为人，蜂准、长目、挚鸟膺、豺声，少恩而虎狼心。”

“蜂”亦作“隆”，高的意思，“准”就是鼻子，可见他长着一副高鼻梁。至于“长目”，从兵马俑的古代关中人外貌推敲，让人联想起今天陕西人的特征之一——丹凤眼。不过，在古文里，经常出现“蜂目”这个贬语，形容面貌暴戾、凶相毕露，此处的“长目”

是否带有其他含意，还有待进一步考证。或许嬴政的五官不算丑陋，带些英武之气也是可能的。再说，他的母亲赵姬是邯郸舞者，乃一绝色美女，令其父一望而神魂颠倒，可见面容姣好，照理嬴政有她的遗传基因，长相应该也是可圈可点。

至于豺声，郭沫若先生认为是气管炎导致的细尖沙哑，这点值得商榷。早于嬴政时代的《左传》，以及曾到大唐学习、任官职的新罗（今韩国）诗人崔致远，都提到“豺声”是形容为人残忍暴虐，并非专指具体的声音①，郭老认为是病理状态就有点捕风捉影了。

嬴政是否高大魁梧、孔武有力？尉缭没直说，但嬴政长大后身体应该还算强壮，别忘了《史记·刺客列传》提到他与荆轲搏斗，可以瞬间“拔（剑）以击荆轲，断其左股”，这位关中大汉，绝非手无缚鸡之力！

尉缭曾任秦国国尉，身为高级将领和嬴政共事多年，撇开对嬴政的轻蔑不谈，他对其外貌的形容应有一定的可信度。

如果只是这样，那么嬴政大概不至于太介意外貌，但事实果真如此吗？

别忘了嬴政还有“挚鸟膺”，这常指胸骨的异常突起，不禁令人联想起维生素D不足所导致的佝偻症。维生素D又称钙化醇、阳光维生素、抗佝偻症维他命等，属脂溶性维生素，种类很多，以维生素D_2和维生素D_3最重要，能促进食物中钙的吸收。维生素通常存在于天然食物中。此外，在人体皮下具有从胆固醇生成

---

①《左传》有“且是人也，蜂目而豺声，忍人（残忍之人）也”之说；朝鲜公认的汉文学鼻祖崔致远，感慨唐朝兵灾频仍、民不聊生，在《出师后告辞状》也提到“中朝多难，顷烦豹略，伫灭豺声”。

的7－脱氢胆固醇，受紫外线的照射后，就能转化为维生素D_3。所以，只要有适当的日照，就能满足人体对维生素D的需要。

佝偻症是一种骨基质钙化障碍的疾病，在婴儿期较常见，起因于体内钙、磷代谢紊乱而使骨骼钙化不良。紫外线照射不足，食物中钙、磷含量不足或比例不当，生长发育过快，都可致使维生素D的供应量不足。慢性呼吸道感染、慢性腹泻和肝、肾异变等慢性疾病，以及影响钙、磷吸收的种种因素都是幼儿产生佝偻症的原因。

由于婴儿生长发育特别快，对维生素D和钙的需求增多，因此最易发病，但佝偻症发病较缓慢，一般难以及时发现，不易被重视，往往错过治疗的黄金时机，使得生长中的长骨干骺端软骨板和骨组织钙化不全。此病主要临床表现为骨骼异常，如两侧肋骨与肋软骨交界处膨大如珠，胸骨中部向前突出形成“鸡胸”，或下陷成“漏斗胸”，胸廓还会“肋缘外翻”。

其实只要多晒太阳，及时改善营养，小孩的佝偻症是可以治愈的，但若错过时机，严重者就会留下骨骼畸形的后遗症。嬴政，这位本该仪表堂堂的千古一帝，极可能就是罹患了佝偻症。

童年颠沛流离，终成一代暴君

嬴政的成长经历似乎印证了这一切，他并非自幼锦衣玉食，赵国邯郸才是他的出生地。当时，虽然他的曾祖父秦昭襄王如日中天，祖父安国君为内定接班人，但父亲嬴异人（子楚）只是安国君众多子嗣中默默无闻的一位，可有可无，还被扔到赵国当人质，母亲赵姬则是吕不韦赠送的江湖舞女。

从小生长在异国他乡的嬴政，十三岁才因父亲发迹而荣归秦国故里。首先，由于幼年长期在敌国颠沛流离，东躲西藏，动不动就受到赵人的死亡威胁，因衣食不继而营养不良，导致缺乏维生素D是极有可能的。

其次，据考证嬴政生于秦昭襄王四十八年正月，也就是隆冬时节，此时北方邯郸的天气定然异常严寒，刚喜得贵子的嬴异人、赵姬夫妇很可能害怕他受冻，将其长期养在室内，这更容易导致婴儿接触阳光不足。

最后，这对夫妇对嬴政的照料可能有所疏忽。此时的嬴异人正在吕不韦的策划下，一步步巴结父亲身边的爱妾，几乎把一生都赌在这场疯狂的宫廷阴谋之上，心思完全没放在儿子的身体发育上；赵姬，一个毫无育儿经验的少女，孤立无援，自顾不暇，对小嬴政的呵护也很难做到周全。

苦尽甘来，当嬴异人逐渐得势并继承王位之后，嬴政的处境才慢慢好转。这时他的身体发育才终于有机会慢慢步上正轨，长成一位关中大汉。然而，幼年时不幸留下的骨骼畸形后遗症，却永久地留在身躯。

历来关于嬴政焚书坑儒的原因，争论颇多，而他敢冒天下之大不韪，置千古骂名于不顾，放肆销毁六国各种典籍和记录档案，是否也肇因于考虑到自己残损的外貌特征，不宜后传呢？

这位统一中国的始皇帝，却以残暴著称。当初早早就在寂寞深宫中守寡的赵姬，竟与假宦官私通并生下两个小孩儿。这两个可爱的同母弟弟最后被嬴政残忍地杀害，赵姬则被幽禁。

嬴政在秦国的统一战争中，延续先祖们的残暴不仁，且有过之而无不及。在取得天下之后，继续制定严刑峻法，“有虎狼之心，杀人如不能举，刑人如恐不胜”，又长年累月大肆营造各种国防工程和私人乐园，视百姓生命如草芥！于是，民怨沸腾，人心惶惶。秦始皇去世不久，大规模的农民战争便席卷全国，很快就将嬴政一手打造的超级帝国打碎，扫进历史的垃圾堆。

也许正是儿时的生理缺陷使他备受歧视，导致嬴政成年后的心理不健全，潜在的自卑感终于诱发出敏感多疑、报复性极强的暴君性格，这不仅对他个人、家庭，乃至对天下苍生，都是极大的不幸！

王莽与汉元帝的三千烦恼丝

王莽头秃，乃施巾。时人云："王莽秃，帻施屋。"

——《独断》

发丝从来都不是小事，唐朝诗人刘禹锡曾写信给白居易，说自己偷闲照镜子，结果不禁长叹："身瘦带频减，发稀冠自偏。"尽管早已步入暮年，但面对头发稀疏、连帽子发簪都撑不起的尊容，内心不免有一丝惆怅。

顶上的人生大事

对古人来说，如果一缕浓黑的胡须象征尊贵、威严，那么一头茂密的黑发就意味着健康和美观，尤其面对头发大事，古今相通，男女皆同。

可惜不是人人完美无瑕。胡须稀疏短小倒也罢了，倘若头发变薄了、稀疏了，在显眼的地方过度"透支"了，那就真的有失雅观，轻者引来嘲弄、自尊受损，重者面对人生大事如求偶婚娶等事，便万事休矣，这一点，男人最能感同身受。

古人很早就注意到顶上的大问题，据庄子说，上古时期，有虞氏替人治疗头疮，毛发脱落而成秃子的病患会用假发遮丑[①]。有虞氏即舜帝，为有名的古代五帝之一，原来，鼎鼎大名的舜帝不仅有政治头脑，似乎也擅长医治民间疑难杂症，更制作出中国历史上最古老的假发广告，难怪人们不仅把假发当作一块不可缺的遮羞布，更对假发的美观斤斤计较！

对男人来说，假发是雪中送炭；对女人来说，则是锦上添花。假发一向是美女增加回头率的本钱，春秋时假发就极盛行，《左传·哀公十七年》记载，卫庄公在城墙上看到戎州人己氏的妻子长发乌黑亮丽，甚美，竟然命人把她的头发强行剃掉，给自己的夫人吕姜制作假发，此装饰品遂称为“吕姜髢”。髢者，假发也。

汉朝皇太后以假髻来承载多种沉重而复杂的头饰，后来演变成华丽的凤冠。宫中对假发的需求很大，为了找人发做假发，有些官吏甚至强行砍下人头取发。《太平御览》引《林邑记》提到，朱崖（也作珠崖，今属海南岛）人多长发，当地郡守贪婪残暴，把妇女的头颅割下来摘取头发制造假发。可见假发在当时被视为珍品。用这种恐怖而未经消毒的头发做成的假发，不知戴者了解与否，若知晓，想必也毛骨悚然而拒之千里。当然，自愿买卖仍是主流。有些穷人把头发剪去卖掉，以换形貌钱粮，例如东晋名将陶侃，年轻家贫，其母就曾剪下头发，卖给假发店，换得数斛米，再把家中竹柱砍了、草席剁了做柴火，为前来投宿的陶侃友人做饭。《世说新语·贤媛》记载了这件事，后世引为美谈，即为成语“陶母邀宾”的典故出处。由于真发所制的饰品得来不易，早在汉朝初期就曾出现以黑色丝线制成的假发，湖南长沙马王堆一号汉

---

① 《庄子·天地》：“有虞氏之药疡也，秃而施髢，病而求医。”

墓就有此物出土，成为汉初侯爵夫人辛追千年不腐的尸身上弥足珍贵的饰品。

和中国一样，早在罗马帝国时期，许多欧洲人也使用假发，就连皇帝也戴着假发。战争时敌方军民的头发也常作战利品进贡宫廷。一些贵族会把奴隶的头发剃去做假发。有些贫农会把自己的头发束起结成发辫，长到足够的长度就剪下卖给假发市场。这不免让笔者想起美国短篇小说家欧·亨利（O. Henry）最为人传诵的短篇小说《麦琪的礼物》（*The Gift of the Magi*）充满了小市民笑与泪的故事：一对相爱的夫妇在圣诞节来临时，两人都想买一件礼物给对方。丈夫知道妻子很珍爱一头秀润的长发，决定买一套精致的梳具送她，无奈钱不够，只好变卖心爱的怀表。同时，妻子知道丈夫心爱的怀表一直没有表链，但自己没什么钱，只好将长发剪下，卖给理发店做假发，再用卖发的钱买下表链……这已是20世纪初的故事了！

秃头皇帝遮羞史

言归正传，发量稀少、光头秃头，最感困扰的还是男人，这种情况古今中外皆如此。希腊、罗马时期，普遍认为秃头是受到上天惩罚，把秃子视为罪人。头发稀疏或秃头的军官会被希腊领地的长官歧视,并拒绝安排工作。罗马人甚至考虑让议会通过“秃子法令”，禁止秃头男子竞选议员，秃头的奴隶也只能卖到半价。为了免受歧视，秃子会戴假发遮掩不雅。

法国著名的“太阳王”路易十四就患有“地中海型”秃头。为了维护皇帝的威严，当然戴上假发，而且还是蓬松异常的假发。

于是现代流传下来的路易十四肖像画中，我们看到的都是意气风发、气宇轩昂的伟大君主，一切都被假发掩盖得严严实实，装饰得冠冕堂皇，只有在历史文献中才偶尔出现一两句道出真相的记述，不过已鲜少有人问津。从历史的角度看，路易十四骗过后世绝大多数人，是胜利者。至于当时，由于皇帝带头，许多臣民尽管头发完好甚或郁郁葱葱，风行草偃之下，为了模仿，竟也戴起闷热沉重的假发，宁愿忍耐虱子、跳蚤的骚扰，以及难闻的汗油臭味。从潮流的角度看，路易十四引领了当时的欧洲时尚，算是流行文化界的佼佼者。

其实，路易十四绝不是发型时尚的先锋，早在一千六百多年前，中国就有一位皇帝做过类似的事情，不过并未使用假发，他就是王莽。

东汉末年学者蔡邕在《独断》中对当时的服饰进行研究做了一番论述,他谈道:“王莽头秃,乃施巾。时人云:‘王莽秃,帻施屋。’”

汉代时，上流社会所戴头布全用黑色布巾，更准确地说，应该称为“帻”，帻在古时本是劳动阶层用来扎裹头发不使散乱的，两端有带子可以从头上系于颌下，相当平民化。后来，帻的使用范围愈来愈广，已不仅限于平民，统治者的影响力很大，帻的质料和做工也愈来愈讲究。西汉人常戴形帻，但并不把头顶全包住，因而帻也常是空顶的。

公元 8 年，王莽篡汉，建立新朝。这位老兄过去依靠姑母家族的外戚势力逐渐干预朝政，又将女儿嫁给汉朝天子，让自己升格为国丈，大玩权谋，把政权牢牢抓在手中，步步进逼，最终迫使皇帝“禅让”下台。在这个漫长的“和平转移”过程中，王莽刻意装扮成一个仁孝忠信、大义灭亲的正人君子，配合社会舆论造势，拉拢不少士大夫的心。

不过自己是什么料，有多少斤两，王莽本人最清楚。终究来路不正，做贼心虚，他内在没料，毫无自信可言，对治理国家也只是瞎子摸象。在这种心理阴影下，偏偏又加上生理缺陷，那就是秃头。

其实秃头并非老年人的专利，现代医学发现不少三十出头的男性也有这种尴尬的症状。但王莽当上皇帝时年纪已不轻，或许是自然规律无情，或许是操劳国事过度，还可能是饮食、作息不良，头顶上的“空”愈来愈刺眼，随便掉下一根发丝，都让他敏感得难以入睡，毕竟身份大转变，一朝贵为天子，容貌岂容瑕疵？于是，他故意把软帻衬裱使之硬挺，套在脑袋上，将顶部升高做成“介”字形的“帽屋”，好遮掩秃头，这种有“介”字形帽屋的帻就是“介帻”。群臣自然跟风四起，一时间仿效者众。王莽心满意足，自以为权威巩固，遂放心以复古的理想主义大胆实施社会改革。

当然，社会经济规律是不听个人意志使唤的，本性乃一介迂腐书生的王莽，对政治、经济的“天才”构想，显然只是空想，等在后面的就是大灾难。国家经济崩溃，人民流离失所，天怒人怨，群雄并起，抗争风起云涌……最终王莽的新朝，毫无“新”意可言，徒剩早衰，迅速在风雨飘摇中土崩瓦解。王莽被杀，尸身遭大卸八块，秃头被割下示众，挂在城头上饱受民众愤怒的石头和唾沫。王莽的改制，注定和他的光秃头顶一样，都成了一场“空”。

史书上也有王莽染发的记载，还描述其长相“鸱目虎吻”，显然不是潘安、周瑜之类的俊朗型，他似乎对仪表非常在意，但又对自己的外貌不大满意，为何拒绝使用假发？可能觉得那是妇道人家的玩意儿吧。换个方式装模作样地遮遮掩掩，这又何必呢？一个又戴头巾又染发的王莽、一个珍爱外貌形象的王莽，其内心深处造假做作、掩耳盗铃的纠结，外加风光不再、令人喷饭的尊容，时刻烦恼的他，委实可怜。结局如此，自在情理之中。

令人觉得意外的是，有些人竟会嫌头发太多！王莽出生前数十年，汉朝出了一位汉元帝，就是那位把王昭君嫁给匈奴和亲，后来懊悔不已的刘奭。蔡邕的《独断》云："元帝额有壮发，不欲使人见，始进帻服之，群臣皆随焉。"原来，元帝前额的头发特别厚，当时被认为是不聪明的表征，因而他也用帻将头裹住。大臣自然有样学样，纷纷东施效颦。值得一提的是，这位汉元帝的正宫皇后王政君，恰好就是王莽的亲姑妈！

笔者又想起秃头、不留发的蒋中正，其统治台湾时期，有些学校为了取悦他，居然动员学生个个剃光头，美其名曰"中正头"，今日想来不免让人哑然失笑。

秃头的原因和养护

秃头，表面上是仪容问题，实则是健康问题。

作为中年男性脱发中最常见的一种，雄性激素性脱发或脂溢性脱发，其病患的头发会过早"凋谢"，还伴有头皮皮脂溢出、较多的头皮屑。公元前400年，医学之父希波克拉底斯（Hippocrates）就已注意到男性脱发与雄性激素有关。他发现被割掉睾丸的"阉人"不会秃头，现今的医学研究也已表明，头发的杀手其实是男人的指标荷尔蒙——以双氢睾酮（DHT）为代表的雄性激素。DHT一旦过高，就会导致毛囊萎缩、头发生长期缩短。

DHT为何会升高呢？原来，毛囊内含有一种还原酶，它像一个触媒，能将睾酮（testosterone）转化为DHT。触媒一旦增多，DHT便相应升高，脱发就不可避免。这种还原酶在头皮毛囊的分布也很有关系，相对于头顶和前额部的毛囊，枕、颈、背部的毛囊较少发生脱发现象。因此，我们通常看到“马蹄形”头发——头部的外圈有头发，中央和前额形成孤岛，就与还原酶的分布有关。

怪不得男人是秃头的最大受害者。恢复茂盛的头发，不但是脱发男人的由衷盼愿，也是众多医学专家力图攻克的堡垒。恼人的是，面对这小小的毛发问题，人类的对策却寥寥无几。当然，戴假发最直截了当，但假的永远是假的，不会改变脱发此一尴尬的本质。此外，内分泌失调、种族和心理等因素都可能影响掉发。不良的生活方式、饮食结构欠佳以及滥用化妆品，也可能加速头发的脱落。

王莽称帝前，长期为自己的政治企图处心积虑、朝思暮想；称帝后又为了政治蓝图呕心沥血、如履薄冰，等到改革失败、统治失控后，又变得丧心病狂、如坐针毡、夜不能寐，这么紧张、焦虑的心理状态必然不利头发的生长。何况，他还有染发的“好”习惯呢，那时的染料虽不像现代化工原料那么毒，但极可能是混杂炭墨之类的合成品，终究是有损头发的物品。

有些学者认为秃头的男人一般比较聪明，还列举了不少言之凿凿的科学研究自圆其说。的确，雄性激素能促进大脑右半球的发育，而右脑主要负责识别图像、几何空间等形象思维，从这个角度来说有点道理。可惜，从王莽的例子看，他的“聪明”也许只是帮助他取得上位，改革的空想连篇，但对成为一个成熟的政治家，则于事无补。

最适合秃头生存的朝代

任何时代都会有秃头男人，若可以选择的话，很多秃男可能会想生活在南北朝时期，那时的南方，宋、齐、梁、陈轮流坐庄，“南朝四百八十寺，多少楼台烟雨中”说明佛教的兴盛程度，尤其是梁武帝时期，令许多信徒心潮澎湃不已。那时候，和尚多如牛毛，在街上巷里接踵摩肩，还有政府供养，衣食无忧，如果男人对头发密度不满意，可以干脆剃掉，充当和尚算了，反正在路上和僧尼走在一起也不会突兀，鱼目混珠足矣。

不过，笔者认为最利于秃子生存的朝代是清朝！当时全国的男人必须学满族男人，把前颅、两鬓的头发全部剃光，仅让后脑留下头发，编成一条长辫垂下。清帝说，留发不留头，留头不留发！那些有秃头困扰的男人们，是否会有些沾沾自喜呢？假发是否该绝迹了呢？这种高压统治竟然逐渐演变成生活习俗，衍生出发辫情结。两百多年后，清朝瓦解之际，不少奴化的汉人竟然对辫子不离不弃，完全忘了满洲贵族在明末清初犯下的“扬州十日”、“嘉定三屠”等惨案！他们拖着油光可鉴的大辫子，敝帚自珍，心满意足，当辫子稀疏了、枯朽了、被剪掉了，还专门跑去店铺认真挑选假发辫，好好装扮一回，沉浸、缅怀一下做大清国民的快感。

看来，假发从来都是有市场的。

浑身青紫的傀儡汉平帝衎

皇帝仁惠，无不顾哀，每疾一发，气辄上逆，害于言语，故不及有遗诏。

——《汉书·平帝纪》

在漫长的古代社会，幼童始终生活在各种疾病的威胁中，他们是病魔嗜杀的目标，即使生在锦衣玉食的皇家，这种悲剧也不少见。

居高不下的皇子夭折率

皇帝们妻妾成群，多子多孙，然而这些子孙大都命运多舛，能健康地怡享天年者寥寥无几，很多皇子、王子、公主年纪小小便撒手人寰。以清朝为例，据统计，十二个皇帝中，除了最后三个皇帝没有后代之外，前面九个皇帝共生育子女一百九十五人，平均每位皇帝生育子女约二十一人，但其中不到二十岁即早殇的有八十二人，占总人数的百分之四十二。而这些早殇的皇子、皇女中，不到十岁便夭折的就有六十八人，占总人数的百分之三十五，在早殇者中的比例更是达到惊人的百分之八十三。

当然，传染病是最可怕的杀手，比如天花之类。当古人慢慢学会用不太复杂的“种痘”法预防之后，这类病魔尚能暂时遏制。

不过，有些人体自身的异常，其导致的顽疾就不是古代乃至现代的药物所能对治的。

西汉末年，有一位不幸的小朋友被历史推向政治台前。若不是政局的波谲云诡，也许他就默默无闻地在自己的封地里静待病魔，然后悄无声息地早早离开人世，在史书上只留下草草几个字而已。

他叫刘衎，原名刘箕子，汉元帝之孙、汉成帝的侄子、汉哀帝的堂兄弟、中山孝王刘兴之子。大多数朋友对西汉王朝的前几位皇帝很熟悉，比如高祖刘邦、惠帝刘盈、文帝刘恒、景帝刘启、武帝刘彻。武帝之后，先是幼子昭帝刘弗陵继位，年仅二十岁就驾崩；接着是武帝流落民间的曾孙汉宣帝刘询，汉元帝刘奭就是他的儿子。元帝之后，以荒淫无道闻名的成帝刘骜登基坐殿，他是元帝和皇后王政君所生的嫡子，一位沉湎于美色的失职皇帝，子女均为赵飞燕姐妹残害杀死，在声色场所进出大半辈子，忙着四处播种，没想到四十多岁去世时居然没有继承人！

汉成帝统治时期，政治腐败，经济严重衰退，爆发农民起义，汉朝急剧走向衰落，直至病入膏肓。雪上加霜的是，皇室内部也正在进行微妙的宫廷斗争，世系开始混乱，由于成帝没有血亲存活，大臣们拥立其侄子刘欣为帝，是为汉哀帝。此时，老太后王政君的侄子、外戚王莽逐渐站上历史舞台，他以清廉正直、学识渊博、仁厚儒雅的面目粉墨登场，实际上包藏巨大的政治野心。

在王朝动荡不安的末世，统治者的心智往往也异于常态，不知道是否冥冥中自有天意。汉哀帝是一位纵情声色的同性恋者，同样不务正业，几年后就呜呼哀哉，仅仅活了二十六岁！

精明政客的如意算盘

此时，老王家已牢牢掌控朝政，大司马王莽就是王家的杰出代理人。汉朝的命运该何去何从？太皇太后和侄子王莽可谓绞尽脑汁。

按照常理，皇帝去世，继任者应该是直系子孙，不过可怜的汉哀帝也没留下一男半女，那么拥立他的晚辈皇族成员总可以吧？不！老谋深算的王莽直摇头，这位王朝的实权操盘手和一千八百多年后的大清慈禧太后不谋而合：辈分太低的新皇帝与老太后的关系会太疏远，又容易引入其母系家族的外戚新势力，还不如找个同辈的，比较容易操控。于是，慈禧找来自家侄子兼外甥载湉（光绪帝）继承堂兄同治帝的事业；而王莽呢，则找了汉哀帝的堂弟来当傀儡，这样，王老太后依旧是新皇帝的祖母辈，他王莽呢，正好是皇帝的父辈。

如果是普通的权臣政客，智力大致与慈禧太后不相上下，立个小王子称帝，将其玩弄于股掌之间也就够了。可王莽毕竟是王莽，他的狡诈和野心可谓“彪炳史册”。小皇帝如果健康活泼，到了十五六岁懂事的年龄，肯定讨厌权力被王家把持，慢慢羽翼丰满，必然会纠集新势力，甚至勾结宦官，把当权派杀得片甲不留！前朝如霍光家族的悲惨命运即是明证。看来，身体健康的小朋友不见得就是最佳人选。

如同一匹目标明确、目光阴险的大野狼，政治家王莽同样具备难得的耐心。终于，他的眼光锁定在一名小孩儿身上，他就是刘衎，当时只有八岁，父亲中山孝王是汉成帝的弟弟。

幼童登基，人生的轨迹立刻就出现重大改变，要想有所建树，哪怕是想安全地活下去都需要具备优异天赋（才智加体质），再配上天时地利人和，除了像康熙帝等少数人之外，大多数小皇帝都没有上述条件，也就注定了悲剧的一生。

令人惊惧的怪病

当时刘衎的父亲已经去世，刘衎承嗣了中山王的爵位。他的情况很特殊，这正是王莽看中的地方！

原来，据《汉书·外戚传》记载，小刘衎“时未满岁，有眚病”，“太后自养视，数祷祠解”。这“眚”字大有来头，现代的解释有“眼睛生翳、眼花、犯过错、灾难、疾苦”等义，可按照古代学者对《汉书》的批注，则为“身尽青也”、“名为肝厥，发时唇口手足十指甲皆青”。古人对这种怪病又惊又怕，但百思不得其解，只得笼统地归于“灾眚之眚，谓妖病也”。

刘衎未满周岁就出现严重的病征，常常浑身青紫，煞是恐怖，周边人都以为他是妖魔鬼怪附体。王莽虽然也迷信，但经验告诉他，这个孩童不健康，大概得了什么疑难杂症或不治之症。数年后，王莽安置在宫内的线人告知，刘衎的身子的确很弱，发育明显比普通儿童迟缓，没说几句话就气喘吁吁、脸色发青。听罢，王莽一拍大腿，大喜过望，“踏破铁鞋无觅处，得来全不费功夫”，这正是我要找的人啊！不久，由王莽拍板的皇位继承人就这样定了下来，刘衎登基，是为汉平帝。

为了国家的长治久安，为了皇室的稳定有序，继承者至少应体质强健，比如康熙皇帝就是因为出过天花而侥幸生还，反而获得持久的免疫力，但竞争对手却没有，最终被扶上帝位，而且他正处于一个朝气蓬勃的时代。反观汉末，一切的政治作为倒行逆施，恰恰预示着“黑云压城城欲摧，山雨欲来风满楼”。

小刘衎究竟罹患了什么怪病呢？

青紫型先天性心脏病

从现代医学的角度看，汉平帝刘衎很可能患有“青紫型先天性心脏病”。

人类的心脏是一部精密无比的上帝杰作。它由右心房、右心室、左心房、左心室构成，共四个隔间。通常情况下，在人体各处组织回流到心脏的血液叫“静脉血”，由于广为发送氧气、养分，同时又吸收带走了大量代谢废物，如二氧化碳等，氧浓度低，颜色较深。通过右心房，它们进入右心室，再经肺动脉循环到达肺部，在此处获得气体交换。血液排走二氧化碳，重新饱吸氧气后，变成“动脉血”，接着经左心房回到左心室，最后从主动脉喷射到全身各处，滋润组织细胞。这就是人体基本的血液循环过程，心脏就是一个强而有力的泵。

先天性心脏病可分为“青紫型”与“无青紫型”。青紫型也就是皮肤、指甲、嘴唇呈现黑（或蓝紫）色的意思，其发生原因是心脏有不正常的右心至左心的分流，使左心含有氧气的动脉血掺杂了缺氧的静脉血，使原有动脉血内的氧浓度降低，血液遂变得较为黑紫色所致。在青紫型先天性心脏病中最具代表性的就是法洛氏四联症（Tetralogy of Fallot），1888 年，由法国内科医师法洛（Étienne-Louis Arthur Fallot）对此症做出全面性描述，因此得名。

法洛氏四联症在解剖学上包含四种心脏畸形，即心室中隔缺损、主动脉跨位、肺动脉狭窄或右心室出口阻塞、右心室肥大，由此可见，这种畸形心脏喷出的血液，混杂了太多的静脉血成分，血氧严重不足。在三个月至六个月的病童当中，青紫的病征就常开始出现。

可以想象，随着年龄增长，小刘衎的病症愈来愈明显，稍作运动或稍多说话时，氧气就供应不足，浑身上下发紫，且常有呼吸困难，为解决此问题，他会采取半蹲坐姿势，或侧躺屈膝靠胸姿势，借由肌肉收缩增加周边血管阻力，减少右心向左心的分流，改善缺氧状况，舒缓痛苦，这是病童们自己摸索的经验，无须他人教导。

法洛氏畸形必须使用现代外科手术进行修补，然而在古代，最高明的医师也束手无策，可怜的小病患们只能在病魔的折磨下，一天天走向死神的怀抱。据统计，有百分之二十五到百分之三十五的人在一岁前死亡，百分之五十的病患死于三岁前，百分之七十到百分之七十五的死于十岁前。总之，百分之九十的病患都会夭折！

悲哀的王朝殉葬品

小皇帝痛苦不堪地活着。王莽则躲在暗处狞笑，从平帝刘衎继位起，这种诡异而得意的狞笑就不曾停止过。

为了进一步巩固自己乃至整个王氏家族的权位，王莽还硬生生把女儿嫁给病恹恹的小汉平帝。这场混杂了险恶政治和不治之症的丑陋婚姻，就这样把两条本该无缘的生命捆绑在一起。王莽外表仁厚，内心却冷酷无比，之前为了博得社会声誉，把犯法的儿子活活逼死，这回明知是婚姻悲剧，却硬着头皮、厚着脸皮把女儿送上必将守寡的皇后宝座。这又何妨？在他心中，儿女的性命、命运都不过是他手中的一张牌而已。

平帝的母亲卫姬及其母家卫氏外戚，让王莽坐立不安。王莽怕卫姬进长安后被尊为太后，遂不准卫姬入京和儿子同住。卫姬想念年幼的儿子，几次上书请求进京，王莽执意不肯，并借机杀尽平帝舅家，以防与他争权。平帝耳闻目睹王莽的阴险狠毒用心，知道自己这皇帝虚位只是空壳，舅家一族几被灭绝，母亲卫姬虽幸免，母子却被活生生拆散，骨肉不得相见，每念及此，痛不欲生。

平帝在位六年就郁郁寡欢地去世了，享年十四岁。王莽又从刘汉宗室找了个不到两岁的“孺子婴”做傀儡，自己当“摄皇帝”，一步步实现篡位的计划。此时距离王莽篡汉，仅剩两年。

北宋司马光在《资治通鉴》里认为王莽最后用毒酒杀死了汉平帝，这种说法未免太低估了王莽的政治智慧，当初他会选立汉平帝，自然已想到后路，这就是大自然的神秘力量。被他看中的傀儡皇帝，最重要的价值就是身患不治之症、命不久矣。因此，笔者更相信汉朝班固的记载：“皇帝仁惠，无不顾哀，每疾一发，气辄上逆，害于言语，故不及有遗诏。”（《汉书·平帝纪》）

如果刘衎能远离纷扰的朝廷，安安稳稳地继续当中山王，尽管沉痼顽疾治不好，但好歹能在母亲的关怀中安度余生。可惜他生不逢时，被时代、被政治绑架，被人面兽心的王莽相中，身不由己地当上有名无实的皇帝，在痛苦和绝望中成为王朝的殉葬品。

枭雄曹孟德的DNA

姿貌短小，而神明英发。

——《魏氏春秋》

毛泽东曾叹道："惜秦皇汉武，略输文采；唐宗宋祖，稍逊风骚。"可见在古代，既雄才大略、戎马倥偬，还能文采斐然的英雄实在太难得！这类风流人物的杰出代表就是魏武帝曹操了。

跨越近两千年的基因比对

如果拥有曹孟德的遗传基因，那么在今天这竞争激烈的社会，无论如何也算稀有人才。自从前些年河南安阳县疑似曹操墓被发掘后，其身世之谜就成为热门话题，街头巷尾都有道不尽的故事，科学家和历史学家也绞尽脑汁。

由于曹家是皇族，子嗣繁多，历代记载丰富，家族图谱详尽，从曹氏后人寻找蛛丝马迹是可能的。再说，曹操的历史评价一直多有争议，愿意假冒其后的人不多。人类基因学研究者从现存可信的曹操后裔家族中选出六支，提取男性血液标本后，遂组成一组大数据。人类有染色体四十三对，上面众多的DNA就是生命的密码，而男性独有的Y染色体就是传宗接代过程中颇为稳定而适合检测的对象。

经过复杂的Y染色体DNA全序列检测，科学家最终发现这些曹氏后人普遍属一种极罕见的O2*-M268基因类型，在全中国人口只占到百分之五左右比例，且推算出他们祖先的交汇点在一千八百年至两千年前，那正是曹操生活的年代。

有趣的是，这项研究真的揭开了曹操的身世之谜。史载，曹操之父曹嵩乃大宦官曹腾养子。长久以来，坊间传说他们曹家是西汉重臣曹参之后，又风传曹嵩是从夏侯家过继来的；不过，安徽亳州曹氏宗族墓出土的牙齿把这一切都推翻了。该墓主为河间相曹鼎，曹腾之弟，曹操的叔祖父，《后汉书》有明确记载："鼎者，中常侍（曹）腾之弟也。"曹鼎牙齿提取出的DNA经化验发现，正好也含有"O2*-M268"基因。可以想见，曹操之父确是曹腾、曹鼎家的人，极可能是无法生育的宦官曹腾从兄弟的子侄中抱养过来。以同样方法检测夏侯氏、曹参后人的DNA，都找不到"O2*-M268"基因。也就是说，曹腾其实和曹参并无血缘，曹操大概想要彰显身份，才大张旗鼓地宣称自己是名臣之后。

能和名人挂钩，尤其在血缘上，很多人都会觉得自豪。其实生命密码或许能决定耳朵形状、影响某方面的智能，但别忘了，这些都是生物特质，对群聚的人类来说，社会性才是最重要的。

曹操的父亲不过是庸碌之辈，曹操众子当中固然有不少文学家，但政治水平实在不敢恭维，曾孙辈还冒出一个莽撞的曹髦，率一帮乌合之众企图夺权，被"路人皆知"的司马昭轻易弄死，真令曾祖汗颜啊！可见，一个人成不成功，关键还是看后天的社会历练。

不以貌取胜的一代枭雄

《魏氏春秋》说曹操："姿貌短小，而神明英发。"史书历来对帝王之貌溢美有加，唯独对曹操颇有微词，看来孟德的确又矮又不帅，但"姿貌短小"只不过是他生物上的先天条件，"神明英发"则说明他气质非常好，这就是孟德后天修养得来的了。

连曹操都对自己的相貌缺乏自信。据《世说新语》记载，有一次，曹操要接见匈奴使者时，忽然低头一想，觉得自己的长相欠佳，让人家匈奴来使见了，定会耻笑一番，有辱人格、国格，唉，自己的丑样子实在和权倾朝野、威震四方的身份地位很不搭！于是，曹操决定让当时的美男子崔季珪代打上阵，反正匈奴人也没见过曹操，那时没有文宣品，更没有可供"人肉搜索"的网络，临时以假乱真、鱼目混珠，冒充一下也无妨。果然，接见使者之时，崔季珪穿上曹操的朝服，在大堂之上正襟危坐，曹操自己则扮成握刀的侍卫，站立一旁。整个过程很顺利，匈奴使者进来，礼貌性地寒暄了几句，交代完毕，转身就走。事后，曹操赶紧命令密探追上匈奴使者了解状况。密探三脚两步就赶上了匈奴使者，问道："见到我们的魏王，印象如何？"匈奴使者眨了眨眼，话中有话地说："你们魏王看起来很儒雅，但是站在魏王身旁那个握刀的侍卫啊，别看他长得不怎么样，那才是真正的大英雄啊！"曹操听了密探回报后，立刻派人把匈奴使者杀了。①

---

① 南朝宋刘义庆的《世说新语》提道："魏武将见匈奴使，自以形陋，不足雄远国，使崔季珪代，帝自捉刀立床头。既毕，令间谍问曰：'魏王何如？'匈奴使答曰：'魏王雅望非常，然床头捉刀人，此乃英雄也。'魏武闻之，追杀此使。"

这一段的本意是想说曹操的狡猾、权谋和嗜杀，但也间接说明他的长相令人不敢恭维。尽管如此，对于这份祖先遗留下来的“恒产”，曹操喜欢也罢，排斥也罢，又能奈何？

严格来说，男人的相貌、身材并不是立足社会的首要资本，有了俊朗、伟岸的DNA，那是福分，但并非成功的保障。以曹操而论，虽然不是周瑜般的美男子，但见识过人、能文能武，且社会阅历丰富，政治经验老到，举手投足之间自然流露一代枭雄之姿，由此综合而成的相貌气质，才能打动来访者，相信自有让女性动心之处。

遍览历代开国皇帝的肖像画，如赵匡胤、朱元璋等，相貌基本上属于粗犷型，其后人经历几次与外表端庄的女性DNA重组之后，相貌大多变得秀气文雅，如自小长在深宫之中的宋徽宗、崇祯帝、光绪帝等，原本那股横绝一世的雄风荡然无存，至于政治智力，则早已衰退殆尽了。

克服兔唇的魏咏之

家世贫素，而躬耕为事，好学不倦。生而兔缺。有善相者谓之曰：“卿当富贵。”

——《晋书·魏咏之传》

即使在文明进步的今日，一个人如果五官残缺，也会承受极大的心理负担，何况在相对蒙昧的古代。古人认为身体发肤受之父母，残损除了影响雅观之外，还会招致沉重的舆论压力，头发被剪掉都认为是莫大的耻辱，于是便出现了夏侯惇生吞箭伤眼珠、曹孟德割发象征斩首的故事。

兔唇草民的奋斗史

若躯干器官残疾，还能用衣着掩饰，可是有些残缺偏偏就发生在脸上！

“兔唇”就是这样一种不幸的先天畸形，旧时也叫“兔缺”或“缺唇”，罹患兔唇病童的上嘴唇是裂开的，好像兔子的上唇一样，长在人的脸上，难免引人侧目！古人以为这是妇女怀孕时看见了兔子，或者吃了兔肉的缘故。西医则称之为唇裂（上唇有裂缝，并可分单侧性唇裂和双侧性唇裂），它和腭裂（口腔内硬腭或内部的软腭裂开）、唇腭裂（裂缝由上唇延伸至口腔内硬腭或软腭部分）共同构成唇腭裂系列的先天缺陷，目前可由外科修补，不是什么高难度手术。虽然，至今仍无法完全、准确地掌握兔唇的发生根源，但现代医学发现约百分之三十唇裂病例是遗传因素，其余百分之七十都是环境、生活因素引发胚胎的染色体畸变导致的。

单纯唇裂的患儿若腭部尚完好，缝合上唇的裂隙，在古代并非绝无可能，当然，聘请杏林高手中的高手在所难免了。兔唇修补术在中国早就出现，其治疗方法也很直观，无须复杂的思维和超凡的想象力，也不用精密的仪器、神奇的方剂，关键还是医师的创伤缝合技术以及术后护理，只是医疗费不菲，不是任何人都付得起的。

现代某些职业招聘常会要求“五官端正”，否则便难以录取。唐朝末年，有一个知识分子名叫方干，学问很好，科举考试中了进士，发榜时却名落孙山。为什么？原因就在于他是个兔唇患者。一个堂堂的朝廷官吏形貌残丑，在许多人看来未免有伤大雅，当然不可录取。方干直到晚年才遇到一位会补唇的外科医师，把他的残缺补好，当时有人为他取了个外号，叫“补唇先生”。

东晋王朝结束千余年之后，完善的科举考试制度为寒门子弟开启了进入上层社会的大门，如果你认真读书、考取功名，光宗耀祖还是大有希望的，“王侯将相，宁有种乎？”这样的世袭规律早被打破。可是即使如此，在公务员的招聘过程中，相貌仍然举足轻重。明朝永乐年间，兵部居然曾提议在有世袭武官资格的人当中，凡有“兔缺”的，均不得世袭。明成祖朱棣却不同意，他说：“武臣当察其智勇怯弱及武事如何，岂当论相貌？孙膑既刖，智尚可用！”意思是战国时的军事家孙膑虽然被削掉膝盖骨，但智谋可用，照样纵横捭阖。倘若是外交礼仪的差事，倒也罢了，可当将领首要的是智谋、勇气和武功，外貌并不重要，如果这几样都缺，光是相貌堂堂又有何用？我们又不是招聘仪仗队员！兵部的提案严重歧视有生理缺陷的人，而且不实际，当然被朱棣否决。

力抗兔唇，扭转命运

话说东晋末年，山东任城有个叫魏咏之的人，他就是一名兔唇患者。打从出生起，家境贫寒的他就饱受各种苦难的煎熬，诸如生活不便、旁人嘲讽、家长伤心、自尊受挫……还有一种对有志人士最大的打击，那就是仕途无望！因为长相一直是古代公务员面试的重要门槛。

魏咏之生活的年代还没有科举考试，出仕只能靠家族门第、高人推举（举孝廉），或者是毛遂自荐。一介草民魏咏之自然和第一种方式无缘,只能靠“荐”了,这“荐”的资本只有本人的学识。于是，他悬梁刺股，奋发图强，终于学富五车。

十八岁时，听说荆州刺史殷仲堪帐下有个会治疗兔唇的名医，而且殷仲堪本人也是当时著名的大夫，又有战国孟尝君之风，魏咏之于是计划到殷仲堪处求医。父母认为家境清贫，难以筹措千里之行的旅费，他激动地说：“我长相如此残缺丑陋，还有活下去的必要吗？”好不容易，家里终于筹到数斛米作为旅途粮食，他便西上投奔殷仲堪去了。这次离家，魏咏之一方面是为了治病，另一方面也是为了寻找出人头地的机会。

苏轼曾云：“粗缯大布裹生涯，腹有诗书气自华。”这位魏咏之同学肯定也因饱读诗书而自信过人、胆略过人。

如今，在亚洲地区大约每六百名至七百名新生婴儿之中，便有一名唇腭裂患者，发病率并不低，可以推测，在古代，这种病残不算罕见，有足够的病例数才能培养出足够的手术医师，从这个角度看，晋朝能出现治疗唇裂的高手，合情合理。

魏咏之到达荆州江陵之后，便到官舍求见殷仲堪。爱才的殷仲堪惊奇这样不卑不亢的年轻人，也毫无封疆大吏的架子，邀请详谈。一番交流之后，殷仲堪十分欣赏他的学识、眼界和壮志，遂收留他为宾客，并且命医师帮他治疗。那位著名的外科医师诊断之后说："治疗方法就是把兔唇的边缘皮肤切掉，再把两边的新鲜伤口皮肤缝合修补，但手术后百日内只能喝粥水，而且绝不能张口微笑和说话，否则前功尽弃，你能坚持吗？"魏咏之不假思索地毅然回答："就算是为了治好这个病，让我半辈子不能讲话，我还有下半辈子可以发声，何须计较这区区百日的闭口呢？"殷仲堪于是把他安置在远离众人的小房间，让医师仔细地治疗护理。魏咏之果然在术后闭口百日，只喝稀粥，展现出超乎常人的坚韧不拔，终于如愿以偿。成功治好兔唇之后，殷仲堪给了他充足的旅费，让他回家，以安父母亲之心①。

看来这种手术不复杂，医师熟能生巧，发展到清代就更为成熟了，清人顾世澄在《疡医大全》中记载："整修缺唇，先将麻

① 唐房玄龄等《晋书·魏咏之传》："家世贫素，而躬耕为事，好学不倦。生而兔缺。有善相者谓之曰：'卿当富贵。'年十八，闻荆州刺史殷仲堪帐下有名医能疗之，贫无行装，谓家人曰：'残丑如此，用活何为！'遂赍数斛米西上，以投仲堪。既至，造门自通。仲堪与语，嘉其盛意，召医视之。医曰：'可割而补之，但须百日进粥，不得语笑。'咏之曰：'半生不语，而有半生，亦当疗之，况百日邪！'仲堪于是处之别屋，令医善疗之。咏之遂闭口不语，唯食薄粥，其厉志如此。及差，仲堪厚资遣之。"

药涂缺唇上，以一锋刀刺唇缺处皮，即以绣花针穿丝线订住两边皮，然后擦上调血之药，三五日内不可哭泣与大笑，又怕感冒打嚏，每日只吃稀粥，肌肉生满，去其丝线，即合一唇矣。”足见当时美容整形技术之水平，较之东晋，已有长足进步。其实早在康熙二十七年，被清册封的琉球国就曾派魏士哲医师来到福州，向当地名医黄金发学习这种修补术，中国当时的兔唇修补术已领先世界。

那次西寻殷仲堪，的确让魏咏之一箭双雕，既免费治疗了兔唇，又搭上了殷仲堪这位“高人”的线，仕途有望，甚至出将入相都有可能。

不久，魏咏之担任了主簿一职。有一年，他造访当权的大军阀桓玄，请求迁官。也许是他本来长相就平平，也许手术疤痕比较明显，总之，桓玄认为他的精气神意不够俊秀，等魏咏之离开后，有点轻蔑地对旁人评道：“庸神而宅伟干，不成令器（这个魏某人，个子倒是高大，可气质平庸，成不了大器）。”于是把他调走并且不准迁官。不过，从挑剔的桓玄口中，人们并未看到过多诸如“相貌丑陋”、“人物猥琐”之类的嘲讽，看来那次手术做得还算可以。后来，野心勃勃的桓玄谋反篡位、杀害殷仲堪，魏咏之便积极协助大将刘裕的反桓义举。公元404年，桓玄败死，魏咏之当上建威将军、豫州刺史。第二年，他进号征虏将军，接着转任荆州刺史，持节、都督六州，领南蛮校尉。一生阅人无数、老谋深算的桓玄，终究还是在一个原本五官不全的读书人身上，看走了眼。

魏咏之身为布衣时，身残志坚，不以贫贱为耻；等到高居显位后，也不以富贵骄人，勤勤恳恳，心怀天下。他早年曾为殷仲堪的门客，后来竟然继承他的荆州刺史之位。这是当初贫病交加的他带着可怜的兔唇，怀着一丝希望，主动去找殷仲堪时，万万想不到的。后人谈论此事皆感慨万千、赞不绝口。

身为兔唇病人，魏咏之自幼就必须学会在外人诧异乃至歧视的眼光中生存，能够在如此困难的境况下，没有产生多疑、狭窄、孤僻、自卑等心理障碍，反而成长为一个阔达开朗、百折不挠，内心充满社会良知、阳光和自信的优秀知识分子，实在难得！

人生旅途其实到处都是机遇，缺少的往往只是锲而不舍的毅力和勇敢争取的动力，不要轻易地对自己说“不可能”。

画眸高手顾恺之

顾长康好写起人形，欲图殷荆州，殷曰："我形恶，不烦耳。"顾曰："明府正为眼尔。但明点童子，飞白拂其上，使如轻云之蔽日。"

——《世说新语·巧艺》

我曾在伦敦大英博物馆看过珍贵的《女史箴图》摹本。女史为古代女官名，以知书妇女充任，掌管有关后宫礼仪等事，或为世妇下属，掌管书写文件等事。画家以日常生活为题材，笔法如春蚕吐丝，画面典雅、宁静又不失明丽、活泼。女史们下摆宽大的衣裙修长飘逸，配以形态各异、颜色艳丽的丝带，显出仙风道骨、雍容华贵的气派。

是名画家也是读心高手

无锡盛产画家，此画原作者便是东晋时的无锡人顾恺之。他极擅人物肖像画，其传神功力令观者拍案叫绝。除《女史箴图》外，传世的《洛神赋图》也家喻户晓，画中的曹植形神兼备、栩栩如生，而洛水女神则顾盼生辉。

眼睛乃心灵之窗，顾恺之身为画家更深谙其道。有人问他，肖像画成后为何往往数年不点睛，他得意地说："四体的美丑本来和画的妙处无关，传神写照，尽在眼中。"他曾为南京瓦棺寺认捐巨款，靠的不是腰缠万贯，而是不凡的身手。在庙里面，他用一个月的时间闭户画了一幅维摩诘肖像，点完眸子那一刻，画像竟"光照一寺"，施者芸芸，俄而得百万钱。

不过，顾氏虽身怀绝技，但职业毕竟不是"画师"，他的正职是大司马参军，后来甚至晋升到散骑常侍，对宦海之道想必也熟能生巧，官场上适当的巴结和恭维必不可少。

有一次，他想为皇帝的大红人荆州刺史殷仲堪画像，可是这桩政治小交易很困难。原来殷仲堪之父患病多年，孝顺的殷仲堪曾亲自调药，不慎手上沾药又去擦眼，结果弄瞎一目。这极可能是化学侵蚀性角膜炎导致，角膜是眼睛最前端的一层薄膜，如同照相机镜头，聚焦力很强，角膜受损有疤痕或不透明会使病人视野模糊，甚至失明。殷刺史不仅失去一只眼视力，推测由于角膜混浊，眼球的黑瞳很可能被蚀成黄白色！

因此殷仲堪自惭形秽，收到邀请后，说什么也不让画。顾恺之胸有成竹地说服他："你不让我画是顾虑到眼睛的问题，其实只要在眼瞳抹上飞白（中国画中一种枯笔露白、虚实相济的墨笔线条），你的眼睛就会像被轻云遮蔽的月亮一样，另有一番韵味呢。"殷仲堪终于点头。画好之后，大家都赞不绝口，顾恺之既忠实于他的原貌，又艺术而巧妙地修饰了他的不雅，其巧夺天工之术让独眼的殷仲堪喜上眉梢。由此可见，顾恺之很会读懂别人的心，善解人意，且擅抚人心。

眼睛有毛病的古人很多，连养尊处优的皇帝都不能幸免。他们往往因此内心自卑，却又敏感、多疑异常，不必要的误会在所难免。可偏偏有些不识趣者，故意去捣马蜂窝。南朝梁元帝萧绎是一名只有一只眼的人，他的正妻徐昭佩姿容欠佳，不被皇帝礼遇，长期怀恨在心，遂不识好歹，数次戏弄萧绎，又与和尚智远道人、萧绎的随从暨季江等人私通。相传，萧绎每隔两三年才临幸一次。因萧绎瞎了一眼，于是徐氏每次听说他要来时，必定只有半边脸上妆，另外半边脸素颜，以此来等待他。萧绎发现之后，愤怒地拂袖而去。

后来萧绎爱妾王氏去世，他将王氏之死归咎于徐氏，遂令她自杀。徐昭佩自知不能活命，便投井而死。萧绎本身是才子，把她的尸体还给徐家，说是“出妻”（解除婚约，遣返妻子），又写了首《荡妇秋思赋》斥责徐昭佩的淫秽行为，将积累已久的满腹怨气发泄出来，新仇旧恨一次清算。后人在《梁书》中评论：“徐妃之无行，自致歼灭，宜哉！”顾恺之是小心翼翼地规避对方的生理缺陷，反观徐氏却故意反其道而行之，难怪世人都觉得她死得活该。

某次，顾恺之将一整个橱柜的画暂时寄放在桓玄家中，据说里面都是最上等的画作，从未面世过的，橱柜还贴上封条。但桓玄私德不佳，听说橱柜中放的都是大师顾恺之得意之作，那还得了？于是，便打开柜子将画取走，并欺骗顾恺之说他从来没打开过。时人都知道是谁干的勾当，顾恺之聪明绝顶，岂能不知？但是他并未张扬，反而装出一副毫不怀疑的样子，还自我解嘲说：“好画能通神，想必是幻化成仙飞走了，就像凡人修炼成仙一样。”顾恺之深知桓玄的气量，他的说法自然是给这位“朋友”下台阶而已，表面上不伤人情面，而桓玄的所作所为，时人皆有目共睹，根本就用不着顾恺之口诛笔伐。

其实，顾恺之的做法颇值得借鉴，虽然我们不一定都是画家，倘若你是一个能干的老师或主管，向学生或下属说明实情固然重要，但如何妥善表达，让人不会感到不愉快，甚至反应过激，这就考验各人的功夫了。如果你是一名良医，告诉病人病情真相甚或不幸噩耗，都是难以避免的，但如何委婉转达，让人安然接受，真的就是一门艺术了。

隋炀帝的一口好牙

或问坚齿之道，抱朴子曰："能养以华池，浸以醴液，清晨建齿三百过者，永不摇动。"

——《抱朴子·杂应》

帝王由于特殊的身份，历史总是赋予非一般的意义，他们的遗骸也往往具有重要的社会科学、自然科学研究价值。古埃及人使用木乃伊技术保存遗体，现代人因此可以广泛地搜集他们的古代君王遗体信息。而中国呢？

隋炀帝身后残留的两颗牙

古代对尸骸的处理态度很微妙、很敏感，总之，传统的观念导致中国人并未致力研发类似木乃伊的防腐技术，绝大多数的尸体都是未经有效防腐处理而入葬的，再加上历朝历代的盗墓者猖獗，王朝更替后的新朝廷有时会对前朝的陵墓蓄意毁坏，十室九空的局面在所难免，现今有帝王尸骸出土简直是罕见至极。

隋炀帝杨广就是少数几位能在现代科学的介入下，遗骸得以重见天日的帝王。2013 年 4 月 10 日，扬州曹庄隋炀帝墓以高票入选该年度十大考古新发现。

打开沉睡千年的寒酸墓室，除了标有“故炀帝”字样的墓志、与帝王身份匹配的十三环蹀躞带之外，两颗牙齿也佐证着墓主人正是饱受争议、被后世过度妖魔化的隋炀帝。据专家鉴定，这两颗牙齿属于五十岁左右的男性个体。炀帝生于公元 569 年，即位后东征西讨、大兴土木，搞得民怨沸腾，各地暴动风起云涌，最终避难江都,被部下弑于公元 618 年,其享寿和出土的“牙齿年龄”基本吻合。

近距离观察，一颗是右上颌第三臼齿，另一颗是右下颌第二臼齿。近一千四百年过去了，上段乳白的牙釉质居然还在，呈象牙色，而下段的牙根却已腐朽，呈青铜色。至于炀帝身体的其他部分则随着他朝思暮想的大帝国，早已灰飞烟灭了。

既往的考古发现中，古人的遗骸里，牙齿往往保存得最完好，而骨架则常常腐朽不堪。三国时代以前，有些迷信说法认为高贵的玉器可以防止遗体腐烂。笔者参观过广州南越王墓，里头出土的金缕玉衣之内，并没有古人幻想得以保存完好的尸体，只残留墓主人下颌骨以及上面的几颗牙齿。河北满城数十年前也出土过西汉中山靖王刘胜的金缕玉衣。那位蜀汉先主刘备口中不时提起的荣耀先祖，尽管死后两千余年安睡其间，躲避过无数盗墓贼的骚扰，却躲避不过自然界残酷的规律。完好无损的金缕玉衣下面，连一块骨头都找不到。而眼前这位隋炀帝死后，由于历史的原因，一再迁葬，尸身估计被扰乱多次，最后朽化得仅剩两颗牙，看来不能幸免也在情理之中。

牙齿的独特结构造就其“不朽”。牙冠是显露在口腔的部分，发挥咀嚼功能；牙根则是固定在牙槽内的部分。牙釉质位于牙冠表层，半透明乳白色，是牙中高度钙化的最坚硬组织。牙齿成为人类身体最硬的器官，正得益于此。经测算，世上最硬物质金刚石的硬度为十分，而牙釉质高达九点六分，它不会被细菌轻易分解，容易在复杂环境中保存下来。

古人护齿，花样百出

古人对牙齿亦百般呵护，在公元前3000年就有护齿记载。《礼记》曾说："鸡初鸣，咸盥漱。"后来的先民逐渐学会使用的漱口剂有酒、醋、盐水、茶等，可解毒杀菌。茶又含氟和维生素，可防蛀，保持口腔清洁。后世的《延寿书》有用浓茶漱口的记载："凡饮食讫，辄以浓茶漱口，烦腻既去，而脾胃自和，凡肉之在齿，得茶漱涤，不觉脱去而不烦挑剔也。盖齿性便苦，缘此渐坚牢而齿蠹且自去矣。"

早在公元前数世纪，古人已开始用简单的牙刷，如"杨柳枝"，这是一种将杨枝一端打扁成刷状的牙刷，形如扫帚，还可蘸药刷齿。除了杨枝牙刷外，古代的人们还因地制宜找寻其他合适的洁牙材料，如槐枝、桃枝、葛藤等，都与杨枝一样，使用起来有苦、涩、辛、辣的药用味道。有的医家还建议用"嚼"的方法来洁齿，比方咀嚼嫩树枝以洁牙，似乎比"刷"更为方便、实用。

到了东晋，道家倡导的护齿洁牙方法则是"叩齿"和漱口。葛洪在《抱朴子》建议用"醴液"漱口，"醴液"可能就是早期的药用漱口水①。北齐颜之推在《颜氏家训》也力荐葛洪的方法，每

① 葛洪《抱朴子·杂应》："或问坚齿之道，抱朴子曰：'能养以华池，浸以醴液，清晨建齿三百过者，永不摇动。其次则含地黄煎，或含玄胆汤，及蛇脂丸、矾石丸、九棘散。'"

天清晨叩齿三百下，可见这些方法效果不错[①]。

中国人对牙齿的保护可谓重视已久，这对日本人也有不小影响力。日本发行过一千日元的纸钞，上面的人物就是写《我是猫》的名作家夏目漱石，本名夏目金之助，精通汉文化的他仰慕东晋孙楚说过的一句话——“漱石枕流”（枕流是为了洗涤耳朵，漱石则是为了砥砺齿牙），才取了笔名漱石，由此可见，含漱石子可能也是古人发明的洁齿方法之一。到底这些古法效果如何，尚有待研究。至少，从中可看出人们积极防治牙病的方法。

生在钟鸣鼎食之家的隋炀帝，享受着当时各种顶级的护齿手段，想必长着一副又白又硬的好牙。隋炀帝后半生的所作所为，固然难称不朽，但其功业也不宜一笔抹杀。他不满二十岁即领兵南伐陈朝大胜，力助父皇隋文帝统一全国，结束三国之后数百年的分裂。虽然横征暴敛，但没有他，也就没有世世代代贯穿南北的大运河，更没有炀帝身后的大唐盛世。大运河依旧行舟扬波，而“寒鸦飞数点，流水绕孤村。斜阳欲落处，一望黯销魂”这样的诗句，竟就出自那“荒淫无道”的暴君齿间！几千年来，雄才大略又文采斐然的君主，实不多见。千古一帝，壮志雄心，身后只遗两齿，不胜唏嘘！

可惜，炀帝恃才傲物，刚愎自用，只进不退，好大喜功，结果辛辛苦苦打造的大隋王朝像暴秦一样滥用民力，也像暴秦一样二世而亡，最终身死国灭，身败名裂，果真应了孔子那句老话：“齿刚则折。”

---

① 北齐颜之推《颜氏家训·养生》：“吾尝患齿，摇动欲落，饮食热冷，皆苦疼痛。见抱朴子牢齿之法，早朝即叩齿三百下为良，行之数日，即便平愈。今恒持之。”

多“愁”应笑我，早生华发

不知明镜里，何处得秋霜。

——李白《秋浦歌》

白发本是自然现象，但恨者怪其有碍观瞻、突显衰老；爱者悦之增补阅历，并可借此风雅一番。

少年白头为哪般？

白居易年约四十，发现白头发，遂感慨：“白发生一茎，朝来明镜里。勿言一茎少，满头从此始。”而“白发三千丈，缘愁似个长”的李白“不知明镜里，何处得秋霜”。杜甫更以“艰难苦恨繁霜鬓，潦倒新停浊酒杯”名冠七律。

近日读李贺诗，惊觉其有“日夕著书罢，惊霜落素丝”之句，诗人此君享年不过二十六岁，居然早早暗喻白发满头！再瞧瞧自己，唉！古往今来，白发可不是中老年朋友的专利啊！

苏轼吟唱“谁道人生无再少”时四十七岁，中年人似有资格多生白发，但该时期他也感慨过“多情应笑我，早生华发”，看来白发早已有之。三十八岁时，苏轼在悼念亡妻的《江城子》中唱道：“纵使相逢应不识，尘满面，鬓如霜。”人未老而发先衰矣！

还有更早衰的，韩愈曾自嘲“吾年未四十，而视茫茫，而发苍苍”，“自今年来，苍苍者或化而为白矣，动摇者或脱而落矣；毛血日益衰，志气日益微”。写这篇《祭十二郎文》时，猜他贵庚？三十五岁！这位满头飞雪的青年作家这一年在政治上遭遇了滑铁卢，被贬到距离长安三千里外的广东阳山，祸不单行。古人对白发如此“重视”，一方面是有感于少年之离去，衰老之逼近；另一方面也许更重要，他们往往有感于壮志未酬而老年将至。

青年、少年白发有遗传因素、心理因素，也有营养因素（如缺少蛋白质、植物油、B族维生素、铜、钴、铁等金属元素），长期罹患慢性病也可导致。情绪起伏剧烈无疑是黑发杀手，很容易使机体内环境功能失调，黑色素分泌减少。压力过大、焦虑过久、悲伤过度等严重精神创伤，甚至可使人在短期内出现大量白发，相传春秋时楚国伍子胥逃难，一夜就愁白了头，不是没有道理。

至于用脑过度是否也导致少年白发，目前尚未有准确定论，不过，从文学的角度审视，许多人还是相信诸如苏轼、白居易等博览群书、苦心孤诣者，很容易因为过劳而“鬓已星星也”。

李、杜潦倒半生，李贺沉沦下僚，苏轼、韩昌黎一贬再贬，这些志向远大的大文学家，一心想安社稷，济苍生，可迎接他们的却是无情的冷板凳。纵使几度挣扎，最终也没争得用武之地，反倒吃尽苦头。理想和现实的落差过大，仿佛一盅难咽的苦酒，怎不使人沮丧忧郁、鬓落繁霜呢？

南唐后主李煜，在沦为阶下囚后吟出“一旦归为臣虏，沈腰潘鬓消磨”。沈腰，指南朝文人沈约的老毛病，意指腰围急剧缩减；潘鬓，则是西晋文学家潘岳笔下的白发。李煜曾对自己的风神气质颇为自信，此刻，却只能慨叹身体消瘦、白发苍苍。是啊，怎样的伤痛会比变成亡国奴更沉重，又有什么样的精神折磨比钟爱的河山被侵占、女人被强暴来得更惨烈？

参透人生，参透白发

南宋爱国诗人陆游曾说：“华鬓星星，惊壮志成虚，此身如寄。”与他性情、遭遇颇为相似的辛弃疾在《贺新郎》一词中提道：“白发空垂三千丈，一笑人间万事。”人生在世，不如意者十有八九，不必感伤于岁月的无情、年华的衰去、职场的无为，能够有尊严地活着，就是最大的成就。人生多少事，都付笑谈中，也许这才是最豁达的境界，也是减少白发的妙方。

西晋文学家左思曾写出《白发赋》，以拟人化的方式与白发对话。面对生于鬓垂的白发，作者化身的“人”觉得“秽我光仪”，实在不雅，打算“将拔将镊”除之而后快，面对代表衰老的白发，人希望去白留黑，青春永驻，本也无可厚非。但白发不甘心，“恕然自诉”，反诘问于人：“朝生昼拔，何罪之故？”面对白发的质问，人耐心地回答：“自古英雄出少年，秦国的甘罗十二岁乘车出使赵国，汉朝的贾谊年少才高，也著称于朝。看看这些少年得志者，他们的头发多么乌黑浓密？拔白留黑，我说了算！”白发临拔，大哭道：“我好冤枉啊，您真糊涂！甘罗因智慧善辩受重，不是因青丝满头而出名；贾生因为才干优异受礼遇，不是因乌发而被拔擢。您真的懂得历史吗？”[1]白发所言头头是道，人在社会上的最大资本，不是青春，而是真才实学。

其实，生命是逐步成长、成熟、衰老的过程，虽然人总是很贪心地希望永远年轻，生命却不听从人的意志，谁也无法摆脱自然规律。取代西汉的新朝皇帝王莽，饱读诗书，按理说最懂自然律了，然而到了政权飘摇时，他却听从迷信，以大婚冲喜，年逾花甲“乃染其须发”假扮年轻，几乎成了史上最早的染发广告。但纯属自欺欺人，终究惹得一片骂声和千古讥嘲！

现实中最难得的是看透生死的达观、专注内涵的自信。年少白头，年老秃头，不过是自然规律，是人生历程的必经阶段，没必要耿耿于怀。刘禹锡晚年面对稀疏的白发，依然乐观地说：“莫道桑榆晚，为霞尚满天。”让一切白发、稀发也好，皱纹也罢，都自然地存在，或许才是最恰当的。

---

① 西晋左思《白发赋》：“星星白发，生于鬓垂。虽非青蝇，秽我光仪。策名观国，以此见疵。将拔将镊，好爵是縻。白发将拔，惄然自诉。禀命不幸，值君年暮。逼迫秋霜，生而皓素。始览明镜，惕然见恶。朝生昼拔，何罪之故？……咨尔白发，观世之途。靡不追荣，贵华贱枯。赫赫阊阖，蔼蔼紫庐。弱冠来仕，童髫献谟。甘罗乘轸，子奇剖符。英英终贾，高论云衢。拔白就黑，此自在吾。白发临欲拔，瞑目号呼：何我之冤！何子之误！甘罗自以辩惠见称，不以发黑而名著。贾生自以良才见异，不以乌鬓而后举。”

大脖子宰相王钦若

钦若状貌短小，项有附疣，时人目为“瘿相”。

——《宋史·王钦若传》

北宋初年，有一位寄人篱下的门客，面对附庸风雅的主人，只能以吟咏诗文博取欢心。他闷闷不乐，更让他不堪的是同僚的嘲笑，原来此人其貌不扬且“状貌短小，项有附疣”，嘲笑铺天盖地，黑压压地涌来，他却只能泪往肚里吞。或许这个孱弱的青年，已暗自决定非出人头地不可。

大脖子，好无奈

很多年后，靠着机遇和努力，这位有点生理缺陷的人居然真的登上宰相高位，于是其姓名和不雅容貌都留在《宋史》里了。他叫王钦若，发迹后，人称“瘿相”。

中国古代重要的字书《玉篇》载：“瘿，颈肿也。”中医解释，瘿即颈瘤，指脖子上的瘤子或肿大的颈部。古人对该症状颇为熟悉，明代教育家刘元卿在《贤奕编》有一文《南岐人之瘿》说：“南岐在秦蜀山谷中，其水甘而不良，凡饮之者辄病瘿，故其地之民无一人无瘿者。”看到外地人进山时，南岐那些大脖子山民就会聚在一起看热闹，指手画脚地嘲笑道："你们外地人的脖子好奇怪啊！怎么如此细小？"言下之意，正常人的脖子就应该像他们一样粗大肥壮。这则寓言讽刺闭关自守者孤陋寡闻、目光短浅，甚至演变成是非颠倒、黑白混淆。

其实，古人对该病并不陌生，明代之前的书籍中早已频频出现。在战国时代，医师就能对瘿病做出正确诊断。可惜，世世代代生活在深山老林中的南岐人对此几乎一无所知，身患怪病仍自我感觉良好。

无独有偶，近年四川广汉三星堆出土的青铜立人像，除了五官奇异之外，更兼有脖子粗大的形象，似乎印证着什么。古代四川即通常所说的巴蜀地区，虽然是天府之国，但那是秦汉开发的成果，而在先秦时代依然是一片未开发的处女地——林木繁盛而蛮荒闭塞，对外交通要道极少。自幼长于四川的伟大诗人李白曾在《蜀道难》中追怀感叹："蜀道之难,难于上青天！蚕丛及鱼凫，开国何茫然！尔来四万八千岁,不与秦塞通人烟。"在这种情况下，古代蜀地先民患有南岐人的瘿病，也在常理之中。《圣济总录·瘿瘤门》和《淮南子·地形》都提到瘿病以深山密林发病最多。①

那么，瘿病是否总和穷山恶水有关呢？为何这些山民患病而浑然不觉？关于"瘿"的病因，中医理论曾多方论证，我们首先得佩服古人的实践总结能力，早在两千多年前的战国时代，《吕氏春秋·季春纪》就提到缺水之处，多患秃头、瘿疾的人。尽管古人难以解释其中真正的因果关系，但已意识到"瘿"和水源有某

---

① 《圣济总录·瘿瘤门》："山居多瘿颈，处险而瘿也。"《淮南子·地形》："险阻气多瘿。"

种关联，这一点真是难能可贵。

找到病因的蛛丝马迹后，经过细心观察和经验积累，古人逐步总结出治病良方，为历代医家所收录并发扬光大。晋代葛洪的《肘后备急方》已提出用昆布、海藻治疗瘿病。后来的《千金要方》及《外台秘要》也记载了数十个治疗瘿病的方剂，其中常用的药物有海藻、昆布、羊靥、鹿靥等。羊靥、鹿靥即羊和鹿颈部的甲状腺。今天我们早已熟知海藻、昆布都含有丰富的碘元素。“瘿”是何物，已呼之欲出。

多吃碘就没事

从现代医学分析，“瘿”多指“地方性甲状腺肿”（非毒性甲状腺肿，常为地方性分布，多见于山区和远离海洋的地区，与饮食习惯有关）。甲状腺虽小，却是人体至关重要的器官，它分泌的“甲状腺素”人体须臾不可缺少，是我们赖以生存的物质。甲状腺位于颈部前方，喉头下方两侧，正常情况下触摸不到，摸得到或肉眼看得到表示有甲状腺肿。诊断时医师会要求病人吞咽，若颈部肿块会随吞咽上下移动，表示此肿块就在甲状腺体上。

现在一般人都知道碘与甲状腺有密切关系。因为碘是甲状腺制造甲状腺素的原料，碘的过与不及都会引起甲状腺疾病。碘是一种微量元素，在海水中每升约五十微克至六十微克，与人体血清浓度大约相同，泥土里则为每公斤三百微克，因此碘大量存在于海洋植物中，如昆布、海带、紫菜、海苔，动物如虾、蟹、海水鱼。人体每天碘需要量约四十微克至一百二十微克，就可避免甲状腺肿。碘在一般的饮用水中含量少，大部分来自食物。

碘缺乏会导致甲状腺肿，这是因为原料不足，甲状腺素合成减少，脑垂体这个隐蔽器官侦察到此警报后，遂加大“促甲状腺素”的分泌，试图迫使它的下线——甲状腺生产出更多的甲状腺素，最终刺激甲状腺代偿性膨大，以此来维持人体正常的内分泌功能。

而碘缺乏多见于山区和远离海洋的地方。南岐州的州治梁泉县（今陕西凤县凤州镇），几百年前这个地区隐没在秦岭的崇山峻岭中，当地食物、水源缺碘，造成村民得了“大脖子病”。这种情况在落后、闭塞地区更常见。看来，刘元卿并非虚构。

值得注意的是，“地方性甲状腺肿”患者早期并无明显症状，甲状腺可呈轻、中度弥漫性肿大，质软，无压痛。极少数明显肿大者可出现压迫症状，如呼吸困难、吞咽困难、声音嘶哑、刺激性咳嗽等。若抽血化验，大多数人的甲状腺素水平基本正常，但约百分之五的患者由于甲状腺代偿功能不足，出现了甲状腺素水平下降（甲状腺功能减低），影响智力及生长发育。由此可见，当年的南岐，由于大多数山民的生理功能没有受损，不像甲亢和甲减患者那般饱受煎熬，因此更易形成健康无事的错觉，但长久下来则对身体造成威胁。

回过头来再说那位“瘿相”王钦若。他为挑拨宋真宗与寇准的关系，指责澶渊之盟为城下之盟，令寇准罢相。不久，真宗梦见神人赐“天书”于泰山。他为迎合皇帝，伪造天书，争献符瑞，封禅泰山，号为大功业。后来他领衔编纂《册府元龟》，又功揽于己而咎归于人。史书说他为人奸邪险伪，为当时“五鬼”之一。

这样的奸佞小人可不是因为见识短浅而黑白不分呢，其扭曲的心灵大概与早年被众人嘲笑有关。自卑加上怨恨，竟让他变成怪胎！殊不知，当初他只消多吃点海产品，也许就能把“瘿”治好了。

岳飞的将军肚

帝初为飞营第，飞辞曰："敌未灭，何以家为！"

——《宋史·岳飞传》

古今在习惯和观念上差别很大，男人的仪表就是一例。近日观看宋人的《中兴四将图》，上有岳飞、刘光世、韩世忠、张俊四位南宋开国名将的画像，连同各自的侍卫一共八人。显然，画师极力想要表现他们的勇武俊爽，但其中竟有六人鼓着"将军肚"，尤其是岳飞和刘光世！

岳飞被临摹时不过三十多岁，如果掀开袍服，里面肯定没有万众期待、棱角分明的六块肌，却暗藏一摊肥油。画家自以为了得的传神之笔，如今看来竟有点忍俊不禁。倘若今人想在凌烟阁上悬挂画像，除了容貌得略为修饰，其体态必定得好好"修图"了。

将军肚，在古人眼中不仅无须吐槽，而且似乎还颇值得炫耀，隐含着健康和社会地位。秦始皇兵马俑的出土让人一睹秦军的风采，但在我看来，那些栩栩如生、披挂整齐、生前战功显赫的军官俑，几乎都瞪着丹凤眼、挺着将军肚。可能在秦人眼中，这算是一种美。至于普通兵士，也不乏腹中微鼓之辈。身为威武的御林军，秦王肯定觉得这丝毫不影响军容，或许还增添了男性的阳刚美。

当下，这个鼓鼓囊囊的富态肚子虽然是某些成功人士的象征，但也让一些爱美的男士苦不堪言。为何会产生“将军肚”、“啤酒肚”，今人和古人有无相同的原因？

将军肚，不简单

在日常生活中，我们的确看见一些嗜酒如命的男士，其腹中块垒实在令人难以消受。也有人可能会觉得，古时军人多好酒，冲锋陷阵前又需要用酒精来激发斗志和狠劲，长年累月过量摄取可能会导致脂肪肝，使肚子膨大。可不是吗？三国刘备口中时常追怀的先祖——中山靖王刘胜，汉武帝的同父异母兄弟，他的金缕玉衣被考古学家完整还原，只见腹部玉片还特意制成隆起状，想必主人生前就挺着“将军肚”。他的陵寝还挖出大量的酒器和酒缸，两千年后依然透着诱人的酒香，仿佛还依稀听到刘胜与宾客们在未央之夜觥筹交错，猜拳、行酒令、投壶，玩得不亦乐乎。令人联想起司马迁在《史记》里介绍他的“乐酒好内，在子枝属百二十余人”，这一切似乎颇有道理。

酒固然难辞其咎，其主要成分乙醇含高热量，易转化成脂肪堆积于肝脏和腹部，但从解剖学角度看，肝脏长在右上腹，一部分被肋骨遮盖，肝病（包括脂肪肝）再严重、肝肿瘤再大，也很难直接形成整个腹部均匀鼓圆的“将军肚”或“啤酒肚”效果，除非是罕见巨瘤。肝病导致的腹腔积液，倒可间接出现腹部膨隆，但此时患者已病入膏肓，恐怕无人相信媲美凌烟阁功臣的中兴大将、所向披靡的虎狼之师，竟是一群病夫吧？

年幼、年少时，身体能量代谢快，脂肪固然沉积得少，但到了三十岁左右，就开始逆转了。将军肚的根本原因在于腹肌松弛与脂肪过厚，基本上应该归咎于缺乏腹部锻炼。有人并不喝酒，自以为不会发胖，但由于办公久坐，缺乏运动，不知不觉间腹部脂肪开始囤积，且年龄愈大愈明显。防病治病、延年益寿是人之常情，但古人讲究养生却不重视健身，武将亦然，力能扛鼎、百步穿杨并不等于塑身，更不等于有意识地锻炼腹肌。

此外，睡眠减少、睡眠质量下降也会使内分泌失调、激素紊乱，诱发脂肪沉积，令身材走样。

在压力的作用下，机体神经的内分泌状况产生异变，肾上腺皮质激素和性腺激素分泌增加，促使脂肪积累在腹部，造成“向心性肥胖”，也就是“将军肚”。据相关数据显示，二十五岁以下的男性深度睡眠约占晚上睡眠总时间的百分之二十；二十五岁至三十五岁时降低到百分之十二；三十五岁以上则深度睡眠时间不到百分之五；一旦过了四十五岁，几乎完全丧失深度睡眠能力。深度睡眠时间变少，必然减少生长激素的分泌，而生长激素的主要作用便是促进骨骼及肌肉生长，同时加速体内脂肪燃烧，客观上保持体态的健美。因此，睡眠质量下降很容易导致身材臃肿。那些深谋远虑的将帅，如岳飞等，大多人近中年或年逾不惑，又肩负着国家的重任，既要运筹帷幄、绞尽脑汁抵抗北方敌人的进攻，还要小心翼翼提防朝廷内部小人的算计，生生死死、兴亡盛衰，或封侯挂印，或身败名裂，往往就系于一念之间，其内心承受的压力不是一般人可以想象的，寝食难安恐怕是常态，除非像唐朝郭子仪那样功成名就又长袖善舞，还交出兵权换取安度晚年。

那些出生入死的下级士卒，难免有紧张、恐惧、迷茫、兴奋、狂热的异常心理状态，这些时常困扰着他们。作息时间又往往因为作战计划而再三变动，由此使人体的生物钟不免紊乱，即使不喝酒，光是苦练拼杀技术，身材也未必能保持健美。

至于那位彻夜饮酒博弈的刘王爷，纵情娱乐又饭来张口、衣来伸手，其睡眠自然不同于普通民众，长成“将军肚”更在情理之中。

虽然以上所述，将古人“数落”了一番，但其实古人也有值得我们学习的榜样呢！南北朝时东晋的陶侃，就是一位古代少见的主动健身者，这位老兄主政广州期间，据《世说新语》所载，每天把一堆砖从这屋搬到那屋，傍晚又搬回原位。持续的屏气下蹲、站立抬腰、弯腰四十五度斜角的动作，恰恰是对腹肌最有效的有氧锻炼。此外，在健身之余还可保持战备状态、提升战斗意志，因此他最后终成名将，且位极人臣①。可惜后人很少记住他，只记住他“采菊东篱下”、“平生不止酒”的慵懒曾孙——陶渊明，想必陶大诗人到中年后，应该也是大腹便便吧？

---

① 唐房玄龄等《晋书·陶侃传》：“（陶）侃在州无事，辄朝运百甓于斋外，暮运于斋内。人问其故，答曰：‘吾方致力中原，过尔优逸，恐不堪事。’其励志勤力，皆此类也。”

贰

医/食 向来是同源

细数天下名“羊”

羊食百草，其奶滋补，食着常健。

——《本草纲目》

说起羊，大家自然最先联想到羊肉，中医对它推崇有加。古时候姓羊的名人也不少，就让我与大家聊聊和羊有关的各种历史人物和医药趣事。

羊祜送药怀柔

今天姓羊的人很少，曝光率也不高，但在古代，羊姓可是名门望族。魏晋三国时的名将羊祜，官拜镇南将军，其外祖父是著名文学家蔡邕，姨妈是女诗人蔡文姬，姐姐是权倾朝野的司马师之妻，但这并非他深得司马家族信任的主因。

身处晋吴前线襄阳，他以杰出的军政才干为西晋吞并东吴一统江山立下汗马功劳。两军对峙之际，最著名的事件是东吴主将陆抗（陆逊之子）患重病，羊祜派人送去良药，云：“这是我最近配制的药，还未服，听说您病了，就先给您送来。”陆抗的部属怕药有毒，劝陆抗勿服，陆抗服之不疑，并说：“羊祜是个磊落君子，哪是会下毒的卑鄙小人？”这正是羊祜的人格魅力所在，连对手都钦佩不已。

羊祜其实很会用怀柔、攻心之计。在荆州边界，他对吴国的百姓与军队很讲信义，每次和吴人交战，都预先和对方商定交战时间，从不突然袭击。曾有部下在边界抓到吴军两位将领的孩子，羊祜知道后，马上命令将孩子送回。后来，有吴将前来归降，那两位少年的父亲也率部属一起归降。羊祜的部队行军路过吴国边境，收割田里稻谷以充军粮，但每次都根据收割数量用绢偿还。他的这些做法，使吴人心悦诚服十分尊重，不直呼其名，只称“羊公”。

在驻地，羊祜更重视百姓的民生，广播恩泽，可惜英年早逝，死前定下了灭吴的遗策并荐贤举能。死后立碑，百姓“望其碑者莫不流涕”，是为“堕泪碑”。数百年后，唐朝诗人孟浩然登山观之，遂在其名篇《与诸子登岘首》中吟道：“羊公碑尚在，读罢泪沾襟。”然而涕下的何止孟夫子一人。李白、张九龄、孟郊、苏轼、欧阳修等几十位大文人在此都有吟唱。李白先后三次写过堕泪碑，在诗作中发出感慨：“空思羊叔子，堕泪岘山头。”

大将军当了一回医师，狮心杀伐与仁心回春集于一身，非为挽回敌酋健康，实为换取敌方人心，不是宋襄公式的愚昧慈悲，而是政治家的高瞻远瞩。

羊志哭妾，羊斟叛变

姓羊的也真有人从事专业医疗行业。南北朝的刘宋政权出了一大堆心理变态的疯狂皇帝，孝武帝刘骏就是其中之一。刘骏的淫暴暂时按下不表，且说某回他的爱妃身亡，他多次领群臣到爱妃坟前痛哭，并以痛哭的悲伤程度作为衡量忠诚的标准。御医羊志刚好在场。刘骏让他哭妃，以重赏为诱，这位羊医师竟应声号啕大哭，捶胸顿足，涕泗交横，痛不欲生。昏君遂大悦。事后有人问他："你怎能临场就立刻哭出来？"医师无奈道："哭亡妾耳。"原来羊志的爱妾也刚死，他只是圆滑地触景生情兼移花接木罢了。医师当了一回哭丧人，非悬壶济世，不过欺世盗名，表演愈是成功，人格愈见扭曲，政权也就愈加显得腐朽，可见刘宋岂能持久？

姓羊的还有人当过统帅的贴身司机兼战车队长。春秋时，郑、宋交战前，宋军主帅华元犒军，不知为何，替他驾驶战车的羊斟却没分到肉羹。羊斟怀恨在心，到了作战时，羊斟载着华元驾车冲向敌阵……对不起，不是奋勇杀敌，而是一溜烟阵前叛变，直接将华元当战俘献给郑军。好大的一份献礼！于是，宋军大败。军人不以尽忠国家为职守，纠缠于私心。这战车司机莫非是敌军卧底？谁也不得而知，反正史上骂声一片，说他罪大恶极、枉为人也！顺便补一句，那天华元杀的是羊，羊斟耿耿于怀的其实是一碗羊羹！

多宝之羊

汉语的"鲜"字，由鱼和羊组成，可见在遥远的古代，羊肉的鲜美早就打动大家的味蕾。东晋将领毛修之被北魏俘虏，他虽为将军，但擅长烹调，后来便找时机炖了一碗羊肉汤给尚书崔浩吃。崔浩一看，食指大动，一尝，更是赞不绝口，认为这是天下第一美味，便把毛将军推荐给了太武帝拓跋焘。拓跋焘吃了毛修之的羊肉汤后，也点头称赞，便命毛修之为太官令，俘虏摇身一变，成了皇帝的私人厨师。从此，毛大厨平步青云，再次涉足政坛，仕途上一帆风顺，一直做到尚书、光禄大夫、南郡公。

羊肉是古代的高级食材，不仅鲜美，而且映衬食者的高贵，难怪心胸狭隘的羊斟会干出如此不齿的闹剧！其实，羊应该是一种尊贵动物，因其肉既可满足人类刁钻的口舌，又可入药，《本草纲目》载：羊肉“暖中补虚，补中益气，开胃健力，益肾气”。相传隋朝名医巢元方给开凿运河的麻叔谋瞧病，以羊肉为药，药未尽即愈。

羊肝也是美味。宋太祖赵匡胤睡到半夜突然醒来，舌尖上满是对羊肝的怀念，很快就垂涎欲滴。他此时非常想吃，却犹豫不决，不肯下令。左右侍从被叫进来，又没有收到明确指令，人人一脸茫然，随后赵匡胤很风趣地说道：“我如果说了，想必日后每天晚上就有一只羊被你们杀死！多浪费啊！”一国之尊在美食面前悬崖勒马，史上记载的似乎仅此一例。

除了好吃，羊肝也是药材。西医认为它含铁丰富，适量进食可防止贫血；羊肝富含维生素 B_2，能促进身体的代谢；还含有丰富的维生素A，可防止夜盲症和视力减退，有助多种眼疾的治疗。中医也认为羊肝有“养血、补肝、明目，主血虚萎黄、羸瘦乏力、肝虚目暗、雀目、青盲、障翳”等功效。

“羊食百草，其乳滋补。”羊乳自古就被视为极佳的营养补品。古今医学都证实，羊奶不但营养价值高，而且具有消炎、护肤、抗衰老的保健功能。世界公认最接近于人奶的就是羊奶。羊血性味咸平，有止血、祛瘀之功效，可用于吐血、妇女崩漏、产后出血、外伤出血、跌打损伤等症的治疗。羊角有镇静、退热、安神、益气、明目、平肝、益气之效，适用于头晕目眩、经痛、产后腹痛、惊风癫痫、高热神昏、头痛目赤、惊悸抽搐等症。羊骨性味甘热，具有补肝肾、强筋骨、补精血的功能。

较之那些医师不像医师、军人不像军人的家伙，朴实无华的羊，一身多用，浑身是宝，比他们可谓有天壤之别了！

华清池畔的温泉史话

唯此温泉，是称愈疾，朕不能独受其福，思与兆人共之。

——《温泉言志》

泡温泉的确是件惬意的事，无论是否要治病，穿过水汽的氤氲，温泉总会让人释放心灵，达到身、心、灵合一的人生至境，甚至获得灵魂的皈依。

金浆玉液，怡神驻寿

据说因学习、工作特忙，一向重视实用主义的北宋政治家王安石常以邋遢形象示人，衣服又皱又脏，脸上污垢凝成一片黑色，别人还以为他病入膏肓。他大概很少洗澡，不过面对温泉，再顽固、再执拗的他也受不了诱惑，写下“谁燃丹黄焰，爨此玉池水。来客争解带，万劫付一洗”。大概不用旁人劝，他自动就会纵身一跳。在他看来，温泉不仅洗去脏污，还可涤荡病痛和政坛恶斗带来的郁结。

如此高级的享受，帝王们当然不会错过。温泉的疗养、医用价值早为古人所熟知。现代医学认为温泉的作用主要有物理学与药物学两方面，其温热和舒张力能活跃人体的血液循环，促进新陈代谢，提高皮肤机能，同时也能镇静止痛，缓解肌肉紧张，消除疲劳，使人舒适，解除慢性疲劳。而药学作用则视各类温泉的不同成分而有所差别，如硫黄泉能治疥疮、预防寄生虫皮肤病；而以氯化钠离子为主的食盐泉则能增进新陈代谢，适合关节炎和神经痛患者。有些矿物质能洁净肌肤，可软化角质、推迟衰老、光滑皮层。

关中地区是中国的帝王谷，此处的温泉开发甚早。秦始皇当年就在临潼附近修筑离宫，引泉入室，起名“骊山汤”。八百年后，唐太宗也在骊山温泉营建汤泉宫（华清宫前身），并在“星辰汤”里享受温泉浴。沐浴过后，殚精竭虑的李世民担心老百姓说他奢华腐化，遂用绝妙的书法功力，亲笔写下《温泉铭》。文中郑重解释他自即位以来，日理万机，积劳成疾，才用泡温泉来治病，每次浴后，病情就有所缓解。他将泡温泉说得像是不得已而为之，又隐晦地道出自己为国事夙兴夜寐，不失为佳作一篇。①

大概温泉疗效甚佳，李世民也不禁赞叹道：“不以古今变质，不以寒暑易操。无宵无旦，与日月同流；不盈不虚，将天地而齐固。永济民之沉痾，长决施于无穷……人世有终，芳流无竭。”仿佛皇家温泉是大众池似的，这“民”字到底说的是他自己还是民众，恐怕只有帝王心里才知道了。

洗罢舒适无比的温泉，千古明君李世民大概精神更充沛，可以好好经营他的“贞观之治”了。

---

① 唐太宗《温泉铭》：“金浆玉液，可以怡神驻寿。朕以忧劳积虑，风疾屡婴。每濯患于斯源，不移时而获损。”

温泉人人爱

其实对温泉功效的推广，最主要的还是源自民间。诗仙李白捧读南朝文学家盛弘之的《荆州记》后，为其所描述的汤池胜景所吸引，遂游赏洗浴，留下“愈疾功莫尚，变盈道乃全。濯濯气清泚，晞发弄潺湲”（《安州应城玉女汤作》）的诗篇。玉女汤在今湖北应城市西，温度平均六十摄氏度左右，能将鸡蛋煮熟。泉眼自然喷发，隆冬季节，薄雾弥漫，热浪蒸腾，蔚为壮观。

《三国演义》开卷语“滚滚长江东逝水，浪花淘尽英雄”的作者明代学者杨慎，因得罪当红太监，被“廷杖”（脱裤子打屁股）得皮开肉绽，贬到云南南部。虽然伤口愈合，但遇到阴天雨季，骨头便酸痛难忍。他就在那里找到“安宁温泉”，一边养伤，一边修身养性，一边著书立说，还赋诗云：“何如碧玉温泉水，绝胜华清岩石池。已挹金膏分沆瀣，更邀明月濯涟漪。”好像因祸得福。的确，此处的温泉水由池底卵石缝隙中滚滚而出，每分钟以六立方米水量向外涌，似串串明珠浮出水面。水温为四十二摄氏度至四十五摄氏度，无硫黄味，含钙、镁、钠、钾等化合物及微量放射性元素，属无硫黄碳酸泉，既适饮用，又宜沐浴，对关节炎、神经痛、皮肤病都有辅助治疗作用。

历史上有些王公贵族为了一己之私，与民争利，把大自然对世间生灵的恩赐窃为己有，把好端端的温泉围起来，大兴土木，垄断独享，这大概是承袭西周时周厉王的遗风吧？这老兄实行“专利”政策，将山林湖泽改由天子直接控制，不准平民进入谋生，真是臭名昭著！

往往也只有那些大众温泉能够延续后世，至于被皇家严格控制、过度开发的贵族温泉，反而早早枯竭了。

暗藏夺命杀机

泡温泉固然舒服，但不是所有人都适合。清朝开国之父努尔哈赤在宁远败于袁崇焕之手后，据说退到辽宁本溪的温泉寺疗养战伤，但身体状况并未好转，不久即一命呜呼。如果他真的在战斗中被明军火炮所伤，那么泡温泉就非常不智了。因为温泉虽然活络筋骨，其所含的硫黄及其他物质固然可消炎杀菌，但只对一般皮肤病有效，对严重的开放性破损伤口，不仅于事无补还会雪上加霜。温泉到底不是抗生素啊！

大概深受父亲影响，努尔哈赤之子皇太极也对泡温泉情有独钟。不过从文献记载看，他常“病风眩”，崇德六年（1641 年）为了扭转前线的危急局势，皇太极流着鼻血，连续六个日夜长途奔驰六百里，到达前线。看来，他患有高血压等心脑血管病的可能性很大，在“圣躬违和”时，他跑去“幸安山温泉”（位于辽宁鞍山）[①]。可惜温泉不能让他延年益寿，两三年后便暴毙宫中。这类患者泡温泉必须十分小心，因高水温会使血管扩张、心跳加速、心肌耗氧增加，而从温泉出来，遇外界冷空气时，血管会迅速收缩，容易引起脑中风或心肌梗死。

---

① 见《清史稿》。

断送江山的温泉迷

两位清朝开国元勋的死，温泉意外成为嫌疑犯。纵观历史，泡温泉把自己泡死了事小，有人还把国家也泡残了。唐太宗的曾孙唐玄宗李隆基尽管开创盛世，但晚年骄奢淫逸，纵情享乐，与杨贵妃在华清宫的缠绵故事街知巷闻，华清宫是他把曾祖父的汤泉宫扩建而成。玄宗是温泉迷，但在《温泉言志》中仍假惺惺地与民同乐[①]，他深谙温泉“绩为蠲邪着，功因养正宜”的功效，边洗边欣赏华清宫“桂殿与山连，兰汤涌自然。阴崖含秀色，温谷吐潺湲”的美景，过后又写成御诗，真是不亦乐乎！

这已经不仅仅是“温泉”了。据唐人郑处诲《明皇杂录》载，唐玄宗多次莅临华清宫，在投其所好的安禄山等人怂恿下，命人大规模扩建汤池，装修得富丽堂皇、美轮美奂，用白玉石制作成鱼、龙、凫、雁等物，活灵活现，还装饰有石梁、石莲花，雕镌巧妙，鬼斧神工。玄宗脱衣入温泉，泡于其中，一张眼，但见石莲花才出水面，石鱼、石龙、石凫、石雁们似乎在泉中浮游、飞动，简直如入仙境！不过，如此精美并未能让皇帝就此罢休。沉迷享乐的人，想象力自然和一般人不同，汤池面积巨大，上面点缀几个石头雕塑肯定不过瘾，玄宗边泡边琢磨，终于又突发奇想，命人把珍爱的“银镂漆船”及“白香木船”，一起放在水中，上面的楫橹皆用名贵珠玉装饰。他想，既然人人都称呼我为“圣上”，那

① 唐玄宗《温泉言志》：“唯此温泉，是称愈疾，朕不能独受其福，思与兆人共之。”

么就在这温泉中模拟成仙吧；于是，他干脆让人把大量珍珠和丁香倾倒在温泉中，垒成两座假山，命名为“瀛洲、方丈”，彻底在传说中的渤海神山里飘飘欲仙[①]。好一派天上人间，温泉里的珠宝经常沿着排水系统流到民间住宅区，让附近的贫民在沟渠中拾得，一夜暴富[②]。简直奢华得媲美行为艺术了！

李、杨二人临幸温泉无数，乐不思蜀。“春寒赐浴华清池，温泉水滑洗凝脂”，“春宵苦短日高起，从此君王不早朝”，国事抛忘，国防废弛，直到安禄山“渔阳鼙鼓动地来，惊破霓裳羽衣曲”，玄宗才从温泉中如梦初醒，但大唐危局已一发不可收拾。

惬意的温泉，到底是明君的贤内，还是昏君的帮凶呢？

---

① 郑处诲《明皇杂录》：“玄宗幸华清宫，新广汤池，制作宏丽……以白玉石为鱼龙凫雁，仍为石梁及石莲花以献，雕镌巧妙，殆非人功……又以石梁横亘汤上，而莲花才出水际。上（玄宗）因幸华清宫，至其所，解衣将入，而鱼龙凫雁皆若奋鳞举翼，状欲飞动……又尝于宫中置长汤屋数十间，环回甃以文石，为银镂漆船及白香木船置于其中，至于楫櫓，皆饰以珠玉。又于汤中垒瑟瑟及丁香为山，以状瀛洲方丈。”

② 王仁裕《开元天宝遗事》：“珠缨宝络流生街渠。”

荔枝迷的大唐盛宴

红颗珍珠诚可爱，白须太守亦何痴。十年结子知谁在？自向庭中种荔枝。

——《种荔枝》

小时候，爸爸经常教我背诵古诗文，也许正是潜移默化的影响叩开了我的文学之门。除了《木兰诗》外，印象最深的就是白居易的《荔枝图序》。

快递保鲜尝荔枝

身为广东人，我本来就对荔枝不陌生，但白氏这篇朗朗上口的小文却有非同寻常的价值，背后大有故事。乐天开篇直说“荔枝生巴峡间”，可不是岭南哦，估计身为北方人的白居易不知道两广、福建一带也出产荔枝，且质量一点都不逊色。荔枝乃宫廷珍贵果品，历代皆是。读罢晚唐杜牧的“一骑红尘妃子笑，无人知是荔枝来”，我也不禁对唐明皇、杨贵妃的贪欢误国愤慨不已，不过又心生疑问，既然荔枝“若离本枝，一日而色变，二日而香变，三日而味变，四五日外，色香味尽去矣”。那么以古代的运输、保鲜技术，岭南荔枝运到数千里外的长安，无论如何快马加鞭，总赛不过时间和造物主，这荔枝到达长安时恐怕早就腐烂不堪吧？

幼年的我对巴峡一无所知，带着问号勤翻书才得知，那是重庆与湖北交界处。后来才知道唐朝进贡的荔枝主要产于巴峡，而且皇帝严令当地使用军马和军用高速公路，以日行八百里的火速，日夜兼程，飞驰转送！这比起岭南，距离要大大缩短，辅以阴凉的竹筐运载，勉强保持新鲜还是可以的[①]。可惜，这种军事效率没有用在对抗安禄山的叛军身上啊！

古人很喜欢把政治腐败和红颜祸水挂钩，多少有点为尊者讳的意味，明明心里知道是皇帝的责任，却不好意思直说，于是杨贵妃、妲己、褒姒之流便背上历史大黑锅，被某些文人深恶痛绝，欲除之而后快，幸好荔枝没有遭此厄运，依旧老少咸宜、人见人爱。

荔枝诱惑无法挡

白氏比喻的妙笔生花，可谓居功至伟，“浆液甘酸如醴酪”还不让你食指大动？“瓤肉莹白如冰雪”，光这卖相也足以让人垂涎欲滴、浮想联翩吧？“壳如红缯，膜如紫绡”，如果有点文学历史情怀，大概你会在品尝之前，先把玩一下，将穿越时空的、华美精致的绫罗绸缎放到想象的海洋中，闭上眼，神游一番。

北宋苏东坡被贬广东惠州时，也尝到了荔枝的鲜美，立刻赞不绝口。相信他肯定读过白居易的《荔枝图序》，本人又好美食，绝对会对荔枝的色香味抱有美好的幻想，此时，想不到在那样一

---

① 《新唐书·杨贵妃传》：“妃嗜荔枝，必欲生致之，乃置驿传送，走数千里，味未变，已至京师。”

个连肉食都难以寻到的蛮荒之所，居然有如此的美味在守候着大文豪，他焉能不喜？那段日子，他是否也想到该嘲笑一下那些远在中原腹地的政敌呢？呵呵，尔等可无福气品尝鲜荔枝也！据现代研究，荔枝最适于年平均二十一摄氏度至二十三摄氏度的环境下存活，二十摄氏度以下便不能生长结实。在西安、开封等冬季有霜雪的地方，它无法生长。

东坡难以自抑对荔枝的偏爱，魂牵梦萦之余不免大书特书，如《新年五首》："荔子几时熟，花头今已繁。"《赠昙秀》："留师笋蕨不足道，怅望荔子何时丹。"最脍炙人口的就是《食荔枝二首》其二："日啖荔枝三百颗，不辞长作岭南人。"

我初读之不禁一惊，广东人有所谓"一颗荔枝三把火"之说，就是从民间中医的角度看，吃荔枝过多是会"上火"的，大概是指口舌生疮之类。这苏轼也太狂了吧？据说，他在南方的穷乡僻壤中，家徒四壁，为了解馋，竟然收购店家偶尔宰杀山羊后丢弃的羊骨，烹熟剔得残余肉渣，大呼美味！难道他把廉价的荔枝当饭吃不成？

后来，我发现有人比苏轼更狂的，那就是明朝人宋珏。

此君是福建莆田人，迷荔枝迷到干脆自称"荔枝仙"，著有《荔枝谱》，书中开头就表示任何人间美味与之相比，均望尘莫及。这位"荔枝仙"肚量巨大，天生巨食，似乎专为荔枝而生，自夸每日食一两千颗也是等闲之事。荔枝当造，从初上市到采摘完，他腹中至少有十几万颗荔枝，真是快活似神仙①！

---

①《荔枝谱》："荔枝之于果，仙也，佛也，实无一物得拟者……余生于莆，既幸与此果遇，且天赋啖量，每啖日能一二千颗。值熟时，自初盛至中晚，腹中无虑藏十余万，而喜别品，喜检谱。"

岂可海量啖荔枝？

其实,品尝任何食品都应该适可而止。我们无从知道这位“荔枝仙”生平的细节，更无从寻觅他生老病死的瞬间，只是从现代医学的角度分析，暴饮暴食终究有损健康，荔枝也不例外。希望他只是在文章中发挥文学的想象，夸下浪漫主义的海口罢了。

鲜荔枝的含糖量很高，空腹大量食用会刺激胃黏膜，出现腹胀等不适，而过量的糖分存在于血液内，导致黏滞度过高，也会产生“高渗性昏迷”，糖尿病患者尤其需要小心。

还有些人大量进食荔枝，饭量减少后，突发低血糖症，呈现头晕、口渴、恶心、出汗、肚疼、心慌等征象，严重者会晕倒、抽搐、昏迷，医学上称为荔枝急性中毒，也叫“荔枝病”。

原来，人体内可用于产生能量的是葡萄糖，而荔枝的糖分是果糖，当人体摄入果糖后，要用转化酶把果糖转化为葡萄糖后才能被人体利用。荔枝吃得太多，转化酶供不应求，不但不能把果糖转化，反倒会刺激胰岛素过多分泌，过量消耗葡萄糖，导致血液内葡萄糖不足，出现一系列低血糖表现，这就是荔枝病的来龙去脉。

任何事物都是利弊相存的，看你如何运用取舍而已。中医认为荔枝果实补肝养血，健脾理气，主治肝血亏虚，眩晕失眠，脾气虚弱，大便泄泻，胃脘寒痛，呃逆，产后水肿等。《本草纲目》记载：“荔枝核治疝气痛、妇人血气刺痛。”《本草备要》也载：“荔枝核入肝肾，散滞气，辟寒邪，治胃脘痛，妇人血气痛。”看来，荔枝这种植物也不仅止于能满足人类的口福。

明代还有一位著《荔枝谱》的文人，叫徐渤，他说：“当盛夏时，乘晓入林中，带露摘下，浸以冷泉，则壳脆肉寒，色香味俱不变。嚼之，消如降雪，甘若醍醐，沁心入脾，蠲渴补髓，啖可至数百颗。”文笔颇为优美，不输白乐天。他还补充要是怕吃得太多腹胀，可以略略加点盐，有消滞之功。这种民间方法是否奏效？见仁见智。即使有效，也不该有恃无恐，暴吃荔枝。徐渤能一次吃几百颗不出事，但不代表你也能。

荔枝是大自然演化而来的一种独特生命，并不是生来特意为人类效忠的。人类要采之为食，则必须合理地取其精华，扬长避短，食之有道，吃之有度。

白居易撰《荔枝图序》妇孺皆知，可你读过他的《种荔枝》吗？“红颗珍珠诚可爱，白须太守亦何痴。十年结子知谁在？自向庭中种荔枝。”荔枝像一颗颗艳红的珍珠般，煞是可爱！可我这白发苍苍的太守也未免太痴心了，荔枝树种下来，十年后才会开花结果，到那时都不知道身在何处了？这会儿还在庭院中种着荔枝树，自得其乐呢。

白氏是在重庆一带为官时写作荔枝诗文的，这段时间不长，不久就调任他处，估计再也难以与荔枝相见欢了。但没关系，真正有修养的人喜欢一物，是不会无休尽地占有、满足欲望的，有时候隔着时空，偷偷想念一番，追忆一下，品味一回，也是人间大乐事、大雅事。白居易大概也是这样的人吧？

夜不成眠的诗圣杜甫

细草微风岸，危樯独夜舟。星垂平野阔，月涌大江流。

——《旅夜书怀》

一千多年前的唐朝深夜，一叶孤帆行于水上，万籁俱寂，星星都沉睡了，大诗人杜甫听风望月，江山万里雄阔，到底还是盛唐过来的！此刻的他诗性绵绵，辗转反侧，赋诗一首："细草微风岸，危樯独夜舟。星垂平野阔，月涌大江流。"有谁知道，如此佳句其实是诗人用失眠之苦换来的。

恼人的失眠夜

细细读来，杜甫许多佳作竟是在夜里吟诵出来的，如《春夜喜雨》："好雨知时节，当春乃发生。随风潜入夜，润物细无声。野径云俱黑,江船火独明。晓看红湿处,花重锦官城。"又如《江月》："江月光于水，高楼思杀人。天边长作客，老去一沾巾。玉露团清影，银河没半轮。谁家挑锦字，灭烛翠眉颦。"又是一个难熬的不眠之夜！

今天的都市精英也常遭遇此困扰，有人数星星，有人数绵羊，有人数一二三四，而我们可爱的诗人赋闲蜀中，却用赋诗来打发长夜，或许他认为这样刻意的智力游戏可让自己的脑子更累些，更容易入睡吧。起床欣然运笔，或不吐不快，心中的喜悦也好，惆怅也罢，又忍不住一泻千里。

失眠是人类共有的生理现象。现代医学认为睡眠障碍的主要特征是不易入睡和难以维持睡眠，是睡眠质量或睡眠时间不足的一种主观体验。失眠可分为入睡性失眠、睡眠维持性失眠和早醒性失眠。患者往往不能熟睡、早醒、醒后无法再入睡，甚至频频从噩梦中惊醒，自感整夜都在做噩梦，过后精力无法恢复。长期失眠会引起疲劳加剧、全身不适、无精打采、反应迟缓，甚至头痛、记忆力不集中，最大影响是精神方面，严重者会导致抑郁、焦虑、烦躁、多疑、多虑、幻听、幻想，对生活和工作造成重大的影响。中医认为失眠即“不寐”，多由七情所伤，思虑劳倦或暴受惊恐，或禀赋不足、年迈体虚所致，其病机为气血、阴阳失和、脏腑功能失调，病者心神被扰，神不守舍。

不要以为失眠只是文人的雅事，其苦不堪言相信人人都有体验。更可怜的是，诗人频频遭遇这种精神、肉体折磨。研究者发现杜甫的失眠诗约有一百一十首之多，包括难以入睡、易醒、早醒、梦后难眠、彻夜未眠、长期失眠等，可以说，失眠诗和其心境息息相关。研究这些诗，可以深入感受诗人的胸怀。失眠的成因与心理因素的关系密切，笔者更愿意从西医的角度试图探讨杜甫失眠的病因。

诗人失眠，原因纷繁

失眠的成因很复杂，首先来看环境因素，杜甫大半辈子颠沛流离，经常入不敷出，至于居所则穷酸至极。一般人都希望有软软的枕头、舒服的床铺、不热不冷的环境伴自己走入梦乡，可杜甫呢，早年困居长安时就颇为拮据，“霜严衣带断，指直不得结”(《自京赴奉先县咏怀五百字》)。此后更发生幼子饿死的惨剧，经济条件令他注定无法享受舒适的居住环境。安史之乱爆发后，战乱频繁的日子更成为诗人的家常便饭，他弃官避难四川，“况我堕胡尘，及归尽华发。经年至茅屋，妻子衣百结。恸哭松声回，悲泉共幽咽。平生所娇儿，颜色白胜雪。见耶背面啼，垢腻脚不袜。床前两小女,补绽才过膝”(《北征》)。他仅以种植、采摘中药为生，“屋上三重茅”还很不牢固，随时会被狂风刮走，且“布衾多年冷似铁，娇儿恶卧踏里裂。床头屋漏无干处，雨脚如麻未断绝”(《茅屋为秋风所破歌》)。环境如此恶劣,怎会不“自经丧乱少睡眠”呢?

其次，他为官时的压力颇大，这和心理因素有关。《春宿左省》诉说他值夜班时失眠，“不寝听金钥，因风想玉珂”，他夜不敢寝，仿佛听到宫门的开锁声，晚风飒飒，又想起上朝的马铃响。“明朝有封事，数问夜如何”，一夜心绪不宁，惦记明天的朝堂公事，多次探问夜漏，心中七上八下。其居官勤勉、尽职尽忠可见一斑，但确实“压”力如山啊！看来并非每个文人都适合当公务员。

再次，由于遭遇诸多不幸，他的情绪经常焦虑不安。战乱爆发前，唐王朝已危机四伏，社会动荡不安。杜甫自京师赴奉先县探亲，念叨着家人，“老妻寄异县，十口隔风雪。谁能久不顾，庶往共饥渴”(《自京赴奉先县咏怀五百字》)。不料刚到家，便“入门闻号啕，幼子饥已卒”。他既伤心又愧疚，“吾宁舍一哀，里巷亦呜咽。所愧为人父,无食致夭折”。那个原先以为的“团圆”夜，杜甫绝对睡不着。

安史之乱后，他身陷贼手，与亲人失散，囹圄中写下“今夜鄜州月，闺中只独看。遥怜小儿女，未解忆长安”(《月夜》)。焦躁的心，自然更无法入眠。此外，他又是家国情怀极浓、以天下社稷为己任，深具良知的知识分子，以往见到“朱门酒肉臭”，就想起“路有冻死骨”，如今心中百感交集，寝卧不安，唯有叹息“永夜角声悲自语，中天月色好谁看”了。

又次，过度的喜悦和兴奋也会导致失眠。杜甫突然得悉朝廷平叛胜利，喜从天降，遂写下平生第一快诗《闻官军收河南河北》:“却看妻子愁何在，漫卷诗书喜欲狂。白日放歌须纵酒，青春作伴好还乡。”他高兴得涕泪交加，兴奋得幻想从蜀中飞抵中原。那天晚上，想必诗人又失眠了。

最后，病痛的折磨也是常失眠的原因。《同元使君春陵行》云:“我多长卿病，夕日思朝廷。肺枯渴太甚，漂泊公孙城。”又如《客堂》诗中云:“栖泊云安县，消中内相毒。”所谓的“长卿病”是指汉代文人司马相如，字长卿，患有“消渴”之症，中医的“肺渴”、“消渴”差不多就是西医的糖尿病，病人有多饮、多食、多尿、消瘦等症状。

失眠困苦，雪上加霜

长期罹患糖尿病者，夜间可能常有尿意，再加上周围神经容易受损，发生感觉异常，于是常会合并“不宁腿综合征”(restless legs syndrome)，也就是想入睡休息时，小腿出现难以忍受的瘙痒或疼痛不适。由于当时医疗条件的限制，加上生活困顿，杜甫患有糖尿病又缺乏有效治疗，一拖再拖，晚年夜间下肢出现病变也不奇怪，焉能安睡?

得了失眠，苦吟倒不失为一种宣泄办法，不过相比之下，还是苏东坡的舒缓方法更健康、更值得提倡。被贬官后，其实谁也不舒服，“月色入户”，东坡不眠，“欣然起行”，“遂至承天寺寻张怀民”夜游，他彻底解放，真正解脱，当一回愉悦“闲人”，估计翌日失眠会有所减轻。杜、苏二人境况类似，穷苦潦倒，然而杜甫一味沉郁顿挫而东坡却是超然物外，生活质量大概迥异，至少东坡应该没那么多难熬的失眠之夜。

晚年杜甫贫病交加，本来身体已极度衰弱，经济来源几乎断绝，同时患上无法克服的失眠，这只能加速他的生命终结。“亲朋无一字，老病有孤舟。戎马关山北，凭轩涕泗流。”在登上岳阳楼观洞庭湖后不久，伟大的诗人便伤怀地与世长辞了。

令柳宗元一蹶不振的脚气病

仆自谪过以来，益少志虑，居南中九年，增脚气病。

——《答韦中立论师道书》

古代的岭南（中国广东、广西，越南北部）地区，瘴气瘟疫令人闻之色变，往往成为政坛失意者的墓场。对知识分子来说，最痛苦的事就是空怀报国之志、不世之才，却如垃圾般被废弃。

此“气”非臭气

柳宗元，文学巨匠，唐宋八大家之一，与韩愈皆为中唐“古文运动”的领军人物，世称“韩柳”。可惜，柳宗元三十多岁时，不慎卷入朝廷的政治斗争，新皇帝一张圣旨把他贬到荒芜的南方，最后谪居广西。如果说“一封朝奏九重天，夕贬潮州路八千”的韩愈还有翻盘之日，那么“一身去国六千里，万死投荒十二年”的柳宗元则从此在政坛上一蹶不振了。

一蹶不振的不仅是政治前途，还包括他的身体。众所周知，除了瘴疠的威胁之外，唐代的岭南还是“百越文身地”，相当原始，大概比鲁滨孙漂流的荒岛好不了多少，手无缚鸡之力的文人在这等艰苦的条件下生存谈何容易！“惊风乱飐芙蓉水，密雨斜侵薜荔墙。岭树重遮千里目，江流曲似九回肠。”让柳宗元愁结万分的，有乡思，有不甘，有愤懑，更有恐惧。

可想而知，他病倒了，在《答韦中立论师道书》中，他自述：“仆自谪过以来，益少志虑，居南中九年，增脚气病。”在潮湿的岭南地区，难道柳宗元所说的“脚气病”就是今天常听到的“香港脚”吗？

香港脚是一种脚掌表皮受真菌感染而形成的癣类皮肤病，环境潮湿和个人卫生不佳是主因，常见感染部位为脚趾之间，症状为局部瘙痒、皮肤起泡、剥落或龟裂，有时会发出令人不悦的气味，皮肤破损还会导致皮下组织肿胀和感染。在南方恶劣的自然条件下，柳宗元罹患“香港脚”合情合理，似乎还不至于严重威胁生命。

然而，事实并非如此！中国早就有“脚气病”的记载，和会发出恼人“气味”的香港脚完全无关！文献中，此病始见于西晋（约265—316年）。大概晋初，起源于岭南地区的“脚气”，逐渐向长江下游地区蔓延。西晋永嘉（307—312年）末，由于战乱和政局动荡，王朝迁都南京后，“脚气”多发。隋至唐初，该病似乎开始越过长江，蔓延到北方，后来广泛流行于中国全境。早期这种病还有“脚弱”、“软脚”之名，隋唐之后才逐步定名为“脚气病”。那么，它的具体表现如何呢？

隋代名医巢元方在《诸病源候论·脚气病诸候》中对症状有较详细的描述：“其状，自膝至脚有不仁，或若痹，或淫淫如虫所缘，或脚趾及膝胫洒洒尔，或脚屈弱不能行，或微肿，或酷冷，或痛疼，或缓纵不随，或挛急……若治之缓，便上入腹，入腹，或肿或不肿，胸胁满，气上便杀人，急者不全日，缓者或一、二、三月。”

唐朝大文豪韩愈幼年丧父，被年龄较大的哥哥、嫂子抚养成人。他从小便和年龄相仿的侄子韩老成一起生活，两人感情深厚。老成在族中排行第十二，所以称十二郎，不幸英年早逝，韩愈痛苦万分，写下了著名的《祭十二郎文》，文中道：

> 汝去年书云：“比得软脚病，往往而剧。”吾曰：“是疾也，江南之人，常常有之。”未始以为忧也。呜呼，其竟以此殒其生乎？

韩愈万万没料到，这种南方人常患的软脚病看似没什么，让人掉以轻心，最后竟夺走亲侄子的性命！

用现代医学术语来说，脚气病的症状就是病患觉得下肢乏力或感觉异常（类似周围神经炎的症状），有的人还出现腹胀、胸闷、气促、呼吸不畅（类似心力衰竭的表现）。

现代西医也有“脚气病”一说，其是否等同于柳宗元提到的脚气病还有待确认。曾有日本医师认为缺乏维生素 B_1（硫胺素）是主因，有人更把矛头指向由糙米加工而成的精白米，谓其丧失了富含维生素 B_1 的糙皮。20 世纪初的日俄战争期间，日本陆军的统一膳食以白米加腌渍梅子为主食，其他成分很少。虽然平日军中的脚气病不多，但在战争时，士兵得脚气病的比例则很高，据说甚至远多于战场上的伤亡数目。

该病有两大类型：一是干性脚气病，表现为“上升性对称性周围神经炎”，病患有感觉和运动障碍，合并肌力下降、肌肉酸痛（尤以腓肠肌为甚）；二是湿性脚气病，病患心力衰竭，表现为软弱、疲劳、心悸、气急。由于心衰，还会出现厌食、恶心、呕吐、尿少及水肿。检查可见胸腔积液、腹腔积液和心包积液。对照中国古代医书，笔者觉得中西医的“脚气病”概念还算接近。

祸不单行的文学家

柳宗元的症状如何？他在《辨伏神文》里说自己“病痞，且悸”①,就是上腹郁结似有包块,同时合并心慌,非常类似心脏衰竭,从医师所开、具利水功效的“伏神”（茯苓）来看，很可能还有肢体浮肿和腹水，这倒很符合心力衰竭型湿性脚气病的临床表现，至于是否真的缺维生素 B_1 则有待考证，一个被瘴疠和贫困折磨得“奇疮钉骨状如箭，鬼手脱命争纤毫。今年噬毒得霍疾，支心搅腹戟与刀”的人，严重营养不良的身体，就像杜甫笔下秋风夜雨中的茅屋一样千疮百孔，任何风吹草动都会令人罹患沉疴的。

生了病，自然不能坐以待毙，柳宗元好歹还有一官半职——柳州刺史。于是积极求医，医师诊断之后，认为他气机不畅，身体失调，循环欠佳，乃曰：“您这种病就只有服用‘伏神’了，药到病除。”柳宗元便到市集购得茯苓，按照药方“烹而饵之”，以图良效。

伏神、茯苓，同物而异名，皆为多孔菌科真菌的菌核，寄生松科植物赤松或马尾松树根之上，菌核内没有松树树根者，称为

---

① 《辨伏神文》:“余病痞,且悸,谒医视之,曰:‘唯伏神为宜。’明日,买诸市,烹而饵之，病加甚。召医而尤其故，医求观其滓，曰：‘吁！尽老芋也，彼鬻药者欺子而获售。子之懵也，而反尤于余，不以过乎？’余戚然惭，忾然忧，推是类也以往，则世之以芋自售而病人者众矣，又谁辨焉？”

茯苓，含有松树树根者，称为伏神。两者皆有利水渗湿的功效，茯苓在利水渗湿之余，还有健脾补中作用，伏神在利水渗湿之余，兼具养心安神功效。茯苓，产于云南的是地道药物，又称云苓。

从中医的角度来看，处方伏神没有错，但疗效如何？柳宗元一剂药刚服下，病情反而加重！莫非买的药材不对？错买了土茯苓；还是医师的判断有误、开错药方？土茯苓、茯苓，名称相似，但药性殊异。根据《中药学》教科书记载，土茯苓是清热解毒之药，茯苓则是利水渗湿之药。"龟苓膏"中的苓，古方是用土茯苓的。土茯苓与茯苓，两者皆能利水渗湿，但茯苓用以补脾，无清热解毒之力。

无论如何，闹出医疗纠纷之事，无论古今，医师还是诚惶诚恐的。于是，这位医师被柳宗元揪回责问，不料揭开药罐一看，医师可乐了："天啊！这些只是老芋头罢了！"原来，药贩挂羊头卖狗肉，欺负读书人，用廉价的芋头稍微加工，粉饰一番，狠狠地耍了倒霉的柳宗元一回。医师很不高兴地回说："是你自己糊涂，却反而怪罪于我，这不是很过分吗？"

柳宗元听罢，又惭愧又愤恨又忧心忡忡。清代名医程国彭对此深有同感，其《医中百误歌》云："药中误，药不真，药材真致力方深，有名无实何能效，徒使医家枉用心。"

史书并没有记载柳宗元的病后来治好了没有，但对有良知的知识分子而言，人间最悲哀的事恐怕不只是自身的生老病死，而是社会的风气堕落。在诸多精神和肉体的打击下，柳宗元在广西贬所只活到四十七岁，便撒手人寰了。

宋高宗长寿之谜

每进膳，必置匙箸两副，食前多品，择取欲食者，以别箸取置一器中，食之必尽，饭则以别匙减而后食。

——《西湖游览志馀》

中国史上数百位帝王，年龄达到八十耄耋者寥寥无几，乾隆皇帝以八十九岁领衔，梁武帝、武则天、五代十国吴越王钱镠也名列前茅。另外相传西汉时期，南越国开创者赵佗活到九十岁以上，连太子都活活熬死了。

心脑血管疾病高危险群

说起宋朝赵氏一族，如果现代医师活在那个时代，必会判断这个家族是心脑血管疾病的高危险群！不过，大名鼎鼎的宋高宗却活了整整八十岁，令人啧啧称奇。

先说太祖赵匡胤，一般认为他酒后死于大雪纷飞的“斧声烛影”之夜，脑血管病变的嫌疑很大。太祖的弟弟、太宗赵光义继位，这一脉往下传，和太祖有点疏远，但子子孙孙也没多健康。

真宗赵恒的症状很像脑中风。天禧三年十一月举行祭祀天地大礼时，五十出头的赵恒“得风疾”，此后便接连复发。次年，他“自中春不豫”，可能再次中风，行动不便，“止视事于长春殿”，到同年九月，经半年的调养才有所恢复，“圣体和平，始御前殿（崇德殿）”。但到了十二月，从真宗下诏令“皇太子亲政”，“宰臣、枢密使赴资善堂祗候”等处置措施来看，病情似乎起起落落。不久，他再次出现言语障碍，“力疾御承明殿，赐手书宰相，谕以辅导储贰之意”。

仁宗赵祯的脑血管疾病最典型。至和年间，四十多岁的仁宗突发病，出现“昏不知人者三日”的症状，还出现了言语障碍，“自此御朝，即拱默不言，大臣奏事，可，即肯首，不，即摇首”。到了五十三岁时，仁宗再次突发急性脑血管意外，病情来势汹汹，很快导致皇帝去世[①]。

元丰八年正月，三十七岁的神宗赵顼也突发中风，行动不便，“三省、枢密院诣内东门请入问圣体，遣勾当御药院梁从政、刘惟简传宣放”。神宗自得疾即有言语障碍，“失音直视”，“不能言，首肯之”，但肢体功能尚可，“书字谕王珪等”。可惜病情逐渐恶化，虽遍访名医救治，神宗仍“疾势日增”，不久驾崩。

宋高宗赵构是神宗皇帝的嫡孙，倘若他有现代医学常识，恐怕会活得如履薄冰吧？家族病史这么不好，他是如何获得长寿的呢？

体质健硕，后天努力

在许多人的印象中，赵构乃“长腿”逃跑皇帝，畏敌如虎，

① 《续资治通鉴长编》：“甲夜，忽起，索药甚急，且召皇后。皇后至，上（仁宗）指心，不能言。召医官诊视，投药、灼艾，已无及。丙夜，遂崩。”

金兵一路追杀，他一路南逃，水陆兼程，狼狈不堪，想必此人是一介手无缚鸡之力的文人书生罢了。

这种负面的描述和想象误导了很多后人，如同很多人把孔子幻想成文质彬彬的文弱学究，其实孔子伟岸雄武，对驾驭马车、弯弓搭箭均得心应手。同样,赵构也是孔武有力的人,至少曾经是。

赵构虽然长于深宫之中、妇人之手，但毕竟受到严格的教育，原本不受父皇宋徽宗重视，正常情况下，身为第九子的他根本没机会继承皇位。这倒也省却了许多太子需要应付的繁文缛节，免去了许多政坛上的钩心斗角，赵构遂一心读书、练习书法，同时也积极锻炼身体，增强体魄，具体来说，就是继承太祖的优良传统，苦练骑射，未到弱冠之年，就能“挽弓三百斤，弩八石”，左右开弓。

后值金兵南侵，金人威逼宋朝派一位亲王亲自前往金营谈判。宋钦宗赵桓遍看诸王，说：“谁可为朕一行？”倘在平时，能在皇帝面前出风头，哪个王爷不争先？可如今大敌当前，九死一生，这些王爷全都退缩了，低头唯唯诺诺。此时，弟弟康王赵构艺高人胆大，挺身而出毛遂自荐：“朝廷若便宜，勿以一亲王为念。”完全将生死置之度外，一股“风萧萧兮易水寒，壮士一去兮不复返”的豪迈悲壮油然而生。与他后来的苟且偷安相比简直判若两人！《宋史》载：“康王英明神武，艺祖之风。”说他具有赵匡胤的风采也不为过。试想，没有两下子，赵构哪敢迎敌？

到达金营，金朝二太子完颜宗望邀赵构比试射箭，在他心目中，宋人弱不禁风，正好羞辱之！他找了一把重达两百斤的铁胎宝雕弓，在百步之外摆好靶子，连发三箭，一箭中靶心，遂扬扬自得。岂料赵构接过宝弓，开弓满月，连发三箭，全中靶心。这百步穿杨的功夫令金人自取其辱，瞠目结舌！

由于早年的锻炼刻苦，赵构的身体一直很硬朗。据说到了五十多岁，还能照旧骑马射箭。不过这时候，他已英雄不再，仅是聊以自娱自乐罢了。

情感宣泄，大有裨益

男儿有泪不轻弹，更何况皇帝乃九五至尊，岂能随便落泪。

不过，赵构对此不屑一顾。"靖康之难"降临，北宋灭亡，中原沦陷，徽宗、钦宗二帝被掳，宋朝仅余半壁江南，从那时候开始，天将降大任于斯人也，康王利用历史给他的好机遇摇身一变，黄袍加身，成为皇帝。此时的他金枝玉叶，早就不是当年奋不顾身的小康王了。

他很快意识到惜命、生存才是最重要的，如果没有生命，就谈不上理想、尊严，如皮之不存，毛将焉附。于是，他"堕落"得很世俗。

人们渐渐发现高宗很爱哭泣，建炎元年四月，门下侍郎耿南仲等劝他即位时，赵构"避席呜咽，掩面流涕"；得知大臣李若水"忘身为国、知死不惧"的忠义事迹，他"为之泣涕"。苗刘之变，韩世忠及时救驾，赵构握着他的手恸哭不已；为表"孝悌绝人"，他常在大臣面前"号哭失声，涕泗挥洒"，称是思念父兄，感慨"国步之艰难"，哪些是真情实感，哪些是伪装表演，已不得而知。但对健康而言，多哭并无坏处。

徽、钦二帝被俘北上，受尽屈辱，辗转被迁到五国城（今黑龙江省依兰县城北旧古城）软禁。八年后，绍兴五年（1135 年）四月，徽宗病死于五国城。噩耗传来，赵构号啕大哭。

公元1161年4月，金主完颜亮派使节到南宋，正式通知钦宗赵构已死。闻兄长去世，外加金使出言不逊，赵构当场情绪崩溃，边哭边撂下金使和满朝大臣，掩面离开御座。最后，宰相没办法，只好派卫士去找他，好不容易在屏风后面找着了，此时赵构还在那儿哭个没完没了[①]。

一国之尊，涕泪交加，未免有失国体，但笔者相信这应是赵构的真情流露。就健康而言，哭泣是情感的必要宣泄，哭泣时，痛苦和委屈会连同眼泪一起被宣泄。通常人们哭泣后，情绪的痛苦强度会减低约百分之四十，反之，若不能利用眼泪把情绪压力消除掉，则会影响身体健康。长期压抑情绪不宣泄，负能量就会转而内化攻击身体，因此，有人认为强忍眼泪就等于“自杀”。

注重卫生，深谙保健之道

赵构当上皇帝后，日益注重养生，同时也很注意饮食卫生，据说他每顿饭都要摆上两双筷子和两只勺子，其中一双筷子是公筷，一只勺子是公勺。凡是他爱吃且吃得完的饭菜，都先用公筷和公勺分到一个大盘中，然后把大盘里的饭菜吃干净，剩下的饭菜则分赏给宫女。可见他注重饮食卫生，有使用公筷、公勺的意识，

---

① 《会编·卷二二八》：（高）景山欲升殿，侍卫及阁门官止之，上（高宗）诏令升殿。景山乃升殿，状貌不恭，景山直言渊圣（赵构遥尊被俘的钦宗为“孝慈渊圣皇帝”）升遐事，言语鄙俗。上号恸归禁中，景山曰“我来理会者两国正事”不已。带御器械李横约景山下殿曰：“不得无礼。有事朝廷理会。”使人犹在殿中，班皆未退，带御器械刘炎告宰相陈康伯曰：“使人在廷未退，有茶酒之礼，宜奏闻免之。”康伯曰：“公自奏闻。”炎遂转屏风而入，见上哭泣，炎奏其事，上然之。

避免剩余食物被污染，此举虽有标榜君德之嫌，却也表明了他对饮食卫生的重视[1]。

大约从宋朝或更早一点的时候开始，中国人就开始养成饮食不分餐、喜欢相互夹菜的习惯，这会增加幽门螺旋杆菌的传播风险。幽门螺旋杆菌是众多胃病的罪魁祸首，它主要通过口腔传播，家人如果有一人感染，其他人感染的概率也提高，因为感染者的牙菌斑和唾液中会有幽门螺旋杆菌。不分餐的话，筷子很可能成为病菌的传播媒介。目前，世界卫生组织底下的国际癌症研究机构已将其列为诱发胃癌的第一类致癌原。研究发现欧美人由于习惯分餐制，所以幽门螺旋杆菌的感染率明显低于中国人。此外，甲型肝炎和戊型肝炎的传播也以唾沫为中介。

赵构当然不知道幽门螺旋杆菌为何物，使用公筷，不免有点矫揉造作、明哲保身的味道，不过这样做，客观上既避免了唾液交叉，又控制了食量，是对自身健康的重视，也是对他人的尊重。

赵构很爱惜自己的身体，对医药学也有所涉猎。他曾对大臣赵鼎说："朕于医药尝所留意，每退朝后，即令医者诊脉，才有亏处，便当治之。正如治天下国家，不敢以小害而不速去也。"有一点点不舒服，他就让太医把把脉，小病不放，轻疾不掉以轻心，还把这套理念用于治国之上，多少有点刘备"勿以恶小而为之，勿以善小而不为"的遗风。

赵构还"每小不怡，辄进蠲毒圆数百，一以芫花、大黄、大戟为主。侍医缩颈，而上（赵构）服之自如"。估计对中医药学的造

---

① 《西湖游览志馀》："高宗在德寿宫，每进膳，必置匙箸两副，食前多品，择取欲食者，以别箸取置一器中，食之必尽，饭则以别匙减而后食。吴后尝问其故，对曰：'不欲以残食与宫人食也。'"

诣不算太浅，他自己用起药来似乎游刃有余，自信满满。

把握好服药的时机，赵构也从不忽视。他认为“药所以攻疾，疾良已则当却药，或在烹炼金石饵之，徒耗真气，非养生之道，岂唯治身，虽国亦然”。该用，则毫不犹豫；不该用，则悬崖勒马，凡药三分毒，就算补品，也断不可滥服，这时就该宁缺毋滥。

由此看来，赵构的保健意识、就医观念很强，对药物的常识和服药时机又把握得恰到好处，难怪高寿了。

作息规律，心态健康

赵构的作息很有规律，他曾得意地说：“朕省阅天下事，日有常度，每退朝，阅群臣及四方章奏，稍暇即读书史，至申时而常程皆毕，乃习射，晚则复览投匦封事，日日如是也。”工作、学习、运动，持之以恒，张弛有度，做得有板有眼，便于人体生物时钟分毫不差地规律运行，赵构可以说是这方面的典范。

人生，有舍有得，要学会能收能放。最后得说一说赵构的健康心态。

绍兴三十二年六月十一日，五十五岁的宋高宗赵构以“倦勤”，想多休养为由，禅让于太子赵昚（养子），是为宋孝宗，自己甘当“太上皇”，颐养天年。他懂得调整心态，自动放权，全面放手，悠然自得，纵情于山水、书画之间，晚年的“退休生活”过得有滋有味，既能和养子保持良好的私人关系，又能不干扰朝廷的正常运作，更能全面解除身心的烦累，释放被政治压抑的生命活力。“退休”后的赵构，又活了整整二十五年，直到八十岁撒手人寰。

历史上还有好几位“太上皇”，但他们的“退休”日子并不如意，过得很烦恼、很别扭。像唐玄宗李隆基不肯放手，儿子唐肃宗李亨只得带领群臣独自登基，制造既成事实。老皇帝等于遭强行解职，苦闷不已，但木已成舟，几年后便在梧桐雨的孤独、抑郁中死去。再看看乾隆爷，虽然主动禅位于儿子嘉庆皇帝，但心有不甘，权威不让，依旧幕后遥控指挥，本已精力衰退，此时更力不从心，四年后即驾鹤西去。如果不用活得那么累，兴许他能活过九十呢。

相形之下，还是赵构活得比较有智慧啊！

肉食者康熙难逃中风

所好之物不可多食……高年人饮食宜清淡，每兼蔬菜食之则少病，于身有益。

——《庭训格言》

康熙帝是清朝入主中原后的第二位君主，励精图治，奠定了大清兴盛的基础，开创了康乾盛世的局面，在位六十年，是中国历史上在位时间最长的皇帝，享年六十八岁，在古人中亦算高寿。

小心翼翼，难逃厄运

不过，这位君主自幼多病，还险些命丧瘟疫，长大后遂格外注重养生。的确，他的某些生活理念与现代保健意识不谋而合，比如，摒弃古代君王经常痴迷的补药。此外，他勤练书法，修养宽怀，喜狩猎骑射，以舒展筋骨、增强体质等。对刚刚进入中国与传统医学大相径庭的西医，他采取开放政策，自身还接受过西洋医师的有效治疗。他曾说："朕每日进膳二次，此外不食别物，烟酒及槟榔等物皆属无用。"良好的生活习惯持之以恒，造就了康熙不错的体质。

如此健康的生活方式，年长的康熙大概会与今人常见的中老年病绝缘吧？可惜历史并非如此！自康熙四十七年冬开始，五十多岁的他就疾病缠身，迅速衰老，“心悸几危，右手失灵”，头晕、腿肿，“手颤头摇，观瞻不雅”，“心跳之时，容颜顿改”，一代雄主老境颓唐，显然患有心脑血管方面的疾病。右手偏瘫，说明他得过了脑中风；腿肿心悸，说明他很可能合并心脏病，出现右心衰竭和心律失常，最常见的病就是冠状动脉粥样硬化，可能已经发生过心肌梗死。

“肉食者”的普通饭菜

其实康熙自诩的饮食有节、“凡所供馔肴皆寻常品味”，恐怕只是相对那些奢靡无度的昏君而言而已。

清代帝后平时吃饭，称“传膳”、“用膳”或“进膳”，各自有膳房备膳，并且独自用餐。一日两餐。早膳辰正（约上午八时），晚膳未正（约下午二时）。两正餐之外，还有酒膳和各种小吃，一般在下午或晚上。看看他的早膳（相当于午餐）菜单：

> 燕窝红白鸭子八仙热锅十品、葱椒鸭子热锅一品、炒鸡丝炖海带丝热锅一品、羊肉丝一品、清蒸鸭子鹿尾攒盘一品、糊猪肉攒盘一品、银葵花盒小菜一品、银碟小菜四品、咸肉一碟、野鸡爪一品……白糕一品……饽饽三品、果子粥进些、大肉面一品。

晚膳更丰富：

> 燕窝鸡丝香蕈丝熏白菜丝镶平安果一品、三鲜一品、燕窝

> 鸭子熏片月宫子一品、白菜鸡翅肚子香蕈一品、肥鸡白菜一品、肫吊子一品、苏脍一品、托汤烂鸭子一品、野鸡丝酸菜丝一品、芽韭炒鹿脯丝一品、烧抱肉锅、鸡丝晾羊肉攒盘一品、祭用猪羊一品、小菜一品、南小菜一品、菠菜一品、挂花萝卜一品、羊肉卧蛋粉汤一品、萝卜汤一品、野鸡汤一品……奶皮一品、烤祭神糕一品、酥油豆面一品、蜂蜜一品……粳米膳一品[①]。

虽然皇帝不可能全把这些吃完，每款只尝一尝，但从上得知，康熙的食材主要还是肉类，蔬菜相对较少。

上面说的是皇帝的普通御膳。据史料记载，皇帝设御宴，排场就更大了。但无一例外肉类是绝对的主角，猪、羊、驴、鹿、鸡、鸭轮番上阵。

肉是人类重要的食物，提供必需的蛋白质，营养丰富，吸收率高，滋味鲜美。从白山黑水杀进关来的满族祖先，渔猎文化给后裔留下深深的烙印，他们对肉食的偏爱远在汉人之上。在生产力不高的古代，肉类供应比今天要稀缺得多，较之谷类、蔬菜、水果等其他主食，肉类往往被认为是更高级也更难得的食物，享有特殊的地位，尊者因此成为“肉食者”。在20世纪前，这种情况都没有改变。

多病缠身，事出有因

康熙中年之后很可能罹患冠心病、高血压病、脑梗死，甚至

---

① 菜单内容引自《膳底档》。

第二型糖尿病。为什么这一系列相关的顽疾都集中在他一个人身上呢？

有一种病可把上述病症串在一块，那就是高脂血症。伺候皇帝的人自然觉得肉食既可彰显帝王的高贵，又可补充丰富的营养，殊不知肉类含较高的胆固醇，长期大量摄入易出现高脂血症，从而增加罹患多种代谢性疾病的风险。

现代医学研究证明，高脂血症是冠心病（包括心肌梗死、猝死）和脑血管疾病产生的重要危险因素。此外，它也能促进高血压病、糖耐量异常和第二型糖尿病的形成。脂类主要包括胆固醇和甘油三酯。血脂的来源主要有两条途径，一条是外源性的，即每天进食中的脂类物质经消化吸收后进入血液；另一条是内源性的，就是在人体正常代谢过程中，由肝脏、脂肪细胞及其他组织合成释放进入血液。脂类本来是人体细胞和组织不可或缺的构成原料，但是含量过高造成的后果非常严重。

大量脂类物质在血浆中移动、沉积，降低了血液流速，并透过氧化作用黏附并长期赘生在动脉血管内壁上，损害了动脉血管的内皮，最终形成阻塞血管的黄斑块，此为动脉粥样硬化。长此以往，血管腔内变窄，血流量难以为继，对心脏而言，心肌灌注血量减少，造成心肌缺血，这就是冠心病。严重者血液供应中断、心脏停搏。对脑部而言，就是脑血栓形成，容易造成脑中风。血脂升高对人体维持正常的血压也不利。

值得注意的是，高脂血症本身很少出现明显的症状，因此往往被人忽略，经常是已造成心、脑血管损伤后，才被抽血化验而发现。这种疾病固然与遗传因素有某种程度的相关性，但不合理的生活习惯同样扮演着重要的原因。

迟来的幡然悔悟

古人完全没有“胆固醇”这些概念，更无法知晓这些物质与疾病、寿命的关系。他们混淆了体魄强壮和身体健康的概念。于是，肉类本身含有大量的胆固醇，不断进入皇室成员的体内，大量蓄积起来，成为可怕的定时炸弹。清宫两百多年的宫廷膳食，皆以猪、羊、鸡、鸭为主角，蔬菜等富含膳食纤维的食品却鲜少露脸，这对高脂血症更起推波助澜的作用。

晚年病榻上的康熙终于悟出个中道理：“所好之物不可多食”，“高年人饮食宜清淡，每兼蔬菜食之则少病，于身有益”。但似乎有点为时过晚了。

饮食、健康上的道理，其实可以推演到政治上，万事万物，爱也好，恨也罢，总该有个“度”，总得有个中庸之道，适可而止。康熙一生子女众多，原本可供选择的男性继承人选不少，但是他对早逝的皇后赫舍里氏有着深深的眷恋之情，爱屋及乌，皇后的儿子胤礽两岁即被立为太子，此后三十多年都独享康熙的至深父爱。由于父皇的过宠和盲目信任，尽管康熙精心培育，但胤礽的性格逐渐变得骄傲自大、目空一切、自私自利，甚至有铤而走险、抢班夺权的嫌疑，直至此时，暮年的老皇帝才看穿太子的险恶心思，如梦初醒，追悔莫及，不得不狠下决心，废掉太子。于是，一场争夺皇位继承人的宫廷恶斗就此揭开了帷幕。

末代孤臣李鸿章的吐血真相

本月十九夜，忽咯血碗余，数日之间，遂至沉笃，群医束手，知难久延。

——《李鸿章遗疏》

公元1901年11月7日，北京贤良寺，七十八岁的李鸿章撒手人寰……这位刚刚在甲午战败的耻辱中忍痛签下《马关条约》的老人，又在八国联军的威逼下颤巍巍地在《辛丑和约》上盖印，晚年竟是替垂死的清王朝背负千古骂名。

一代名臣一病不起

最后一刻，李鸿章在病榻上苦吟着“秋风宝剑孤臣泪，落日旌旗大将坛”。他终于可以永离是非之地了，这实在令人唏嘘不已。

李鸿章究竟死于何病？据史料记载，被外交事务弄得焦头烂额的李鸿章“自俄馆归，即呕血”。确实，就连他临死前给朝廷的奏疏中也直云：“本月十九夜，忽咯血碗余，数日之间，遂至沉笃，群医束手，知难久延。”

从临床上分析，呕血的最常见原因之一，便是食管胃底静脉曲张破裂，根源是肝硬化。李鸿章死于此，并非空穴来风。

当然，现今的历史档案还没有足够的证据可鉴别他到底死于慢性肝炎导致肝硬化、胆汁淤积性肝硬化，还是酒精性肝硬化等？尽管致病元凶依旧“逍遥法外”，但是，李鸿章的出血致死依然有不少潜在诱因，颇值得今人借鉴。

第一，秋冬季节容易诱发肝硬化病患的静脉破裂大出血。光绪二十七年（1901年）农历九月二十日的《李毓森致盛宣怀电》中，第一次出现“（李鸿章）夜大解不出，吐血大半碗”的记载。后又电告：“顷据德医云，傅相（李鸿章）所吐系胃血，黑紫色，不妨事。必须静养，不准吃肉、面难化食物。”从李鸿章患病的电报消息分析，时间约为公历10月底、11月初，正是凉寒干燥的北京秋冬时节。

日常生活经验告诉我们，人体皮肤受冷就会变得没有“血色”。这是由于血管收缩、血流量锐减的缘故。秋冬季节，皮肤温度较低，无数的皮肤血管处于明显收缩状态，皮肤血管内的大量血液被“排挤”到内脏血管，使食管静脉的压力明显增高，这就增加了食管内曲张静脉破裂出血的机会。

第二，腹腔、胸腔压力的不适当增高也会增加出血的风险。李鸿章由于年近耄耋，加之压抑烦躁、精神萎靡，生理平衡随时会被打破，很容易导致胃肠功能紊乱，便秘是很常见的。前文已提及“大解不出”，其子亦于电报称：“家君前夜大解不出，陡呕血半盂，色紫黑色，有大块。虚汗头眩，势甚危急……据医云，胃家小血管破。”

此外，老迈的李鸿章也是一个经常咳痰之人。其人一生爱抽烟，从他在天津拍的照片来看，茶几上放的是旱烟。老年烟鬼，痰必多，咳必频。连外国人都知道他这毛病。每到一国，人家就为他特意准备痰盂。仔细观察李的服饰，会发现他的腰部常有一锦袋。当时有人考证，袋子里面装着扇子、鼻烟等物，还有一个袖珍痰罐。

咳嗽咳痰、使劲排便，均可使胸腔和腹腔压力发生急剧波动，各处的血流更容易被挤到食管和胃底的静脉，此时的胃底动脉有如灌水气球被猛然吹胀，爆裂、激喷都在情理之中。

以上都是李鸿章病死的直接诱因。那么，他的肝脏保养得怎么样？有什么原因加剧肝硬化呢？看来还得从他的生活习惯说起。

罹患肝硬化而不自知

晚清大员中，李鸿章是一个思想比较开明的洋务派官员，对西方各国的洋玩意儿接触较早，对喝咖啡、品洋酒也很在行。他平时除了抽旱烟外，还特喜欢喝点红酒。特别是就餐时总喜欢多喝两杯。1896年8月，他出访美国，《纽约时报》就三次提到他喝酒。有记者提问："他喝什么呢？"随从说："他只是在饭后饮了一点葡萄酒，是产于法国的红葡萄酒。"

众所周知，少量摄入葡萄酒对血液循环是有帮助的。不过，对于肝病患者来说，酒精毕竟是不速之客。因为，肝脏是酒精代谢的唯一器官。饮酒后，它在胃肠道很快被吸收，百分之九十以上的酒精都在肝内被分解代谢。它对肝脏的毒性表现在：一是减低肝脏对脂肪酸的氧化，导致肝细胞膨胀乃至崩溃；二是引起肝细胞膜过氧化损害。由于酒精会造成脂肪酸代谢的紊乱，又能促进脂肪肝的形成，尽管葡萄酒的酒精浓度一般不高，但长期摄入依然对肝脏不利，尤其是本身就有肝硬化的患者。此外，别忘了酒精是刺激性物质，容易对脆弱的食管、胃黏膜构成损伤，嗜酒的人就更容易出现胃食管静脉曲张破裂出血了。

更令人意外的是，爱喝红酒的李鸿章，虽每餐都有山珍海味，但仍钟情于咸菜和响蛋（皮蛋的一种，内含液体，略带臭味），这大概源于合肥人的饮食旧俗。他认为饭后一小碗米粥，佐以咸菜和响蛋，才是最可口的尾食。即使远涉重洋到达美利坚，行李中还是携带了各种千奇百怪的珍贵食材，当然也不忘带上这两样土产，毕竟吃惯了，须臾不能离开。然而，皮蛋这种高胆固醇、高蛋白、高盐又含铅的食品，必然会加重肝脏的代谢负担，即加重了肝脏的损伤。肝脏的代偿能力非常强大，很多时候只在它完全不能工作那一刻才突然告诉我们，但那时身体已经崩溃了，再也无法挽回！最后值得一提的是咸菜。虽然纤维素较高的食物对胃肠蠕动、大便形成有利，但毕竟咸菜含有很多盐类和其他调味料，长年累月地吃也会加重肝脏的负担。再者，这些食品本身粗硬多渣，容易磨损消化道黏膜，对于食管胃底静脉曲张破裂可谓雪上加霜。

如此看来，李鸿章罹患肝硬化而浑然不觉，直至食管胃底静脉曲张破裂大出血，导致窒息、休克而死，实在不能怨天尤人。

兼采中西医的先驱

客观地说，眼界开阔的李鸿章几乎比当时的士大夫都西化、时髦。他的日常生活融入了点滴西洋风，还为大清国引进了一大批坚船利炮，确实让老迈的王朝“中兴”了一阵子。对于现代医学，他无疑是开明的。

1879 年 8 月，李鸿章夫人莫氏患病，多次请郎中诊治无效。据说莫氏罹患中风，导致半身不遂，中医却未能药到病除。焦急之中，李鸿章想到了西医。当时在绝大多数知识分子心中，中医仍然具有不可撼动的地位，认同西医的中国人并不多。李鸿章随即致函美国驻天津副领事毕德格（William N. Pethick），请他想办法。

经多方协调，有位“马大夫”被邀请参与了李夫人的诊疗过程。这个人中文名叫马根济（John Kenneth Mackenjie），是英国伦敦会传教医师。为通过行医来救人、布道，他早年曾进入爱丁堡医学院就读。1875 年，马根济受基督教伦敦会的派遣来华，先在汉口一家教会医院当医师，并曾到中国内地游历。四年后，他受命来天津接办和主持“基督教伦敦会医院”的院务。

在医治中，马根济提出了宝贵意见，还使用了西洋医术中的手摇电机，令李鸿章大开眼界。莫氏接受西医疗法后，病情很快得到好转。月余，竟基本痊愈。马根济遂名声大噪，在北京也开始小有名气。各地病患纷纷慕名前来。马根济为加深李鸿章的印象，特邀李鸿章等官员到“基督教伦敦会医院”参观其外科手术的过程。李鸿章目睹西医的神奇疗效，更对高明的马根济非常赏识，马上聘其为官医。

马根济建议在“基督教伦敦会医院”基础上扩建新院。李鸿章积极倡导，于是天津的士绅、买办纷纷捐款，共募集白银六千两，李鸿章又亲自捐银四千两。1880 年秋，新的西医医院落成，设病床一百五十余张，名为“伦敦会施医院”，天津俗称为总督医院，就是后来的“马大夫纪念医院”前身。

11 月 1 日，医院正式开业时，李鸿章主持开幕仪式并致辞。社会名流兴致勃勃地参观了这儿的医疗设施。李鸿章欣喜之余还撰对联曰：“为良相，为良医，只此恫瘝片念；有治人，有治法，何妨中外一家。”其寓意不仅蕴含着传统中医孜孜以求的人生理想，也彰显了仁爱关怀、大医精诚的医学道德；同时阐明了探究医学科学理论、融合中西医学体系的理念，无疑是中国中西医相互借鉴、相互渗透、相互融合的理论思想雏形。

李鸿章对西医如此钟情是因为很早就有“西学为用”的思想基础，创建西医院就体现了用开放的眼光看世界、紧跟时代潮流、避免被动地闭关锁国的治国方略。

1887 年，香港西医书院筹建，邀请李鸿章做“名誉赞助人”，他欣然接受并亲笔回信。李鸿章自己身边除了中医之外，也不乏西洋医师。1898 年，出访德国时，鉴于脸部曾在日本遇刺中枪，弹头未取，他敢于尝试用刚发明不久的X光机拍照，成了中国第一个使用X光设备的病患。

然而，在一百多年前，面对食管胃底静脉曲张破裂出血，碍于当时的科技水平，最一流水平的中西医仍不能把他从鬼门关前带回来，实在有点可惜。

叁

心病 还须心药医

见画自惭而亡的于禁

画关羽战克、庞德愤怒、（于）禁降服之状……禁见，惭恚发病死。

——《资治通鉴》

并非每位名将都能视死如归，都能殉节殉国，也许只有战死疆场才是他们最好的归宿，偏偏有的将军是在苟且、羞耻中死去。

赫赫名将，晚节不保

世人皆熟知三国刘备集团的五虎上将，这自然得益于演义的过度渲染，可在正史中，论赫赫战功和军事谋略，曹魏集团更为将星闪耀，于禁就是其中之一。他在平黄巾、破吕布、除袁绍等统一北方的战争中大放异彩，曹操夸他“在乱能整，讨暴坚垒，有不可动之节，虽古名将，何以加之”？又认为他“武力既弘，计略周备，质忠性一，守执节义”，遂拜为左将军。

公元 219 年，关羽攻打樊城，曹操命年高的于禁率军对垒，不料人算不如天算，当时，“秋，大霖雨，汉水溢，平地水数丈，禁等七军皆没。禁与诸将登高望水，无所回避，羽乘大船就攻禁等”（《三国志》）。其实并非关公神勇，而是老天爷帮了蜀汉大忙。无可奈何之下，这“质忠性一，守执节义”的资深于将军竟晚节不保，屈膝投降，倒是他的副手——刚刚加入曹魏集团的新成员庞德宁死不屈，还将关羽大骂一顿①，关羽怒而将其砍头。曹操闻之，既失望，又感慨，不禁摇头说自认三十年来对于禁十分了解，没想到这回面临险境，于禁反不如庞德！

水淹七军，于禁虽被关羽饶命，押解监禁在荆州大牢，简直生不如死，非因身体受虐待，而源于精神煎熬。随后，关羽败亡于孙权、吕蒙，东吴从荆州解救了于禁。敌人的敌人就是朋友，何况于禁乃名将，于是吴国优待他。一次孙权约他并马同行，但谋臣虞翻不满，大骂于禁：“你这低贱的俘虏，有什么资格和我们主公骑马齐头并进？”②还“欲抗鞭击禁”，被孙权及时制止。孙权在楼船与群臣宴饮，于禁听到乐曲时伤心流泪，虞翻又趁机羞辱他：“汝欲以伪求免邪？”甚至建议“不如斩（于禁）以令三军，示为人臣有二心者”。可见，虽然于禁并非东吴的直接敌人，但他的投降举动确实为士大夫所不齿；至于在那些东吴大将心里的形象，恐怕就更为卑微了。

孙权表面上的礼遇无论如何都不能消弭于禁心中的郁闷和痛苦，不久他被遣送回曹魏阵营。此时曹操已死，曹丕继位并篡汉，建立魏国。念他是勋旧，曹丕假惺惺安抚，于禁此时“须发皓白，形容憔悴，见帝，泣涕顿首”。但曹丕实在缺乏政治家的雅量，事先在曹操陵园中“画关羽战克、庞德愤怒、（于）禁降服之状”，又令于禁前去拜谒，“禁见，惭恚发病死”（《资治通鉴》）。从水

---

①《三国志》：“竖子，何谓降也！魏王带甲百万，威振天下。汝刘备庸才耳，岂能敌邪！我宁为国家鬼，不为贼将也！”

②《三国志》：“尔降虏，何敢与吾君齐马首乎！”

淹七军到最后在遭受嘲弄、辱骂中离世，前后不过两年时间。没想到看“画展”，居然也有生命之忧啊！

于禁死后，曹丕追封他为“厉侯”，世袭。要知道，这个“厉”字乃一极其恶劣的谥号，西周就有一位被后世唾骂的周厉王。曹丕的做法等于让于禁的子孙世世代代也背负恶名。晋朝的王歆认为曹丕“所为亦过矣，非帝王之行，亦非君子之行”，但又说这“是名士行，真大快事也”。可见，他虽对曹丕的小气颇有微词，但也绝不原谅于禁的投降行为。

如果他生活在西方社会，也许不至于如此老境凄凉，郁郁而终，可惜在东方文化中，“放弃无效的抵抗”仍然是军人的耻辱。

1945 年 9 月 2 日，盟军在“密苏里”号军舰上接受日本的战败投降，主角理所当然是盟军最高统帅麦克阿瑟将军（Douglas MacArthur），然而，陪侍麦克阿瑟的是战争初期被俘的菲律宾美军司令温赖特将军（Jonathan Wainwright）、新加坡英军司令珀西瓦尔将军（Archibald Percival Wavell）。他们在日军集中营里九死一生，此时已形如枯槁，仍被视为战争英雄，享受被邀请见证历史时刻的伟大荣誉之余，还获得麦克阿瑟签署投降书的钢笔，以作为永久纪念。唉！这种优待是不会出现在东方国家的军队里的。

忧郁生疾，遗恨千古

于禁怎么死得那么快？

人生不如意者十之八九。生活中，当人们遭受痛苦、压力、挫折、失败、疾病、死亡、羞辱时，自然会产生情绪变化，尤其是抑郁情绪。抑郁是人的一种正常生理表现，主要是心境和情绪的低落，比如忧愁、焦虑、失眠、暴躁、悲观，甚至绝望，感到心情沉重，郁郁寡欢，性格孤僻，快乐不起来，丧失了对生活、工作的热情和乐趣，做什么事都感觉到身心疲惫，力不从心。

其实，抑郁虽然不是顽症痼疾，却是万病之源，可以摧毁精神，甚至吞噬生命。古人云："忧郁生疾。"也就是说抑郁、忧愁、苦闷、沮丧等不良情绪会造成生理功能的障碍。现代医学研究也表明，长期抑郁、脾气暴躁等不良情绪会导致神经、内分泌紊乱、器官功能失调，使机体免疫力及抗病能力下降，从而引发多种疾病。于禁之死，当然和这种情绪有关。

笔者为于禁惋惜：假设没有水淹七军，他会不会成为像张辽、吕蒙、关羽、张飞那样世代称道的名将呢？反过来说，是不是当时以及后世名扬天下的将领，遇到兵败，都应该选择以死保节呢？关羽后来也兵败被擒杀，实际上是孙权成全了他。关羽被孙权杀死后，他的历史地位却稳步上升，由于统治阶级的政治需要，历朝历代都对关羽褒奖不已，不断增加封号，到了光绪五年（1879年），清朝加封他为"忠义神武灵佑仁勇威显护国保民精诚绥靖翊赞宣德关圣大帝"。这一封号长达二十多个字，尽用赞美文辞，可谓登峰造极。就封谥而论，孔子殁后，至唐朝时才被封为文宣王。关羽可以说是创身后荣封之最，为"三界伏魔大帝"，享有九五至尊，无上权威。

其实，史书没有记载他被俘之后和东吴将帅间的对话，是张口怒骂还是垂头求饶，不得而知，只是《三国演义》故意把他塑造得义薄云天而已。但别忘了，当初刘备战败时，年轻的关羽可是有投降曹操的前科哦！官渡之战不正是他替曹操斩杀颜良的吗？

万一他像于禁一样投降孙权，那么其人身后的传世神话和加官晋爵都会是子虚乌有，我们要膜拜的神人恐怕是得另择其人，将近一千年的文化史都要改写了。

期期艾艾的名将邓艾

邓艾口吃，语称艾艾。

——《世说新语》

人们常用“期期艾艾”形容口吃的人。“期期”说的是汉初直臣周昌与刘邦争辩时口吃的窘态，“艾艾”说的则是三国名将邓艾的故事。

小瑕疵，何足患？

历史上能把名字留在成语上的，还真的不多，邓艾这一位仁兄，不是才高八斗的文学家，而是出身草根，中年“逆袭”成功，步步高升，晚年战功显赫的军事家。

据《世说新语》载，邓艾在司马昭面前自我介绍时常结结巴巴，成了“邓艾、艾”，司马昭笑话道：“你说艾艾，到底有几个艾？”意思是你到底有完没完！邓艾自是不悦，但很镇定，他灵机一动答道：“《论语》云‘凤兮凤兮’，其实也就只有一只凤罢了。”

其实口吃很普遍，享誉文坛的才子司马相如也是口吃病患。司马迁与司马相如虽然并非同乡，但都生活在汉武帝时代，有成为忘年之交的可能。然而，太史公却在《史记·司马相如列传》

中毫不掩饰地说：“（司马）相如口吃而善著书。”

口吃是一种言语障碍，是什么原因导致口吃呢？很遗憾，目前的医学尚未找到造成口吃的单一、确凿原因。目前一般认为其形成可能和复杂的遗传、神经生理等诸多因素有关，心理和情绪因素只起部分作用，我们并不能简单地把口吃理解为当众紧张才引起的。

发音困难是主要症状，语言失去流畅性，常在某个字音上出现停顿、重复、拖沓。很多患者在说话时，第一个字说不出来，而且愈急愈说不出，必须经过一番挣扎，并借助其他动作，如摇头跺脚、手足乱舞等，方可如愿，这是“难发性口吃”。又有些患者在某一个字音上要重复多遍才能继续说下去，例如，“请干、干、干杯”，称为“连发性口吃”。邓艾属后一种。

出身贫寒又患口吃的邓艾，原本要么作为庄稼汉终老一生，要么作为卑微小吏泯然众人，不可能有机会与司马昭这般大人物对话。《三国志》载，邓艾年轻时勤学苦干，好不容易混到一名小公务员，结果上司因他口吃，竟认定他不适合担任重要职务，只让他充当“稻田守丛草吏”。邓艾早年口吃时，想必也摇头跺脚，瞪眼咬牙，嘴唇乱抖，搔头抓耳，脸红脖粗，甚至汗流浃背。

现代医学认为成年人的口吃固然很难彻底纠正，若患者解除紧张情绪，消除不良刺激，加强语言训练（如多诵读、公开大胆讲话），克服自卑心理，不怯场，不在意别人的看法，那么口吃带来的不良影响将会降至最小。

邓艾大概从小就出现这毛病，但是当时没有什么正确的矫正方式解除他的苦闷，他一辈子很可能就这样过了。幸好，上天是公平的，你在这方面出现弱化，老天就会在另一方面帮你补强。

比如，司马相如的如椽大笔以及一手高超的琴技，不仅掩盖了口吃的负面形象，而且让他闻名遐迩、名利双收、青史留名。至于邓艾在个性、智力方面，上天也没有亏待他。

福兮祸之所伏，祸兮福之所倚。口吃对不少人来说也许是福，正由于口头表达困难，他们才会在文字表达上酣畅淋漓，在行文上修炼得汪洋恣肆，在思维上磨炼得滴水不漏，就像盲人虽看不见，但听觉、触觉异常发达。战国时的韩非说话也结巴，但走笔汹涌，著有卷帙浩繁的《韩非子》。电视剧把纪晓岚塑造成“铁齿铜牙”，事实上据他的好友朱皂说：纪晓岚也“口吃善著书”，足以证明他并无口若悬河之能。

法国杰出统帅拿破仑、英国著名政治家丘吉尔、现任美国副总统拜登……都是能说会道之辈，可偏偏都患有口吃的毛病。他们的思辨能力超强，他们打动听众的不是优雅，而是实在。这些政坛上的老政客发表激情洋溢的演说时才不会紧张呢！

口吃病患的时来运转

由于患有口吃，邓艾自知外在形象不好，也就只能在“内功”上用心修炼、完善自己。由此，他自强不息，刻苦学习，博览群书，精于思考，绝不妄自菲薄，从日常工作点滴做起，细心观察，多加留意，虽然身为小官，却能兢兢业业、勤勤恳恳，对本行了如指掌。生于动乱年代，颇有军事天赋的邓艾还喜欢研究战争，他每见高山大川，都要勘察地形，模拟军营处所，即使遭人讥笑，也从不介意，依旧利用工作之余研究军事。这为他日后的纵横捭阖打下坚实的基础。

邓艾志存高远，在心理和知识方面做足准备，机会一来就能抓住。年逾不惑时，他到曹魏中央政府所在地洛阳汇报工作，在大庭广众之下把屯田管理介绍得头头是道，虽有口吃瑕疵，但听者无不颔首。首次面对一群高官就泰然自若，表达虽不甚流畅，但条理清晰，闪烁真知灼见，显见邓艾早已脱胎换骨。

想必邓艾在平时的生活中，就非常注意训练自己在众人面前高谈阔论的能力，或是大声朗读诗文，或是积极发言参加讨论，锻炼自己克服自卑、焦躁的心态，说话语调尽量放缓，保持清晰。

当时，在朝堂上那群高官中，有一位长着一双像鹰眼般犀利眼睛的大胡子先生，对邓艾的表现激赏不已，就越级提拔邓艾为太尉府掾属，后升任尚书郎。

从此，邓艾尽展才华，官运亨通，平步青云，内政拿手却又深谙兵法，能文能武，逐转行成为职业军人，263 年，曹魏相国司马昭见蜀汉内政混乱、民不聊生、防守有漏，遂命大举讨伐。邓艾为征西将军，参加了这场战役，他身先士卒，利用阴平小道，出敌不意，奇袭成都，一举成功，迫使刘禅集团迅速投降，建立了盖世奇功。其偷渡阴平一役，堪称中国战争史上历次入川作战中最出色的一次，已成为军事史上的佳话而载入史册。

当初那位“鹰眼”之士就是司马昭的父亲，日后权倾朝野的洛阳太尉司马懿。

饱暖求刺激的古代飙车族

齐国人甚好毂击相犯以为乐，禁之不止……

——《智品》

别以为古代的交通工具只用来载人、运货，更不要觉得飙车是现代人的专属恶习。也许你还不知道，这种不良嗜好其实和医学并非风马牛不相及。

古代的高级房车

中国是世界上最早发明和使用车子的国家之一，相传上古黄帝时期，中国人已知如何造车。在当下这个物欲横流的社会，“高富帅”和“白富美”常在名车上血拼，今日晒兰博基尼，明天炫玛莎拉蒂。其实古代豪族大户也如出一辙，只是他们秀的都是畜力车——马车、牛车、骡车……千万别认为这些“牲口车”难登大雅之堂，古时候它们可是财富的象征、身份的彰显。上至一朝天子，下至富甲商人，驾车、炫车乐此不疲。

“天子驾六”是古代的礼制之一，即皇帝级别的豪车必须使用六匹马来拉。据传早在商朝就出现设有车厢的马车。春秋时，晋国公子重耳逃难到齐国，齐桓公送他二十辆马车，并将宗室之女许配给他。重耳生活安逸，几乎放弃争夺君位的梦想，五霸之一的晋文公差点就泯然历史了。秦始皇统一中国后，自视功过三皇，德高五帝，多次携豪奢车队巡游天下，气势恢宏。项羽看到时便产生了“取而代之”的冲动想法，刘邦看到时则发出“大丈夫当如此也”的由衷感慨。

秦汉马车种类复杂、名目繁多，如皇帝乘坐的“玉辂”、太子与诸侯王乘坐的“金钲车”、贵族行猎用的“猎车”、丧葬用的“辒辌车”等。汉武帝时还出现了一种特殊的马车——安车蒲轮，可称得上是当时的豪华房车了。

牛车不如马车快捷，但自有优势。尤其是马匹缺乏时，牛车就更为重要。牛性稳实，“负重致远安而稳也”，只要驾驭得法，其速度也相当可观。魏晋南北朝以后，贵族追求舒坦成为时髦，牛车因稳定性高，地位大为提升，逐渐得到有钱人的青睐，乘牛车不仅不再低贱，反而成为贵族的时尚新潮流。[①]特别是东晋南渡以后牛多马少，这也成为牛车兴盛的原因之一。在西晋时，牛车已是皇帝、王公大臣、名士贤人专用的交通工具。东晋时，更成为普通士人的主要代步工具。

乘牛车和乘马车一样，有上下等级之分。诸王乘犊车，因以云母装饰，故又称“云母车”。这是一种带屏障、配八牛的豪华座驾。三公有德行者乘“皂轮车”，配四牛。南朝正由于士族门阀沉迷舒适，安于享受，各种高级牛车便急速应运而生，以致行驶速度较快的马车几乎绝迹。

---

① 《二十二史考异》：“古之贵者，不乘牛车，后稍见贵。自灵献以来，天子至士，以为常乘。”

南朝刘宋时，有个叫刘德愿的，是皇帝的表侄，辉煌的家族史一直令他引以为豪，不料后来行为不当被免职，便开设了一所驾驶学校，养家糊口。他曾在学生面前展示自己的绝活：先在地上竖两根柱子，二者宽度仅比车轴长一丁点儿，然后在百步之外上车执辔，挥鞭打牛，疾驰的牛车从两柱间一穿而过，竟丝毫不碰到柱子，观者赞叹不已。真乃行行出状元！

看完古代的名车和名司机，现在来看看古人是怎样玩车的。

疯狂的古代飙车族

春秋时，齐国国都临淄出现了一种叫“击毂”的危险娱乐方式。毂，车轮中心的原木，用来插轴。击毂，即在马车奔跑的过程中，用马车车轴互相碰撞，以此取乐，类似碰碰车的飙车游戏。齐国富庶天下皆知，看看齐桓公一口气慷慨送了二十辆马车给重耳就能猜到了。临淄是当时的国际化大都市，据战国时纵横家苏秦的描述，市区居民达七万户，按每户三个成年男子推算，临淄市应该有四十万以上的人口，能临时征集二十余万兵力，还不包括外来人口。两千多年前的城市能有如此规模，已经相当大了。

至于临淄的经济，苏秦说：“甚富而实。”经济发达，民生富裕，娱乐业也发达，家家户户“吹竽鼓瑟，弹琴击筑”，还滋生出“斗鸡走狗”，甚至有博彩业萌芽。人口密集，道路拥挤。富有娱乐精神的临淄市民居然突发奇想，将撞车这种交通事故发展成娱乐活动，车主们驱使马车狂奔着相互碰撞，玩的就是惊心动魄，讲究的就是极致刺激，过足了瘾就死，翻了车就拉倒。

可以想象这给当时临淄的交通带来了多大的麻烦，临淄政府下了飙车、撞车的禁令，然而屡禁不止，人们觉得这是一种刺激的娱乐，何须禁止？就算出了车祸人命，也当是娱乐活动附带的风险，与刺激的快感比起来，这点冒险算什么？

齐国国相晏子对此忧心忡忡，他眉头一皱计上心头。某日，他特意在市区高调亮相，坐着崭新的高级马车，前面是神龙一般的骏马，引来围观。就在这时，晏子刻意安排了一起撞车事件，与另一辆马车当街相撞。晏子随即公开宣称，这是自己的生活态度不好，惹恼了神灵所致，遭神灵抛弃，运气烟消云散了。说罢，他竟弃车而去。①

古人特别重视鬼神，国相道出飙车的根本危害：让保佑老百姓的神仙和列祖列宗不高兴了！迷信的齐国飙车手们在这种危及家族、个人命运的风险面前，终于止步了。

王恺、石崇相斗，不只是炫富

从心理层面上讲，飙车其实不单纯是一种炫耀财富的行为。

人，不管贵贱，在日常生活中必然会压抑，压抑积累到一定程度便具有破坏作用，飙车就是一种释放的途径，也成为一种真实的体验。弗洛伊德（Sigmund Freud）在《超越快乐原则》（*Beyond the Pleasure Principle*）一文中提出，人都有“生的本能”和“死的本能”，死的本能对应着生的欲望，是指人性中趋向毁灭和侵略的冲动。死的本能与生俱来，伴随人一生不变，它是一种

---

① 明樊玉冲《智品》：“齐国人甚好毂击相犯以为乐，禁之不止，晏子患之。乃为新车良马，出与人相犯也，曰：‘毂击者不祥，臣其祭祀不顺，居处不敬乎？’下车弃而去之。然后国人乃不为。”

潜在的破坏力量。在加大马力、追求高速、相互追逐碰撞嬉闹的时候，临淄车主们有钱有闲，无所事事，飙车这种非常危险的活动，极可能使他们车毁人亡，满足其“死的本能”。

当生存的基本需要得到满足后，人们会产生更高一层的需求，其中，自我价值的实现，便是最高的层次，这是指个人理想、抱负等得以发挥、伸展到最大的程度，达到自我实现的境界。众所周知，事实上很少有人能够做到，但是人人都渴望进入这一层次，都幻想、梦想自我价值的实现。

从历朝历代的飙车族来看，很多都是富家子弟。他们现实生活中的物质享受已满足，但热爱挑战，喜欢追求更高层次的心理需要，通过这种自我价值的实现，从而达到一种酷炫和被羡慕的满足感。而飙车的确能在某种程度上获得这种快感，这又是物质所不能取代的。说到底，他们所追寻的就是这种精神层面的受尊和自我价值感的实现。

辛弃疾的《破阵子・为陈同甫赋壮词以寄之》提到的个案更典型：“醉里挑灯看剑，梦回吹角连营。八百里分麾下炙，五十弦翻塞外声，沙场秋点兵。”这首词脍炙人口，但初学者可能对其中典故有些模糊，老师在课堂上告诉我们：辛弃疾醉梦里挑亮油灯观看宝剑，梦醒时仿佛听见军营的号角响起，幻想着把“牛肉”分给部下作为犒劳美餐，让乐器奏起雄壮的军乐以鼓舞士气。其中的“八百里”，其实指的就是牛。据《世说新语》记载：西晋富豪王恺有良牛，名“八百里驳”，故而后世诗词多以“八百里”称牛。

王恺乃好牛、好车之人，他贵为西晋外戚，少无品行，却有才智。祖父是曹魏司徒王朗（就是在《三国演义》中被诸葛亮临阵骂死的那位），姐姐是皇后。本人是晋武帝司马炎的舅舅，身份显赫，十分富有，且性格奢侈，他与暴发户石崇斗富的故事可谓家喻户晓。王恺的出身注定要成为一流富豪，但说到富甲天下，那倒也未必。因为出身官宦世家、靠巧取豪夺和杀人越货积累巨额资产的石崇，还是总能在“财”气上把国舅压住。

王恺的官职和社会地位比石崇高，听到石崇的超豪富生活水平后心理很不平衡，石崇是名副其实的土豪，也不觉得和国舅比富有何不妥。两人斗富从厨房开始：王恺用麦芽糖刷锅，石崇便用蜡烛当柴烧；然后斗到了路上：王恺在四十里的路面用绸缎做帷幕，石崇就针锋相对地把五十里道路围成锦绣长廊；最后又回到房子上斗：王恺用赤石脂为涂料刷房子，石崇就用花椒粉……每次王恺都屈居下风，委实不甘。

和许多贵族一样，王恺也痴迷于飙车和养牛。他有一头膘肥体壮、雄姿英发、动如疾兔的骏牛，即世传的“八百里驳”。此牛大概飞奔起来与神驹不相上下。王恺疼爱有加，每天命人把“八百里驳”的角和蹄都擦拭得一尘不染、晶莹剔透[①]。

石崇家养的牛，无论体形或力气看似都比不上王恺的牛。有一天，他和王恺出去郊游，因为出发很迟，怕归来太晚城门关闭，所以回城时争先恐后地往洛阳城驾车狂奔。王恺本以为胜算在握，根本不把石崇的牛车放在眼里。不料，他跑着跑着就惊呆了。只见石崇的牛刚走几十步后，就猛然加速，快如飞禽，一溜烟似的风驰电掣。王恺的良牛拼了老命也追不上，只得又输掉飙车，唯

---

① 《世说新语》：“王君夫（王恺）有牛，名‘八百里驳’，常莹其蹄角。王武子（王济）语君夫：‘我射不如卿，今指赌卿牛，以千万对之。’君夫既恃手快，且谓骏物无有杀理，便相然可。令武子先射。武子一起便破的，却据胡床，叱左右：‘速探牛心来！’须臾，炙至，一脔便去。”

有扼腕长叹。百折不挠的王恺于是暗中买通了石崇家赶牛车的人，问是什么原因。车夫透露说："牛跑得本来就不慢，但车夫赶牛时唯恐不能取胜，操之过急，反而牵制了它。其实让辕偏向一边，仅使一轮着地，从容让牛放开蹄子尽情发挥，就能跑得更快了。"王恺满心暗喜，全然照做，终于在飙车中与石崇不相伯仲了。石崇听说实情后，就把泄密的人杀了[①]。

心灵空虚，缺乏同理心

从王恺、石崇的飙车来看，他们富足的生活加上空虚的心灵，必然滋生出追求强烈刺激和突显个人价值的狂热冲动，这多多少少都与当年临淄城里那些吃饱了撑着、游手好闲的"中产阶级"有几分相像。

这些飙车族经常刻意体验对死亡的恐惧，当战胜这种恐惧时，就能得到极大的满足和快感。他们又与围观者在相互刺激中，获得病态的满足，这种速度上瘾与药物上瘾、网络上瘾的心理需求很相似。

心理问题是用医学仪器、科学设备测量不出来的。可怕的是，飙车不仅仅是心理问题。

一项研究指出有危险驾驶记录的人，在社会认知和同理心（empathy，即换位思考与共情）方面比较不活跃，这能在大脑上

---

① 《世说新语》："石崇……牛形状气力不胜王恺牛，而与恺出游，极晚发，争入洛城，崇牛数十步后，迅若飞禽，恺牛绝走不能及……复问驭人牛所以驶。驭人云：'牛本不迟，由将车人不及制之尔。急时听偏辕，则驶矣。'恺悉从之，遂争长。石崇后闻，皆杀告者。"

显示出来。在实验中，科学家让驾驶习惯好和不好的司机分别观看交通安全影片，同时用核磁检测他们的大脑反应。核磁成像的结果显示，驾驶习惯良好的司机观看危险驾驶造成伤亡的视频时，大脑颞叶活动更为活跃。专家结论认为颞叶活跃的人拥有更强的共情能力，也更在意他人。那些不顾他人生命的飙车党们则缺乏同理心，不在乎他人的生死。由此可见，爱飙车的人负责社会认知和共情能力的脑区（颞叶）相对不活跃，因此常常漠视规则，不把别人的生命放在眼里。

上文提到的石崇就是极度残忍的人，前文说他私自处决车夫即是一例。他在荆州任官时就曾以暴力掠夺财富，手段凶残，令人发指。更骇人听闻的是,他对自家的女仆也磨刀霍霍,如对猪羊。《世说新语》中记录石崇每次宴客都令美人给宾客斟酒、行酒，若客不饮尽其酒，石崇就立将美人斩首。有一次，石崇宴请丞相王导与大将军王敦，王导不善饮，但不忍美女被害，勉强喝了几杯，颇有醉意；王敦能饮却故意不饮，试探石崇，结果石崇连斩了三美人，堂外血流成河。

石崇之流，难道天生就有漠视他人生命的病态人格？他们驾车狂飙而不顾一切，应该是在情理之中。不过，这种丧心病狂、草菅人命的禽兽终究会遭人唾弃乃至多行不义必自毙。石崇最终得罪了权贵，被诬陷致死，全家也被处斩。至于那位王恺也好不了哪里去，死后被封了一个“丑”字作为谥号，遗臭万年，真是罪有应得，令人拍手称快！可怜的是他那头“八百里驳”，在一次赌博中被输掉，惨遭大卸八块，成了餐盘上媲美当今“和牛”的佳肴，成了西晋富豪们荒唐行为的殉葬品。

不该爆发的肾上腺素

人类本来就不该和动物一样，更何况是君子呢？

东晋灭亡后，南朝宋政权取而代之。有刘瑀、何偃二人互相嫉妒。宋孝武帝举行郊祀，当时何偃担任吏部尚书，地位后来居上，而刘瑀原本想做侍中，却未得逞，心中愤恨。他们一同随皇帝出发，一场另类飙车随即发生。

何偃乘车在前，刘瑀骑马在后，两人相距数十步。刘瑀策马追上何偃，不怀好意地说："你的车怎么跑得这么快？"何偃也暗含敌意地说："拉车的牲口很强壮，而驾驭者的技艺又很精悍，当然跑得很快！兄台，你的马怎么这么慢？"刘瑀暗喻道："千里良驹遭到羁绊，所以落在后头。"何偃又讽刺地问："何不快马加鞭，使它致千里？"刘瑀轻蔑地说："我一踢脚便会直上青云，何至于与驽钝之马争路。"胸臆狭隘，竟致如此①！

人在情绪激动或者处于战备、紧张状态时，体内的激素就会发生变化。外界的警报讯号刺激脑部进入警戒，进而刺激肾上腺素上升，引起心跳加速、血压上升、肌肉紧绷等，准备随时应付危急情况。这本是一种身体的自我保护机制。对于动物来说，无非是对战或逃跑的问题罢了，可是人类会选择克制和沉默。上文

---

① 孔平仲《续世说·忿狷》："刘瑀与何偃不相得，瑀位本在偃上，孝武时偃迁吏部尚书，瑀犹为右卫将军司。从郊祀，偃乘车在前，瑀策驷在后。瑀追偃及之，曰：'君辔何疾！'偃曰：'牛骏御精，所以疾耳。'偃曰：'君马何迟？'曰：'骐骥罹于羁绊，所以居后。'偃曰：'何不着鞭，使致千里？'答曰：'一蹴自造青云，何至与驽马争路？'"

那两个路上争快的官员，一番指桑骂槐般的唇枪舌剑后，体内肾上腺素早已飙升，虽然没有粗暴的动作相向，但横眉怒目、唾沫横飞、心怀怨恨看来是少不了的。飙车路上充满火药味。

圣人面对不愉快乃至羞辱，可以修炼得不动如山；君子虽然体内肾上腺素攀升，但外表面无改色，语无改调；俗人呢，随着身体内激素的变化，很容易暴跳如雷，动不动就会恶语相向，甚至大动干戈。

那些在路上争一时长短的飙车族，大多自诩为勇士。其实这不是勇敢，这是鲁莽。勇敢应该是伴随着智慧和理智，低级的蛮勇才会空凭一腔血气，一味蛮干。大勇必须伴随大智，鲁莽之徒，其实丧失了掌控自我的能力，撒手交给命运摆布，结果大多走上不归路。

春秋时，孔子曾听到一则不好的传言，有人说他虽然身材高大，学了很多东西，但没有在社会上扬名立万的本钱。面对难听的传言，孔子从容地对门下弟子说："我靠什么立足？驾车呢还是射技呢？我看还是回去驾车好了。"①

面对质疑，心平气和；面对自身，了如指掌。孔夫子有这般心境，开车自然开得四平八稳，生活自然过得豁达逍遥，难怪在那样一个缺医少药的年代能活到年逾古稀了。

---

①《论语·子罕》："达巷党人曰：'大哉孔子！博学而无所成名。'子闻之，谓门弟子曰：'吾何执？执御乎？执射乎？吾执御矣。'"

偏执的独眼暴君梁元帝

性好矫饰，多猜忌，于名无所假人。微有胜己者，必加毁害。

——《南史》

中国历代帝王都有所谓真龙天子之称，在这一长串的队伍中，丑陋不堪者有之，身残志坚者亦有之，有一位帝王真的只剩一只眼睛，是名副其实的独眼“龙”！

可怜天子眇一目

比起隋炀帝、南唐李后主、宋徽宗这些大名鼎鼎的亡国之君兼杰出艺术家，南朝的梁元帝萧绎，这位身体和命运皆不幸的天子，虽然颇有艺术气质，但不太为人所知，简直处于被遗忘的角落。

梁元帝一出生就患有眼病，父亲梁武帝萧衍亲自拿主意给他治疗，可惜疗效欠佳，最终瞎了一眼。于是，武帝对他就更怜爱了。在成长的过程中，萧绎勤勉好学，博览群书，出口成章，下笔如神，才思敏捷，为一时翘楚[①]。

---

① 《梁书》：“初生患眼，高祖自下意治之，遂盲一目，弥加愍爱。既长好学，博综群书，下笔成章，出言为论，才辩敏速，冠绝一时。”

急性结膜炎、慢性结膜炎、过敏性结膜炎、沙眼、睑腺炎或者眼部异物等，都是幼儿常见的眼部疾病，在古代若误诊或治疗不及时，很可能导致失明。萧绎罹患的是哪一种，现已无从考证，倒是此君天赋过人，又得到父皇的格外关爱，成才是不成问题的。

史上记载萧绎天性聪颖，悟性超凡，秀口一出，便是锦绣文章，且声若铜钟。到了五六岁，梁武帝问他读什么书，他说自己能背诵《曲礼》，梁武帝便让他现场示范，他随即把上篇背诵得一字不漏，令众人大为惊叹[①]。

萧绎的书卷气的确很重。年幼时不幸眇一目，但丝毫不影响他精研学问的热情和精神。他还辛苦聚书四十余载，搜集罕见图书十四万卷之多；又擅画佛像、鹿鹤、景物等，时人为之叫绝。然而这样一位本该享有盛誉的才子，没想到后来不仅治国无术，且行为荒诞可憎！

辣手暴君，无情昏主

有位叫王伟的大臣，一度得到萧绎的赏识，但王伟过去曾是叛将侯景的手下，未归降时曾撰有一篇檄文，其中云："项羽重瞳，尚有乌江之败；湘东（萧绎称帝前曾受封'湘东王'）一目，宁为赤县所归。"这本旧账被皇帝发现还得了？果然，萧绎看罢，勃然大怒，"使以钉钉其舌于柱，剜其肠"，将王伟割舌、开膛、破肚、

---

① 《梁书》："帝聪悟俊朗，天才英法，出言为论，音响若钟。年五六岁，武帝尝问所读书，对曰：能诵《曲礼》，武帝使诵之，即诵上篇。左右莫不惊叹。"

挖肠，指使王伟的仇家把他千刀万剐，直至成为一架骷髅，活活残忍折磨死。这独眼的痛处本就摸不得、说不得，王伟居然作成骈文，朗朗上口，卖弄文笔揭人伤疤，碰到心胸超级狭隘的萧绎，焉能不死？

萧绎心胸狭隘，嫉妒心极重，据《南史》记载，说他虚伪造作，多疑猜忌，从不对人有丝毫的赞美，对才能稍微超过他的人，必加迫害[①]。无论是学问或名声，他都不允许别人超过自己，就连亲人也不行！他为此甚至动杀机，有个叫刘之遴的人，就因才学出众而成了萧绎的毒酒之鬼[②]。据说，隋炀帝也有类似的行径，他自负文采斐然，闻说诗人薛道衡的《昔昔盐》描写思妇孤独寂寞的心情，堪称绝品——“暗牖悬蛛网，空梁落燕泥”，自觉难以超越，遂嫉妒而杀之。但这毕竟是传说，夸大、丑化的成分居多，而且和萧绎相比，确实小巫见大巫了。

这位独眼龙还毫无亲情，听到兄长萧续的死讯，仅因当年两人曾为一个宫女而争风吃醋，一直耿耿于怀，此刻闻说噩耗，竟高兴得“入合而跃，屧为之破”。这小子幸灾乐祸得从门槛上一跃而过，连鞋都磕坏了！

最令人愤慨的是，北方强敌寇境，萧绎战败被俘之际，竟命人将十四万卷图书焚烧得一干二净，还声称读书太多，以致有今日之祸，引发中国史上继秦始皇“焚书坑儒”后最大的文化破坏事件。

纵观独眼龙萧绎的所作所为，他算是一个健康的人吗？

---

① 《南史》：“性好矫饰，多猜忌，于名无所假人。微有胜己者，必加毁害。”

② 《南史》：“（萧绎）忌刘之遴学，使人鸩之。如此者甚众，虽骨肉亦便被其害。”

人格残缺，人生失败

现代医学所谓的健康不仅指身体健康，还包括心理健康。有人把健康归结为以下四个层面：一是生理健康，指人体结构完整，生理功能正常；二是心理健康，指具有同情心与爱心，情绪稳定，具有责任心和自信心，热爱生活，和睦相处，善于交往，有较强的社会适应能力；三是道德健康；四是社会适应健康。

萧绎不仅身体残疾，且这四项都不及格，出现严重的人格障碍！人格障碍是指从童年或少年时期开始，并终生持续明显偏离正常人格特征。具有这种性格特征的人，他们的外在行为表现介于神经症与正常人之间。

病患常常出现行为怪僻、性格反常、固执、情绪不稳定、不通人情、不易与人相处，常损人利已甚至损人不利己，以恶作剧取乐，常给周围人带来痛苦或憎恶，也给自己造成很多麻烦，如人际关系紧张等。人格障碍常常分为偏执型、情感障碍型、分裂型、反社会型、虚弱型、强迫型、表演型等。

自尊心极强的萧绎身上就流露出典型的偏执型人格。特点是多疑敏感，不信任他人，易对他人产生敌意，有攻击、报复之心；妒忌心强，对别人的成就、荣誉感到不舒服，常采取挑衅、指责和抱怨行为来发泄；易感到委屈、挫折、怀才不遇；这种人骄傲自大，自命不凡，自尊心强，要求别人重视自己，追求权势；主观固执、好诡辩、经常发牢骚、听不进他人意见，不易被说服，即使面对事实证据也是如此；对人缺乏同情与热情，从不随意开玩笑，把别人的玩笑当真，警觉性过高等。

冰冻三尺非一日之寒

人格形成时期在十八岁之前，尤其是在青少年时期。青少年正处于身体、知识和人格形成的关键时期，而人格形成本身就是一个漫长而复杂的过程，受家庭影响很大。

狭隘自私、自卑冷漠、敏感多疑、暴躁冲动、恣意破坏，这些都是典型的反社会人格障碍！萧绎集多种扭曲心态于一身，固然与他的独眼有关，更与他的生活环境、成长经历有着千丝万缕的联系。

年少时，兄弟们就常笑话他。六哥萧纶曾赋诗讽刺："湘东有一病，非哑复非聋。相思下只泪，望直有全功。"成年后，妻子徐氏取笑、羞辱他，化妆就化半面，影射丈夫的独眼，萧绎见了，大怒而出。甚至大臣也耍他，一日游玩，某臣下说："今天真是'帝子降兮北渚'啊！"这《楚辞》名句的下一句是"目眇眇兮愁予"。才子萧绎当然知道何意，遂恼羞成怒，积怨积恨。

美好，从来就不是在嘲笑中诞生的，许多敌意和伤害正是从嘲笑和歧视中酝酿的！造成萧绎扭曲人格的，难道都怪他自己吗？可怜的萧绎需要的其实不是赞美，甚至不是帮助，仅仅是希望大家不要对他"另眼相待"。一颗宽容和体谅的心，可能比赞不绝口更重要。

性情文豪的生与死

时方酷暑，公久在海外，觉舟中热不可堪，夜辄露坐，复饮冷过度，中夜暴下。

——《冷庐医话》

一代文学巨擘苏东坡一生坎坷，中年受诬陷，冤贬黄州，晚年更一度跌至人生谷底，五年间连降十几级官阶，沦为九品芝麻官，更被政敌和皇帝一脚踢到天涯海角的海南岛。

贬谪路上的阔达心境

南方瘴疠之地，吞没了多少迁客骚人！那些战战兢兢的政坛失败者往往九死一生。“食无肉，病无药，居无室，出无友，冬无炭，夏无寒泉。”这就是年逾花甲的苏轼对海南琼崖生活的真实写照，然而，他终究活了下来。

除了求生的勇气和坚忍的毅力，挽救苏轼的重要力量正是他的豁达心态。苏子为人，一如其作品，刚健含婀娜，豪放加平淡，一语道破，即高风绝尘，超逸狂放——“竹杖芒鞋轻胜马，谁怕？一蓑烟雨任平生。”“回首向来萧瑟处，归去，也无风雨也无晴。”

翻阅史籍的过程中，使我惊讶的是苏轼创制的不少美食都源于困苦的环境。从贬谪黄州开始，他就像是在黑暗中寻找出口一般，从东坡肉到山芋玉糁羹，不但改善了自己的生活，也为我们开启了一条美食的道路。不因环境的不顺而自甘堕落，反而能以顺处逆，活出自我，苏轼潇洒的人生态度令许多人甘拜下风。黄州期间，苏轼脱下文人的长袍，穿上农夫的短衣，亲自动手，带领家人开垦荒地，播种大麦，作为口粮。不过大麦饭不好消化，而且酸味重，于是苏轼改革大麦饭，将大麦与红豆掺在一起，口味独特。在黄州，猪肉是一种很低贱的食材，但对苏轼来说，猪肉却是最棒的美味，有颂文为证，曰："净洗铛，少著水，柴头罨烟焰不起，待它自熟莫催它，火候足时它自美。黄州好猪肉，价贱如泥土，贵人不肯吃，贫人不解煮，早晨起来打两碗，饱得自家君莫管。"(《猪肉颂》)

后来去了惠州，那儿没有猪肉，地方规定每日杀一头羊。他在写给弟弟苏辙的信中提到，由于被贬之身，不敢与仕者争买羊肉，只能吃大家都不要的微带残肉的羊骨。苏轼自创烹调方法，即便是大家嫌弃的羊骨，他仍能吃得津津有味，比海鲜有过之而无不及："骨间亦有微肉，熟煮热漉出，渍酒中，点薄盐炙微燋食之。终日抉剔，得铢两于肯綮之间，意甚喜之，如食蟹螯，率数日辄一食，甚觉有补。"(《与子由书》)这就是后世流传的美味"羊蝎子"原型。

再后来被贬海南岛，生活条件更差，喜欢吃肉的苏轼连黄州的猪肉、惠州的羊骨这样的食材都找不到。他到底如何解馋呢？答案是士人推荐的烟熏老鼠和烧烤蝙蝠，甚至以前听了就呕吐的"蜜唧"，他也吃了。蜜唧又叫"三吱"，是指生吃刚出生、尚未开眼的小老鼠……如此艰苦，他仍自我调侃："相看会作两臞仙，还乡定可骑黄鹄。"依然是"胸中超然自得，不改其度"。

早在《书海南风土》中，苏轼就说：“岭南天气卑湿，地气蒸溽，而海南尤甚。夏秋之交，物无不腐坏者。人非金石，其何能久？然儋耳颇有老人，年百余岁者，往往而是，八九十岁者不论也。”比较了广东和海南的艰苦环境，他进一步论证：“乃知寿夭无定，习而安之，则冰蚕火鼠，皆可以生。”看来，寿命长短和环境并无必然关系。于是他倍感坦然，在《与王庠书》里又说：“瘴疠之邦，僵仆者相属于前，然亦皆有以取之，非寒暖失宜，则饥饱过度，尚不犯此者。亦未遽病也。若大期至，固不可逃，又非南北之故也。以此居之泰然，不烦深念。”既来之，则安之。

有时候，疾病的根源就是内心情绪的波动。“此心安住”，疾病也就失去危害的着力点。苏轼相信“安然”才是真正对抗瘴溪、瘴气、瘴毒的良方。

文如其人的苏轼一口气活到六十四岁，在那样一个医药匮乏的年代，居然硬生生地在长寿竞赛中把许多帝王和当朝大官一一比下去。相对于那些死于贬所的名臣、文人，如唐朝的李德裕、柳宗元，宋朝的寇准等，苏东坡更显得卓尔不群！

豁达的人心若明镜，不强求，不执着，不计较细枝末节，更有“兵来将挡，水来土掩”的豪气，即使到了山穷水尽，依旧看到柳暗花明。豁达的人不为外物所阻，不受内心的情感羁绊，事事乐观，时时快乐，无忧无虑。心灵没有阻碍，似天空般纯净，似草原般辽阔。如此心态，百病难侵，胜过灵丹妙药，焉能不长寿！

高压释放，乐极生悲

否极泰来终有时。就在苏轼以为将终老海角之时，旧皇帝突然驾崩，新皇帝登基，一朝天子一朝臣，政敌倒台，苏轼被调回内地。他在《六月二十日夜渡海》中写道："九死南荒吾不恨，兹游奇绝冠平生。"他真的完全做到"不以物喜，不以己悲"，超然物外吗？

据《冷庐医话》载，苏轼路过江浙一带，"时方酷暑，公（苏轼）久在海外，觉舟中热不可堪，夜辄露坐，复饮冷过度，中夜暴下"。因为纵情冷饮，导致腹泻不止，落下病根，不久，大文豪便撒手人寰，没有死在蛮荒之地，却倒在鱼米之乡。

东坡懂得一些医学常识，此时却无法节制，一个 64 岁的羸弱老者，冒着患病之险，暴饮冷品。理智何在？这种豪放的率性而为，背后隐约透出一股压抑之气。

由此看来，他尚未迈入不食人间烟火的圣人行列，豁达之余隐有愤愤不平，一旦喜从天降、咸鱼翻身，高压释放，无法自律，导致乐极生悲。至情至性固然可爱，却不幸让一台喜剧演成悲剧。

怪才倪瓒的洁癖

庭前有树，旦夕汲水揩洗，竟至槁死。

——《云林遗事》

说到洁癖，自然令人想起生活精致、奢侈的慈禧太后。若有洁癖大赛，估计骄傲的老佛爷在倪瓒这位强劲对手面前也自愧不如，这位来自民间的布衣可非比寻常。

一山还有一山高

据说老佛爷慈禧的马桶乃檀香木雕刻而成，里头放香木细末，干松蓬起而散发清香，便物落下即被香木粉末包起，不复恶臭。又闻其专车常摆一“如意桶”，即太后专用便溺器，“底贮黄沙，上注水银，粪落水银中，没入无迹”。慈禧对生活的讲究与洁癖可见一斑。

某日，我往“艺博馆”参观乾隆漆器，见一藏品特有意思，曰“剔红洗桐宝盒”，此通体红色之器乃附庸风雅的乾隆爷所爱，盒面雕有高士倪瓒擦洗桐树的典故，寓意高洁典雅，名士风范。

擦擦树木有何大不了？带着疑问，我当晚回去翻书，不料一翻不得了，吓人一跳。倪瓒，号云林，无锡人，元末明初著名的画家、诗人，与黄公望、王蒙、吴镇并称为“元代四大家”，擅画山水、墨竹（无独有偶，慈禧业余也搞绘画创作），作品敦厚简淡，意境幽远，落笔迅捷，却有氤氲山气盈纸扑面，然而，这并非我辈俗人所最感兴趣的。

倪公子自幼家庭环境优越，受过优良的教育，本身天赋过人，虽谈不上贵族式钟鸣鼎食，倒也对有品位、重质量的生活态度耳濡目染。

他的洁癖早已远近闻名，客人来访离去后，坐过的地方必须重新刷洗，自己每天穿戴的衣帽都要反复拂拭数千次。不过这还不算惊世骇俗的。

《云林遗事》中说：某日他“留友人宿斋中”，怕朋友吐痰弄脏居所，一夜间辗转反侧，不能成眠，竟亲自起来，偷听客房三四次，忽闻友人咳嗽一声，遂更加担心得整宿未眠。天亮，他即命童子寻找朋友所吐之痰，可怜童子遍寻不见，又怕打骂，只好找一片肮脏的树叶搪塞了事。倪瓒“掩鼻闭目,令持弃三里外”。原来是个超级洁癖，简直可算是洁痴！

不管有痰没痰，不管脏不脏，家里的一切都要时时勤洗刷，连树木也难逃其严格要求，于是“庭前有树，旦夕汲水揩洗”，那些仆人、家童在倪监工的逼视下忙得不可开交，估计不胜其烦、辞职者不在少数，可无辜的桐树不领情，由于违反生物习性，不堪服侍，洗得一尘不染而“竟至槁死”，活活被洗毙真冤枉啊！

倪瓒的挑剔几乎到了无以复加的地步。上菜时，端菜的家仆得事先沐浴（含洗头）、更衣，并将饭菜托盘齐眉端上。上菜的指定动作之所以被弄到如此复杂，据说只是为了避开出自嘴巴和鼻孔之浊气，不过，我们人类还有别的地方可以排气呀！某次，倪瓒和一位徐氏朋友“同游西崦，偶饮七宝泉”，觉得用这种泉水泡茶简直甘甜无比。姓徐的朋友绝顶聪明，知道倪瓒喜欢，更熟知其洁病，遂“命人日汲两担，前桶以饮，后桶以濯”，倪瓒果然赞不绝口。为什么同样的泉水，前面一桶可以饮用，而后面一桶只能冲厕所呢？原来，人的生理构造也不容忽视。倪瓒最讨厌、最担心后面的那一桶闻到了挑水者的屁！不过，据今之医学知识，屁其实无害，闻之并无大碍。每一屁中，约含有氮气、氢气、二氧化碳以及甲烷、氧气等，有臭味的是硫化氢，含量很少。

又有一次，他在青楼偶然见到一名赵姓歌姬，惊为天人。欲火压制许久的倪瓒，终究也有生理需求，便把美女带回别墅留宿。本欲一尝云雨，但又怕此女皮肤不清洁，毕竟肯定有接客的前科啊，有见及此，他便先叫赵姬好好洗个澡。洗毕上床，他用手把美女从头摸到脚，边摸边闻，始终觉得还有哪儿不干净，又要她再洗，洗完了再摸再闻，还是不放心，让她再去洗。洗来洗去，东方发白，体内的雄性激素早已懈怠，欲火熄灭，了无趣味，只好作罢。如此讲究卫生，倒也减少很多传染病的发生。

洁癖自有因

有人怀疑这会不会是精神病，其实非也，这叫强迫症，焦虑症的一种。患者总是被入侵式的思维所困扰，生活中反复出现强迫观念及行为，由于不安、恐慌、担忧，从而不断重复某动作或意念，以舒缓压迫感。患者自制力完好，知道患有某些心理障碍（与精神病的最大区别），然而就是无法摆脱强迫行为。

强迫症的病人不是一无是处，相反的还容易出类拔萃，因其常有超强的联想和想象力，很多调查发现他们拥有高智商的比例大于正常人，倪大师估计就因患有这种当时无法治疗的心理障碍，从而在绘画、作诗方面大放异彩。慈禧老佛爷没有被洁癖“强迫”到这种程度，于是也就成不了大书画家，永远停留在业余的水平了。

心理治疗是治疗强迫症的方法之一，具体说就是认知行为的治疗方式，包括有意识地让病人重复面对引发焦虑的环境及防止相关反应。通过认知行为疗法，病患尝试积极去面对他们所害怕的情况，同时刻意阻止自己去做惯常的强迫行为，以等待焦虑的过去，以人为造成“麻木”，从而钝化、削弱，乃至停止强迫行为及焦虑情绪。

倪瓒的结局，传说不太美妙，他“因染痢，秽不可近，卒”。居然得了痢疾，不断排烂便、水样大便不止，臭不可闻，最后脏兮兮地死去。“夏以小棺葬于近地，其墓尚存。”还有另一个更惨烈的版本，即“后人皆传云林为太祖投溷厕中死，尽恶其太洁而诬之也”。原来，倪瓒的洁癖得罪了一些小人，他们便在朱元璋面前诬蔑倪瓒，结果，朱皇帝让人把倪瓒投到恶臭的厕所中溺死，真是惨不忍睹。不过，幸亏这只是传说。

话说回来，以上两种与臭粪“亲密”接触的方式，难道不正是一种治疗倪瓒强迫症的认知行为疗法吗？

倪瓒的画作基本上都是山水，人物往往只是山水中的点缀而已。有人问他为何不画人物画？倪瓒一听，那股孤傲的劲儿立刻涌了上来：“人？哼哼！当世还有什么人物值得我去画他？”

相传“吴王”张士诚之弟张士信，曾差人拿画绢请倪瓒作画，并附上很多金钱。倪瓒感到人格被侮辱，大怒而拒。不巧他日在湖中与张相遇，被其手下暴打一顿，他痛极而不发一声。事后有人问他为何，他答道：“一出声便俗。”这人格上的“洁癖”就与强迫症无关了，我每读至此，心中便会对这高洁、高贵的灵魂升起一股莫名的崇敬。

双面狂人徐渭

渭为人猜而妒，妻死后有所娶，辄以嫌弃，至是又击杀其后妇。

——《徐文长传》

公元 1890 年 7 月底的一天，荷兰画家凡·高（Vincent Van Gogh）带着手枪，走进了一个农民的田庄，他没有把手枪对准头部或心脏，而是朝自己的下腹开了一枪，然后拖着沉重的脚步回到了房间……两天后才被人发现。年仅三十七岁的凡·高就这样离开人世，死前留下一句话："悲伤会永远留存。"

这位后印象画派代表人物，一生屡遭挫折，备尝艰辛，饱受精神疾病折磨，是 19 世纪最杰出的艺术家之一，然而这仅是后世的评价。逝世数月前，凡·高的《红色葡萄园》才刚出售，这是他在世时唯一卖出的作品。

几乎在此三百年前，即明神宗万历二十一年，一位七十二岁的老翁在浙江绍兴溘然长逝，死时一无所有，除了身旁成堆的字画、书稿。

他叫徐渭，字文长，号青藤道人，又号田水月，是明代著名的文学家、画家、书法家，他天赋异禀，隽才超逸。一生留下了许多逸闻趣事。其中关于他自残、自杀、杀妻之事更让当时及后世学者兴趣盎然。

有人说，相隔三百年的东西方两位艺术大师都患有精神分裂症。事实果真如此吗？

中国的凡·高，狂而未疯？

徐渭是否患有精神分裂症呢？

精神分裂症（Schizophrenia，台湾于2014年改译为思觉失调症）是一种严重精神疾病，症状为思考方式及情绪反应出现崩溃。常见病征包括幻觉、妄想及胡言乱语，严重者也会有自毁及伤人的倾向，并出现社会或职业功能退化。病患通常于青壮年就显现初期病征。这种精神病的特征是病患常有幻觉（如觉得耳边有人说话，有人谈论自己）、妄想，被一系列奇异而错误的信念困扰。这些信念对于精神分裂症患者而言是如此真切，事实上却是假的，例如，相信自己的行为受制于外星人或其他物种。在某些病例中，病患以为自己是总统、国王或首相之类的大人物，身负重大的历史责任，其逻辑完全错误。

让我们看看两则有趣而悲哀的病例。

南宋抚州临川陈自明，字良甫，著名医学家，对医学理论有独到的研究。据《陈良甫医案》记载，一名妇女思念不幸离世的丈夫，魂牵梦萦，白天絮絮叨叨，对着空气与幻想中的“夫君”闲聊，乐此不疲，甚至桌面上也摆好了两份餐饭，她与“夫君”共餐，夹菜劝酒，好像确有其人似的；更恐怖的是，女子的床铺上整整齐齐地叠放着二人的枕头被盖，晚上她就继续与“夫君”

同眠，家人惊骇不已，以为真的有肉眼不见的鬼魂①。

还有更典型的例子，那就是乾隆年间轰动一时的“丁文斌案”。话说乾隆十八年，山东曲阜衍圣公（孔子后代）的孔府，门口突然跑来一年轻人，使劲地敲门。孔府家丁开门一看，但见此人衣衫褴褛，面黄肌瘦，自称“丁文斌”，乃浙江人，千里迢迢跑到孔府来给孔家做上门女婿的！家丁立刻断定是狂妄之徒，要撵他走。他却振振有词地说一个小人在其耳边说话，说他有九五之命，将来要当天子，上天把孔府的两个女儿都许配给他，今天特来认亲。说罢，丁文斌从怀中取出一本书，说这是开创新朝的天才构想、治国良方，执意要让家丁拿给“岳父”看。家丁尽管不是医师，也早就判断出此人是疯子，就把他扭送到官府。地方官升堂一审，丁文斌把他的奇遇重复一遍，甚至大言不惭地说已给新王朝起了国号、年号，连“国旗”图案都设计好了！地方官感觉很为难，此人显然是疯子，但若按律例，照本宣科，也算“谋逆”罪，如何是好？他就给乾隆写了一封奏折，请求指示。

乾隆一看，立刻“关心”起丁某的身体健康，追问此人还能活多久。山东巡抚汇报说丁某本来身体就很差，因怕他装疯卖傻，所以曾对他动用大刑，毒打了几次，估计活不太久了。乾隆为何关心这丁文斌的身体呢？是想把他放出来治病吗？不是！

原来，乾隆考虑到当时的交通不便，司法部门立案判决，地方与中央反复磋商、请示，来来回回几个月就过去了，可能最后

---

①《陈良甫医案》：“一妇人患相思病，思慕一男死亡已久，而妇犹想念不绝，虽在白昼亦与男子鬼魂相聚，妇人自言自语娓娓不倦，如与鬼倾谈，桌上餐具陈请井然，作与鬼共食状，夜间枕被并列，又如与鬼同睡，家人睹状惊骇无极，延余诊视。”

判决下来时，丁文斌已死，就等于逃脱了法网，逃脱了惩处！所以，乾隆“果断”判处丁某大逆不道，死刑，而且是最残忍的凌迟！他立刻命山东巡抚把丁文斌从牢里提出来，在万头攒动之下把他千刀万剐活活“碎磔”。

历朝历代造反的人很多，但你见过这样的奇葩造反吗？以乾隆的高智商，怎会不明白此人乃一傻子疯汉呢？对这种病人不积极予以救治，反而大刑、屠刀伺候，当然是从政治角度出发，想想清朝皇帝制造那么多起文字狱，这样的悲剧也就顺理成章地出现了。

反观徐渭生平，他显然不属于此类病患，其人有狂放、冲动的一面，行事有时怪诞，但言谈不仅符合逻辑、不紊乱，而且绝大多数思路清晰。他的军政谋略可圈可点，艺术理论独树一帜，文艺作品在当时已享誉四海。

史书记载，徐渭自称志气恢宏，博览群书，研读经史百家时，哪怕是极不起眼的琐碎知识，都会执着地追根究底[①]。可见此君阅读量很大、治学严谨、苦心孤诣。二十岁左右，他与好友常作诗文歌咏，兼涉戏曲书画，号称“越中十子”；三十多岁时，他先是积极参加民间抗倭，后又被召入胡宗宪幕府，为这名颇有政治抱负、有战国四公子蓄养门客遗风的封疆大吏出谋划策，业绩不菲；后更游于宣化、辽沈及南北二京，不断创作诗文、剧作、书画，诗文有“明代第一”之称。可以说，徐渭的一生与社会活动是密不可分的。

病情好转后，他积极准备应考科举，作诗云：“尚有旧心消不

---

① 徐渭《自为墓志铭》：“志迂阔，务博综，取经史诸家，虽琐至稗小，妄意穷极。”

得，偏题彩笔对青春。”还参加好友沈炼的祭奠活动，并写了《与诸士祭沈君文》一文，以击鼓骂曹的祢衡比喻惨遭毒手的沈炼，以野心勃勃的曹操比喻杀害好友的奸相严嵩[①]。他的文赋《进白鹿表》，甚至获得嘉靖皇帝的欣赏。

直到晚年将死，闻知儿子参加抗倭援朝战争得胜，他又作《春兴》一首，抒发强烈的爱国鄙倭之情。这样的才子能人即使有病，有某种障碍，也绝非思绪紊乱、内容荒谬。综上所述，徐渭患精神分裂症的可能性不大。

躁狂易怒，行为脱序

其实，徐渭更像是一名躁郁症病患。

情绪性疾患（mood disorders）包括单相（抑郁）和双相（躁狂—抑郁）的一组异质情绪障碍疾患，病情常有反复，特点为广泛心境紊乱，精神运动性功能失调。躁狂症（情绪高涨）和抑郁症构成了情绪性疾患的核心情感成分，焦虑和容易激动（irritation）也同样是这类病人的特征，西方又称之为“躁郁症”（bipolar disorder）。悲伤和快乐原本是日常生活中的常见状态，与病态的抑郁和躁狂有别。悲伤或抑郁是人类对失败或其他逆境的普遍反应。有些人在假日或有意义的周年纪念日会出现短暂的抑郁，这种假日愁绪、周年忧郁都不是病态心理性质，但有情绪性疾患倾向的人在此时即有崩溃的可能。躁狂症、抑郁症不同于正常的情

---

① 《与诸士祭沈君文》：“公之死也，诋权奸而不已，致假手于他人，岂非激裸骂于三弄，大有类于挝鼓之祢衡耶？”

绪反应，尽管可能间歇发作，但它们会引起显著的躯体功能障碍，造成社会功能和工作能力严重受损。

那么，何为躁狂状态呢？

具体说，就是病患情感高涨，主观体验特别欢快，高傲自大，自命不凡，整天兴高采烈，得意扬扬，心境高涨，目空一切，甚至盛气凌人，容易夸大其词（内容基本符合逻辑而不荒谬，与精神分裂症不同），但有时候情绪不稳，变化莫测，时而愉悦时而激动、暴怒，容易反应过度，产生敌意，动辄暴跳如雷、怒不可遏，有破坏和攻击的行为倾向，行为容易失控。

徐渭一向性格暴躁，不善与人相处，在家中，由于夫妻关系不睦，精神压力大，他常常嫌弃辱骂继妻张氏。在胡宗宪幕府中，他也多次“以睚眦中伤人”，人缘不佳。由于胡宗宪的庇佑，徐渭的狂性得到进一步的发展，时而大谈兵法，时而醉卧城门，行为飞扬跋扈，为人不拘礼法。《明史·徐渭传》中记载他“藉宗宪势，颇横”。树敌甚多，积怨甚深。这些都没有酿成大祸，尚属侥幸，但最为世人不解的正是徐渭杀妻一案！

徐渭晚年的回忆录《畸谱》中，他说自己 46 岁时精神病复发，杀死妻子张氏后下狱[①]。关于这桩家庭悲剧，当时亦多有记载，大致是说徐渭猜疑心很重，怀疑继室不忠、在外有私情，狂怒之下竟将其杀死，结果被判入狱[②]。

---

① 《畸谱》：“四十六岁，易（通‘瘱’，古代常指精神疾病）复，杀张下狱。隆庆元年丁卯。”

② 袁宏道《徐文长传》：“卒以疑杀其继室·下狱论死。”陶望龄《徐文长传》：“渭为人猜而妒，妻死后有所娶，辄以嫌弃，至是又击杀其后妇。”钱希言《狯园徐文长冤报》：“疾发疑其妇有私，乃捶杀之。”等。

到了清代，顾景星在《徐文长遗事》中干脆绘声绘影地说徐渭冬日见妻子把暖衣盖在书童身上，醋劲大发，错手酿成大祸，将徐渭杀人归咎于嫉妒、多疑[①]。《明史》则将徐渭杀妻与发狂直接连在一起，还加上自残的情节："渭惧祸（胡宗宪被捕，徐渭怕受牵连）发狂，自戕不死，遂杀其妻。"

与此同时，民间更有一些笔记小说把前代某些名人的杀妻行为附会到徐渭身上，虚拟了许多情节，如把徐渭杀妻和风花雪月、妓女色僧纠缠到一块，大肆渲染，虚虚实实，真真假假。

但纵观前人说法，可以得出基本接近真相的结论，就是徐渭生性嫉妒，很有可能猜疑妻子张氏有外遇，诱发惨剧。那是嘉靖四十五年的一天，四十六岁的徐渭因为一件不为世人所知的事件，极度疑心继妻有不贞的行为，或许其时还合并幻觉，于是在愤怒中疯狂殴打妻子，继而失手杀人。他难以自控，双眼通红，凶神恶煞，浑身颤抖，拖着褴褛的衣衫在街市上狂奔，沙哑地喊叫引来一片围观。

有情绪性疾患的人严重时会出现夸大妄想，在夸大的基础上衍生出关系妄想和被害妄想，但历时一般较为短暂。惨案发生后，徐渭静下心来写信给朋友，暗示妻子有外遇，自己是在盛怒之下误伤人命。在同乡的说情救助之下，徐渭侥幸免于死刑，但被判监禁，足足坐了七年大牢！

生活中的徐渭本身就是一个"生平见雪颠不歇，今来见雪愁欲绝"、"月光浸断街心柳，是夜沿门乱呼酒"的狂人，他的癫狂

---

① 顾景星《徐文长遗事》："文长之椎杀继室也。雪天有僮蹋灶下，妇怜之，假以亵服。文长大詈，妇亦詈。时操擢收冰，怒掷妇，误中妇死。"

举止或许也是用以发泄内心不平之气的特殊方式，但躁狂发作在此间难辞其咎。

徐渭的躁狂状态应该很严重，很容易受到一点点刺激就癫狂失态，他在《喜马君世培至》诗中说道："时我病始作，狂走无时休。"满大街呼啸奔跑，别人理所当然认为他与疯子无异。他知道药物难以奏效，希望友人谅解，奢望于友人的好言慰藉，助他战胜病魔[①]。据此可见，徐渭是知道自己生病的，只是难以控制自身行为而已。这与精神分裂症病患不一样，后者完全蒙在鼓里，自以为是，对自身患病一无所知，医学术语叫"缺乏自知力"。

徐渭笔下出现了众多狂人、奇人形象，像是"举觞白眼望青天"的袒腹卧松者、"不醉亦骂坐"的友人形象、湖边沙际"一丝不挂任天真"的老人、"醉卧人家楼上床"却"从来不乱雌雄匹"的高人[②]，还有《四声猿》中"雄才似木兰"的西北妇、女扮男装或沙场建功或科场扬名的雌木兰与女状元，以及击鼓骂曹的狂狷之士祢衡等。这些人物都具有不受礼教束缚、任情而动、超凡脱俗的人格特点，其行为显示出反社会规范的价值取向，与徐渭本人很像。可以说，既是艺术的加工，也是作者内心的写照。

有情绪性疾患的人可能有短暂的片段幻觉、错觉。徐渭在《海上生华氏序》中承认自己有时受到刺激，会抽风发作（亦作惊厥，会翻白眼，失去意识），不能自制，好像有鬼神在摆布他[③]。他出现过鬼神幻觉，可能是幻听或幻视，觉得鬼神对他发号施令。在小

---

① 《喜马君世培至》："欲以好言语，令我奇疴瘳。"

② 分见《画袒腹卧松者》、《罢王丈道中》、《驽子歌赠汪山人》和《握锥郎》等诗作。

③ 《海上生华氏序》："予有激于时事，病瘛甚，若有鬼神凭之者。"

品文《记异》里，他又说多次见到稀奇古怪的东西，如“一绿色蛇，鳞如鲤，娇倩可爱，当道蹲兜下，蟠旋如篆香结……一蛇长五尺许，四足而绯唇”。那么在杀妻事件当中，嫉妒狂徐渭是否也在幻觉的影响下，做出错误判断，失手杀害继妻呢？可能性相当高。

躁狂症还有其他表现，早在徐渭与胡宗宪的通信中就有关于精神障碍的描述，他说自己“夙有心疾”、“夜中惊悸自语”、“心系隐痛”、“形壳如故，精神日离”。这种心神不宁的状态，好像有无数意念缠绕，好像有无数话语要尽情倾诉，可以用“思维奔逸”来解释。

具体说，就是病患思维速度非常快，内容丰富，概念接踵而至，往往从一个概念很快联想到另一概念，形成所谓的“意念飘忽”，出现音连和意连。由于思维联想的速度太快，病患感到舌头、手脚和脑子赛跑。

徐渭作画，“狂中画雪压梅竹”，他情感喷薄、思绪乱飞、灵感猛袭，在画面上尽情地宣泄生命中的悲痛，不顾时空差异，在痛快淋漓的笔墨中达到高峰体验（peak experience）。书品即人品、画品亦为人品，艺术品呈现的风格与艺术家的精神状态是相吻合的。在徐渭的书法作品中，人们往往能直观地感受到他极端的狂者之气，他的草书《春雨诗卷》、《杜甫·幕府秋风诗轴》和《应制咏剑诗》等作品，风格狂放躁动近乎歇斯底里。他用笔极狠，笔画大范围的摆动像杀红了眼的人挥舞刀剑，似要置人于死地。其书法作品造成的强大气流使得字形似乎要爆裂开来，充斥着各种撕扯、离别、痛苦甚至号叫的意念。徐渭书法的这些特点是他饱经沧桑，对现实极其不满而又被顽疾纠缠，内心无奈又冲突的图解。一方面是放任、狂野、报复；另一方面则是压抑、滞涩和阴暗。

抑郁颓唐，悲观厌世

躁郁症患者，既有狂放发作，也有抑郁状态。徐渭更不例外。

抑郁心境表现为情绪低落、压抑、不为环境中的喜乐所动，可以从轻度的心情不佳、心烦意乱到严重的悲观、失望、绝望。病患有时觉得生活没有意义，提不起精神，度日如年，生不如死，人生好像全蒙上一层乌云。他们容易抑郁悲观，终日忧心忡忡，郁郁寡欢，愁眉苦脸，长吁短叹，甚至有自杀行为，而自杀恰恰在这种抑郁症型的情绪性疾患中最常见！

让我们先看看徐渭的诗，领略其压抑心境。“老树拿空云，长藤网溪翠，碧火冷枯眼，前山友精祟。或为道士服，月明对人语，幸勿相猜嫌，夜来谈客旅。”诗境诡异奇特，跳动着阴郁不安，充满鬼气。徐渭用笔狠重怪奇，选词生新瘦硬，常用富有刺激性的字词，喜欢使用死、残、杀、堕、寒、烧、削等字眼。

他还喜欢营造阴冷甚至有些血腥的场面，并且选取一些暗黑浓重的语言，采用艺术变形的手法构成惨烈怪诞的意境，现举数例为证：

溪山孕铁英，怪石穿水黑。(《自浦城进延平》)

一江鱼鳖浮尸出，八尺龟螭卧绢黄。(《曹娥祠》)

阴风吹火火欲燃，老枭夜啸白昼眠。山头月出狐狸去，竹径归来天未曙。(《阴风吹火篇》)

盖溪树老旗神庙，高可百尺粗五抱。春深细叶缀苍蝇，夏末凉风呼赤豹。老鸦十万一枝容，下攫牲肠与人夺。(《旗纛树》)

苍鹰播风摆赤血，老且嚼带流清涎。(《嘴中增张子先》)

这太像李贺的风格了，徐渭也承认自己"戏效李贺体"，说明他有意识地向李贺学习，但根本原因还在于他有李贺般的怀才不遇和压抑情愫。

徐渭是在病态中追求着心灵的自由，终其一生都在痛苦中挣扎，痛苦是他创作的源泉，人生的苦难无情地扼杀了他的梦想，却成就了他的艺术创作，从这层意义来讲，不幸的徐渭又是幸运的！

他提出只有"冷水浇背、陡然一惊"的作品才能称得上好诗。在创作中，他不乏反传统美学的内容，甚至由于他性情之狂和病理之狂，还出现了一系列惊悚、丑陋、阴森、恐怖，甚至是血淋淋的场景，让人读之不寒而栗。这不是美学的沉沦，而是别开生面的病态气象！

孤僻，也是抑郁状态的一种症状，病患不愿参加正常的活动，体验不到人间的欢乐，开始可能仅针对几件事，如食物、异性、社交活动，接着对一切活动，包括昔日嗜好、娱乐活动，最后对家人、孩子、亲友的团聚也丧失兴趣，变得闭门独居、疏远亲友、生活疏懒、拒绝社交。如张汝霖就在《刻徐文长佚书序》中提到徐渭一回家便紧闭门窗，不见生人，十年多都不食人间烟火似的，只和一条狗相依为命。[①]虽然有点夸张，但徐渭的孤僻个性可见一斑。

徐渭在《自为墓志铭》中坦率地说自己是个贱人、懒人、直人，

① 张汝霖《刻徐文长佚书序》："归则捷户，不肯见一人，绝粒者十年许，挟一犬与居。"

最忌惮和权贵做朋友，所以看起来很傲慢，不免让大家觉得他玩世不恭[①]。还说像他这样低贱的人倘若高攀王公贵族，很容易被人认为有非分之想，因此就甘愿孤独自守，不与外界来往[②]。据陶望龄《徐文长传》所述，当地长官不少人想见徐渭，但都未能如愿。曾有人试图伺机推门而进，徐渭用力堵门坚拒，口中还嚷嚷："我不在！我不在！"于是，人们对他又怪又恨[③]。为了维护人格尊严，他尽量和达官贵人保持距离，有时不免采取明哲保身的策略，这不难理解，但从中也能找到他可能有社交恐惧症的隐患。

抑郁状态的病患常感到精力衰退，只愿意简单应付了事，严重者甚至连吃喝和个人卫生也不顾。他们又往往戴着"灰色眼镜"批评自己，贬低自己，完全放任自流。在《至日趁曝洗脚行》中，徐渭不加掩饰地表现了自己的"猥鄙龌龊"："不踏市上尘，千有五百朝，胡为趾垢牛皮高，碧汤红櫓浣且搔，一盆湿粉汤堪捞。徐以手摸尻之尾，尻中积垢多于趾，解裈才欲趁余汤，裈裆赤虱多于虮。"这首诗描绘他一身"积垢"和"赤虱"横陈的狼狈相，反映出他的颓废和邋遢。

心境产生障碍的抑郁病患，最严重的并发症莫过于自残、自杀。未经治疗的患者有百分之十五至百分之二十五的人死于自杀；既成自杀中有百分之五十至百分之七十的人是由于抑郁没被发现或没有进行适当的治疗。随着症状的加重，其自杀念头会日趋强

---

① 徐渭《自为墓志铭》："贱而懒且直，故惮贵交似傲，与众处不免袒裼似玩，人多病之。"

② 徐渭《答王口北》："以韦贱仰交王公，恐涉非分，是以宁甘疏外。"

③ 陶望龄《徐文长传》："渭性通脱……而深恶诸富贵人，自郡守丞以下求见者，皆不得也。尝有诣者伺便排户半入，渭手拒扉，口应曰某不在，人多以是怪恨之。"

烈，病患千方百计试图了结此生，以死求解脱。

徐渭晚年的回忆录《畸谱》中有六次提及他的病情，涉嫌自杀、自残的有两次，分别为四十五岁时，精神病复发，刺伤耳朵，到了冬天才稍稍伤愈；六十一岁时，又再度复发，并且不进食。①

官方编撰《明史》称："(徐渭)发狂，引巨锥割耳，深数寸，又以椎碎肾囊(阴囊)，皆不死。已，又击杀继妻，论死系狱，里人张元忭力救得免。"看来，他在杀妻案之前就已开始出现自残行为，情绪早就有问题了。

对徐渭疯狂描述最为详细且能为历史文献提供直接依据的是其自撰的《海上生华氏序》："走拔壁柱钉可三寸许，贯左耳窍中，颠于地，撞钉没耳窍，而不知痛，逾数旬，疮血迸射……"

陶望龄的《徐文长传》中说他："引巨锥刺耳，刺深数寸，流血几殆；又椎击肾囊，碎之，不死。"王思任在《徐文长先生佚稿序》中更提到他："不惧死，甚至感愤狂易，椠耳锤囊，终不死。"由于陶望龄、王思任都是徐渭的同乡晚辈，多少见过徐渭的疯狂，虽然描述不尽相同，但在发狂这点上，却为徐渭本人的记述提供了佐证。

后来的袁宏道在《徐文长传》中也描绘过徐渭的疯狂："自持斧击破其头，血流被面，头骨皆折，揉之有声，或槌其囊，或以利锥锥其两耳，深入寸余，竟不得死。"文中添增用斧自砍头颅的情节，更为恐怖。

原来，徐渭病发之前曾作《自为墓志铭》，说自己深觉忧惧害怕，忽然想寻死②。当时他好像有鬼神附体一样，精神恍惚；拿起

---

① 徐渭《畸谱》："四十五岁。病易。丁剚其耳，冬，稍瘳。……六十一岁。是年为辛巳，予周一甲子矣。诸祟兆复纷，复病易，不谷食。"

② 徐渭《自为墓志铭》："而己深以为危。至是，忽自觅死。"

斧子猛击自己头部，头骨破碎，血如泉涌。后来他拔下一颗三寸左右的钉子，塞入左耳道，然后用头撞地，把铁钉撞入耳内，血流如注，竟丝毫不觉得痛。末了，他还用利锥把自己的阴囊刺碎求死，但仍死不了。这些残酷、极端的自杀方式远不是一般人所能想象得到的，虽然反复自杀未遂，徐渭的“心疾”并未彻底缓解，第二年就酿成了杀妻惨案。

回想起西方的凡·高，同样是艺术天才，同样有割耳自残、自杀的举动，后世者怎能不唏嘘呢？

不过，毕竟与精神分裂症病患不一样，后者病程多数是发作性进展或持续紧张，缓解期有残留的精神症状或人格缺损，而情绪性疾患一般是间歇性发作，间歇期可以完全正常。这就是徐渭在自残之后又愿意接受治疗，数月后才伤愈的原因。

悲剧人生，成就一代宗师

情绪性疾患的病因目前还不十分清楚，可能与遗传、心理、社会等多种因素等有关。

一般认为重大负面事件，即不愉快、令人失望的事情，如意外灾害、亲友亡故、经济损失、人际冲突等，均能刺激发病，事件的严重程度也与发病时机有关。慢性、长期的不良环境，如家庭关系破裂、人际关系不良、事业不顺、失业、贫困、罹患慢性疾病等，和生活上突发的意外一样，如果长时间持续，据调查也容易诱发情绪性疾患。

徐渭的母亲是他父亲第二任妻子苗氏的陪嫁丫头，子承母卑，徐渭的家庭地位自然也很低。在他父亲过世后，情形更恶化，生母像奴婢一样为家庭劳作，还要遭人白眼和凌辱。苗夫人没生育，就把徐渭当亲生儿子抚养，徐渭对她只能百依百顺，不敢有半句怨言。这样的屈辱压抑一点点化作愤懑怨恨，层层积压在幼小的徐渭心头。

徐渭十岁那年，苗氏将他的生母卖掉，这对徐渭的伤害很大。徐渭至死都不肯原谅苗氏，他的性情也因此变得乖张，对谁都缺乏信任感，敏感、猜忌和偏执，孤僻的性格由此贯穿一生。十六岁那年，他在自家书房的南窗下亲手栽种一根青藤，从此便天天与青藤相依。

他的婚姻也极为不幸。由于家贫，早年的徐渭只能放下男人自尊，入赘潘家，与潘氏成婚，二人恩爱，可惜潘氏英年早逝；后来，徐渭纳妾胡氏，但胡女不孝，遂被徐渭卖掉；后又迎娶张氏，却因性格缘故，感情不和，最终酿成惨案。

徐渭也曾想通过科举考试的晋升途径，改变自身命运，但由于自负自傲，讨厌八股，在考试中始终写不出规行矩步、合乎应试要求的文章，遂屡考屡挫。从他十七岁参加“童子试”不中开始，一直考到四十一岁，前后共计参加了七次科考，只有两次进入复试，但均以败北告终。这不可不谓学业上的重大打击！

好不容易遇上赏识他满腹经纶的朝廷命官胡宗宪，攀上这棵茂密的大树，徐渭在抗倭前线出谋划策、指点江山、挥斥方遒，算是暂时有了难得的成就感。但胡宗宪毕竟不是常青树，随着严嵩倒台，他也牵连入狱，最后竟死于狱中。作为幕僚的徐渭只能忧谗畏讥，惶惶不可终日，终于在多种因素的刺激下，精神崩溃，先是自残，接着自杀未遂，最后激情杀妻，锒铛入狱。

经过七年的牢狱生活，徐渭心境发生了很大的改变。偏执慢慢消失，然而颓废的意念却一再上升。尤其是被撤销了秀才的功名，对他打击很大。出狱后，年过半百的徐渭连写了四个杂剧，分别是《渔阳弄》、《雌木兰》、《女状元》、《翠乡梦》，统称为《四声猿》。为了生计，他不断地绘画写字，靠卖字画换点生活费，但销路不佳。他在当时画的《雪竹图》中，以风雪中挺立的竹枝，表露了自己在人世中所历经的各种凄风苦雨，并题诗说："独有一般差似我，积雪千丈恨难消。""几间东倒西歪屋，一个南腔北调人。"这是徐渭对自己的写照。

七十二岁时，贫病交加的徐渭在浙江绍兴默默地永远地闭上了双眼。那一颗狂躁又沉郁的心，终于停止了跳动，一切归于安详，万籁俱寂。

也许徐渭张不开秀口、甩不开大袖，挥洒不出媲美李贺诗篇的动人神句；也许他静不下心，构思不出深刻缜密的明杂剧剧本，但正因为徐渭的不幸，他的狂放和沉郁间接造就了艺术杰作，奠定他的历史地位！

徐渭死后数年，明末文学领袖、湖北人袁宏道一日在友人家中看到一本已"烟煤败黑，微有字形"的徐渭诗文稿，读罢不禁拍案叫绝，竟彻夜诵读，以至于把友人的童仆从梦中吵醒。从此袁宏道对徐渭崇拜不已。据说，他专程去了绍兴，到徐渭故居找到那根青藤，那根老青藤犹如徐渭化身，扭曲而狷狂，但坚韧而不拔。

令人庆幸的是，历史上的某一刻，有一颗狂躁又沉郁的心，不经意间滋润了不朽的中华文化，或许我们更应庆幸的是，明末的中国人还没有发明出威力可观的手枪。

范进中举的实与虚

范进不看便罢，看了一遍，又念一遍，自己把两手拍了一下，笑了一声道："噫！好了！我中了！"说着，往后一跤跌倒，牙关咬紧，不省人事。

——《儒林外史》

真实的历史中，其实"范进"并不存在，但明、清以来，又有多少范进的原型在社会底层苦苦挣扎，为了海市蜃楼般的目标，无奈地忍受身心煎熬呢？

喜极而疯，情志失调

俗话说，艺术高于生活，但必源于生活，《儒林外史》的作者吴敬梓正是如此。显然，吴敬梓接触过或目睹过"范进"，甚至他本人就或多或少带点"范进"的影子，由此而笔下生花，妙不可言而又令人唏嘘感叹。

范进见到中举的喜报，喜出望外，昏倒在地，醒后又疯疯癫癫，不可理喻。其实，从现代医学的角度看，这属于"急性压力症"（acute stress disorder, ASD），在中医看来属于情志之病。

年已五十多岁，历经多次考场铩羽而归，"文字荒谬"而穷困潦倒的范进，几十年来郁结心头、奢望却不敢置信的梦想突然实现。“一步登天”之喜从天降，与多年来的压抑相碰撞，产生了强烈的震动，就是一个非常明显的刺激源，足以让饱受折磨的范进承受不住而迅速发病。

范进“往后一跤跌倒，牙关咬紧，不省人事……笑着，不由分说，就往门外飞跑”，“一脚踹在塘里，挣起来，头发都跌散了，两手黄泥，淋淋漓漓一身的水。众人拉他不住，拍着笑着”。醒后说：“我怎么坐在这里？”又道：“这半日昏昏沉沉，如在梦里一般。”专业术语叫“定向力障碍”（impaired environmental interpretation）、“精神运动性兴奋”（psychomotor excitement）。到此为止，吴敬梓的笔触还是相当写实的，不过关于范进的苏醒过程则应是虚构，不符合现代医学常识。对急性压力症患者，关键在于帮助他们恰当地应对刺激，稳定情绪，发挥缓冲的作用，避免扩大创伤，消除疑虑，同时尽量给予社会支持，使其精神放松和心理感受抚慰。

金朝四大名医之首的张从正就是一位擅长用“情志相胜”治疗情志病的大家。他的治病故事在当时广为流传。话说有一位公务员的父亲被强盗所害，噩耗传来，他悲痛万分，大哭一场，之后就感到心口疼痛，愈来愈严重，最后觉得胸前冒出一个杯子大小的结块，疼痛难忍。虽延请不少医师，也吃了不少药，都没有起色。后来他请来张从正医治，医师问清病因后，装扮成巫师，一手举着桃木剑，一手拿着符纸，口中不停地念着：“天灵灵，地灵灵，太上老君急急如律令……”公务员病患看着他滑稽的模样，开怀大笑。几天后，他胸中的块垒竟然渐渐散开，不药而愈。

这位患者很好奇，就向张从正请教。张医师告诉他，自己用的是“喜胜悲”的方法。张从正之所以能达成以喜胜悲的效果，除了一眼就诊断出心病的缘由，也在于能准确掌握病患的性格。首先这位公务员并不迷信，压根就不信法术，否则就会产生相反效果。此外，张从正是具有一定社会地位和声望的名医，他突然改变身份，装扮巫师，可让病患感到荒谬、滑稽，从而引发大笑，最终获得痊愈。

反观范进，完全置于近乎被戕害的情境。他平生最畏惧的岳父胡屠户凶神似的走到跟前，说道：“该死的畜生！你中了什么？”随即一个巴掌打过去。范进被“打晕了，昏倒于地……渐渐喘息过来，眼睛明亮，不疯了”。他对胡屠户早就犹如老鼠见猫，平素动不动就挨一顿打骂，如今老胡非但没改善紧张的环境、调整良好的心态、提供适当的抚慰，却用极其暴力的手段让患者恐惧，重新制造恶劣的刺激源，显然这样的处理只会让可怜巴巴的患者雪上加霜。

当然，小说毕竟是小说，如果吴敬梓让粗蛮暴戾的胡屠户突然变得春风化雨，这就有损小说人物形象的塑造了。

悲极夺命的明清帝王

因悲哀动中者，竭绝而失生。

——《黄帝内经·灵枢》

人生在世，最大的伤悲莫过于和爱人、亲人永诀。

相差十七岁的宫廷姐弟恋

有人认为真情真意仅存在于百姓之家，皇家深宫内只有冷酷的斗争、虚伪的情感和扭曲的关系，但透过史料，我依稀感受到三宫六院中时常出现的伤逝，不禁扼腕叹息。

明宪宗成化帝朱见深，少年不幸，自幼便与年长他十七岁的宫女万氏生活，加上有恋母情结，日久生情，十八岁继位后，便立万氏为贵妃，终日沉溺在和她的“姐弟恋”中不可自拔，还与之生有一子，可惜夭折。相差十七岁，即使在文明、自由的当今社会，还是令很多人瞠目结舌，难以接受。

万贵妃心计颇深，她对成化帝可谓爱护有加，皇帝自述“有疝疾，非妃（万氏）抚摩不安”。皇帝出行时，万氏又刻意地戎装佩刀，为帝王先导，既给了皇帝以安全感，又比起那些只会梳妆打扮、弱不禁风的后妃，多了一层别开生面的英武俊爽之气，成化帝焉能不悦？万贵妃得宠、得势时，已经超过三十五六岁，虽说驻颜有术，但在当时可算是半老徐娘了。成化帝对她的“爱”应该着重在一个“情”字上，或是亲情，或是友情，或是爱情，总之是一种错综复杂、割舍不断的情。任凭万氏日后如何骄横残忍，甚至毒杀其他妃嫔、逼迫她们堕胎，成化帝俨然充耳不闻。他倾其一生都对这个女人有着特殊的依恋，不论她做得多么过分，他都能忍让、退避，他离不开这个女人，这个女人就是他生命的支柱。

成化二十三年正月，万氏暴死。成化帝闻之，“不语久之，但长叹曰：‘万侍长去了，我亦将去矣’”。他过度悲痛，茶饭不思，政务不理，八月亦崩，年仅四十岁。熟悉明史的朋友大多对成化一朝的昏暗、万氏的残暴、皇帝的怪诞自有一番恶评，但爱得深，痛得也深，笔者认为这段畸恋依然有其感人的成分。

难能可贵的亲情

成化帝的后代出了个有名的明神宗万历帝朱翊钧，他除了以怠工闻名外，其移情别恋也颇为当朝乃至今人诟病。皇后王氏是太后挑选许配给朱翊钧的，她诞下皇长女后再无生育，但宽厚温和，对皇室成员爱护备至。她对万历生母孝定皇太后侍奉特别用心，对宫女为万历私下生育的皇子朱常洛（后来的明光宗）也很呵护。众所周知，万历最宠幸的是郑贵妃，甚至为此与群臣争执数年，而对丈夫这些沸沸扬扬的桃色之事，王皇后也从不计较。《明史·后妃传》称其“正位中宫者四十二年，以慈孝称”。据说，她是中国历史上在位时间最长的皇后。

王皇后在万历四十八年四月病故，四个月后，神宗驾崩，享年五十七岁。万历皇帝多病缠身是事实，但两人去世时间如此接近，看来不是单纯身体疾病所致。这对名义上的夫妻也许没有炽烈的爱情，但深厚的亲情，笔者相信是存在的。她与万历合葬于定陵，死而同穴。五百年后，定陵地宫被考古人员打开，但见两人各自的棺木尚赫赫在目，骨架完整。不久，爆发“文化大革命”，帝后尸骨被一同砸碎并付之一炬，至今荡然无存。历史学者深感痛惜，但对王皇后而言，身后万事与己何干？能够永远与丈夫的骨灰一起，不分你我彼此，随风飘荡于天地之间，又何尝不是她的美好夙愿？

再说说清朝的皇帝。

清道光二十九年十二月，天寒地冻，大雪纷飞，道光帝（爱新觉罗·旻宁）的继母、嘉庆皇帝的孝和睿皇后钮祜禄氏撒手人寰，享年七十四岁。旻宁十五岁那年，生母孝淑睿皇后就去世了。当年，这位孝和皇太后对未继位的旻宁就很好，可说视如己出，对他倍加爱护和关照，所以旻宁做皇子时和两个同父异母弟弟的关系也很好，和继母的感情更十分融洽。道光能够顺利即位，孝和睿皇后也有推举之功，所以道光帝视她如同生母一般，更称其为皇母。

《清宣宗实录》记载，讣告传到，六十八岁的道光帝呼天抢地，顿足捶胸，一连几天别说吃饭，连水都不喝。白天，他以一国之君的身份操持大丧；晚上则以孝子身份，在灵堂旁边铺设草苫，席地而寝。此时正值寒冬，大殿内寒冷刺骨，群臣、内侍、皇亲苦苦哀求，他均一一拒绝。至十二月下旬，太后梓宫移至圆明园，这一天，一身孝服的道光帝抱病送灵柩出城，然后骑马赶往圆明园门外跪接；晚上，道光帝又在铺满白毡和灯草褥的慎德堂彻夜守灵。在沉痛巨悲中，孝道至上的道光原本已经患病，由于悲伤和操劳过度，此时病情恶化，再也爬不起来。仅一个月左右，自己也随继母驾鹤西去，病死于圆明园慎德堂。

悲从中来，不可小觑

《黄帝内经·灵枢》指出："因悲哀动中者，竭绝而失生。"《素问·阴阳应象大论》说："悲伤肺。"悲，是伤感而哀痛的一种情志表现。中医认为人有隐忧或痛苦非常之悲，往往会暗耗肺气而涉及心、肝以及心包络等多脏病变。悲哀太甚，引起肺气耗损，如吁叹饮泣、意志消沉、萎靡不振等都很伤肺。

人有七情六欲，情绪既可使人的行为产生改变，也会影响脏腑机能，从而导致诸如微循环改变、唾液减少、大肠收缩，节律紊乱等生理、病理方面的变化。

西医指出心理因素对各器官、系统的活动息息相关，与某些疾病的生发、酝酿和发作有密切关系。消极的心态如长期的积怨、忧郁、悲伤、恐惧、紧张、愤怒等，都可引发人体各系统功能失调，导致失眠、心跳过速，血压不稳、食欲减退等，容易促进疾病的发生。近年的肿瘤调查研究还发现心理因素与某些癌症的发生密不可分。

许多帝王晚年都是病恹恹的，但无疑情志之伤必然大大加速死亡进程。由此可见，"节哀顺变"不应该只是一句客套话。

肆

药/毒 总在一线间

死于毒酒的词中帝王李后主

罗衾不耐五更寒。梦里不知身是客，一晌贪欢。

独自莫凭栏，无限江山，别时容易见时难。流水落花春去也，天上人间。

——《浪淘沙》

公元978年某日，北宋开封府某处不算豪华的家宅内，主人捧着宋太宗赵炅赐予的沉重酒壶，泪如雨下，他颤巍巍地满斟一杯御酒，望着摇曳的烛光、夜空闪烁不定的星和若隐若现的月，长叹一声，他回首故国，那些春花秋月、凤阁龙楼、玉树琼枝……还有他与恋人割舍不断的绵情。

令人痛不欲生的牵机毒酒

在使臣严厉眼神的威逼下，李后主硬生生把药酒灌进喉咙，痛苦地死去。据说此日恰是七夕，也是死者的生日。朝廷随即发出早就准备好的讣告：故“左千牛卫将军”、“陇国公”李煜因病不治，皇帝辍朝三日以示哀悼。颇为讽刺的是，在这堆听起来很荣耀的头衔里，宋太祖赵匡胤曾经赐给他的、带有侮辱性的“违命侯”被彻底删除了，主人还官升一级，由侯爵晋升为公爵。

千百年来，亡国之君在百姓心中的待遇其实大相径庭，像隋炀帝、陈后主之流，基本上属于“咒骂、嘲讽”型，像明朝崇祯帝则属于“批评、叹息”型，而南唐后主李煜就属于“同情、惋惜”型。的确，此君本色应是词人，却不幸错位帝王，他前半生的作品香软、幽怨，后半生的词作凄凉悲壮、意境深远，为词史上承前启后的大宗师，如王国维《人间词话》所言：“词至李后主而眼界始大，感慨遂深。”至于其语句的清丽、音韵的和谐，更是几乎空前绝后。

相传李煜喝下的是牵机药酒，服后头足如弓状挣扎，痛不欲生，状如牵机，折腾了好久才断气，死得极惨。所谓“牵机药”即中药马钱子，含“士的宁”及“马钱子碱”，是极强的中枢兴奋剂，大量摄入会强烈抽搐。成人一次口服士的宁五毫克到十毫克就会中毒，三十毫克即可致死。马钱子的毒性也很剧烈，致死量只需约十克（二钱）。病患中毒后会出现全身僵直性痉挛，伴随双目凝视、牙关紧闭，面部会出现一种诡异而可怕的狞笑——直至呼吸肌麻痹而死。南唐后主李煜之死状“前头足相就，如牵机状”，与之大致相符。

作为亡国之君，李煜可选择的道路无非是自杀殉国或苟且偷生。他虽不懂政治，但终究是文人，试图选择前者，但软弱的个性使他没有勇气像商纣王一样扑向熊熊烈焰。他博览群书，当然知道亡国阶下囚的下场：晋愍帝、梁元帝被俘，受尽屈辱而被杀；蜀汉后主刘禅被司马昭俘虏，虽然没有被杀，却留下千古笑名……李煜既是自负高贵的文人皇帝，岂能忍受此等耻辱？但他毕竟在死亡面前退避三舍，想自杀又迟迟疑疑、躲躲闪闪，最终只是一把火烧掉藏书，没有自焚。等到宋军曹斌部的士卒冲到跟前，他也只能肉袒负荆，手牵白羊，背后扛着棺材，把性命交给敌军罢了。

梦里不知身是客

于是，李煜与眷属、臣僚、宫人一众在宋军的押解下，“最是仓皇辞庙日，教坊犹奏离别歌。垂泪对宫娥”。途中，他心中五味杂陈，留下《渡中江望石城泣下》一诗：“江南江北旧家乡，三十年来梦一场。吴苑宫闱今冷落，广陵台殿已荒凉。云笼远岫愁千片，雨打归舟泪万行。兄弟四人三百口，不堪闲坐细思量。”悲凉而不能自胜啊！

为显仁政，太祖赵匡胤表面优待，但仍封“违命侯”以示侮辱，继之软禁监视。名为公侯，实则囚徒。有人常把李煜之死归咎于宋帝怒其故国情思、复国嫌疑。“多少恨，昨夜梦魂中。还似旧时游上苑，车如流水马如龙；花月正春风！”那是斩不断的乡愁和追思。“小楼昨夜又东风，故国不堪回首月明中”已哀怨之至，“罗衾不耐五更寒。梦里不知身是客，一晌贪欢。独自莫凭栏，无限江山，别时容易见时难。流水落花春去也，天上人间。”太露骨了吧？

更令宋太宗气恼的是，李煜居然还写下这样的感慨诗句：“异国非所志，烦劳殊清闲。惊涛千万里，无乃见钟山。”（《五绝·亡后见形诗》）不安安分分做大宋的臣虏，一心惦记着南唐，身在大宋领土竟还诅咒其为异国！其实宋主也有两条路可选，一是让他安度余生，二是剥夺其生命。李煜降时，宋立国已多年，国本强固，势头正盛，南唐复国无异于痴人说梦，且以李煜的政治智商，更无成事可能。但笔者认为李煜过度暴露的文采，让宋主在意识形态上动了杀机，这位来自敌营的文人竟有如此高的才赋，其存在本身就是对自身正统性、权威性的巨大威胁。

从赵匡胤到赵炅，他们其实一直在偷偷观察这位皇帝俘虏，都知道此人的文学才华。赵匡胤不杀，一是故意手下留情，以观后效，看看李煜会不会夹起尾巴做人，在文学上收敛一点；二是当时还有周边的小国未被大宋征服，赵匡胤希望留下一个明君、仁君的印象，好让敌国子民归附，减轻敌国的抵抗力度。至于赵炅，此人私德、心胸本来就远远不如其兄，手段毒辣，外表正派而内心邪恶，再说此时大宋把周边小国都差不多收拾完了，没必要再施与怀柔政策了，而偏偏一介文人李煜不懂政治，不识时务，不知好歹，不要说做戏假装归顺了，连超一流的文学才赋都不懂稍加收敛，不仅曾与金陵旧宫人书曰："此中日夕，以泪珠洗面。"更以一首首泣血的绝唱，让自己这亡国之君成为必将流传千古文坛的"词中帝王"，真应了那句话："国家不幸诗家幸，话到沧桑语始工。"可赵炅看到的不仅是哀婉，更有一股十分刺鼻的愤愤不平之气！

宋太宗最终狠下杀心，选择了让李煜的生辰变忌日，而且还极其狠心，不赐一尺白绫，而是赐下令人痛不欲生的毒药酒。如此看来，倒是看似文采粗陋，只会"乐不思蜀"的阿斗刘禅，不管是真傻还是深层伪装，生存智慧好像高一些，得以安享晚年。

再毒也要吃的老饕苏东坡

竹外桃花三两枝，春江水暖鸭先知。蒌蒿满地芦芽短，正是河豚欲上时。

——《惠崇春江晚景》

孟子说，鱼和熊掌不可兼得，这句话在饮食调理界也很有道理。那些愈是鲜美的食物，若非取材过程危机四伏，就是食物本身暗藏杀机。

集鲜美剧毒于一身的河豚

苏东坡在《河豚鱼说》中提到河里有一种鱼叫作豚，常在桥墩之间游动，撞到桥的柱子，却不知道离开桥远一点，反而恼怒柱子撞了自己，便张开脸颊、立起鱼鳍，因恼怒而吸了一肚子的气浮在水面上，死赖着不动，结果河豚的下场就是被飞鸢“磔其腹而食之”。他是借河豚讽喻那些没有自知之明、飞扬跋扈的小人①。

类似习性的鱼不少，而居士却单拿河豚说事，可见他与河豚

① 《河豚鱼说》：“河之鱼，有豚其名者，游于桥间，而触其柱，不知远去。怒其柱之触己也，则张颊植鬣，怒腹而浮于水，久之莫动。”

“缘分”不浅。惠崇是他的好朋友，也是当时著名的僧人画家，即欧阳修所谓的“九僧”之一。他能诗善画，特别是画鹅、雁、小景尤为拿手。某次，他作《春江晚景图》，苏居士激赏不已，据画意妙笔生花，赋诗：“竹外桃花三两枝，春江水暖鸭先知。蒌蒿满地芦芽短，正是河豚欲上时。”中国画素来讲求写意而不重写实，画家笔下的鱼只略有轮廓，很难达到油画的精确效果，但河豚仍在居士脑海中首当其冲！

其实，河豚的美味和剧毒，远在宋代之前就闻名遐迩，文人雅士、贩夫走卒皆心驰神往，念之则垂涎欲滴，然而趋之若鹜者不多。何哉？剧毒也！苏轼则毫不畏惧,《河南邵氏闻见后录》云：“经筵官会食资善堂，东坡盛称河豚之美。吕元明问其味，曰：‘直那一死！’”为品尝佳肴，东坡除了对河豚肉推崇备至之外，竟摆出“大义凛然”的姿态，放言为了一饱口福，死了都值得，简直把生死置之度外，还可能“三月不知肉味”。造物者真是神奇，竟把至毒极鲜二物融于一体，让人又爱又恨，而且欲罢不能，想要一偿馋愿，只有拼命一试。吃过之后，味盖群馐，百味不珍。

剧毒，岂可等闲视之？

河豚的毒性绝不可等闲视之。古人对此知之甚详。唐人段成式《酉阳杂俎》云：“（河豚）鱼肝与子（鱼卵）俱毒。”宋人沈括在《梦溪笔谈》中说：“吴人嗜河豚鱼，有遇毒者，往往杀人，可为深戒。”北宋《太平广记》又载：“鯸鲐鱼（河豚）文斑如虎，俗云煮之不熟，食者必死。”李时珍的《本草纲目》云：“味虽珍美，修治失法，食之杀人……吴人言其血有毒，脂令舌麻，子令腹胀，眼令目花。”

原来，河豚的毒是毒性强烈的神经毒素。除了部分肌肉外，内脏、血液、皮肤乃至生殖腺都有毒，且此毒即使经高温烹煮，亦难以破坏。它的毒性相当于剧毒氰化钠的一千二百五十倍，只需要零点四八毫克就能致人于死地。河豚最毒的部分是卵巢、肝脏，其次是肾脏、血液、眼、鳃和皮肤。河豚毒性大小，还与生殖周期有关，一般来说，晚春初夏怀卵的河豚毒性最大。

人一旦摄入，便会出现脸部及手脚麻痹、恶心、呕吐、四肢发冷等症状。严重者更可致心跳和呼吸停止而死。据说，有位日本烹调界人士称之为“恐怖的死亡”，因为一旦中毒，虽然病患的神智非常清楚，手脚却已麻木无知，不听使唤，不能站立，无法开口，无法动弹，而且不久就无法呼吸，惨啊！

相传16世纪末时，日本丰臣秀吉征伐朝鲜，军队集结于下关，日军兵士喜食河豚，因整治不得法，毒死了许多人，险些造成不战自溃。第二次世界大战期间，日军派出的某支远征军重蹈覆辙，因食河豚方法不当，造成数百人丧生，战斗力大打折扣。正因如此，目前世界上最盛行吃河豚的国家是日本，但烹调管理最严的恐怕也是日本。日本的各大城市都有河豚饭店。厨师要经过严格的专业培训，考试及格才能料理河豚。曾有考试时，厨师要吃下自己烹饪的河豚。结果有些技术不够强的人，就当场逃跑了。

据说，江苏一带的河豚整治方法颇为讲究，整治前，先载来极洁净的江水数缸，凡漂洗及入锅，皆用江水。俟宰杀时，先割其眼，再夹出腹中鱼子，自背脊下刀剖开，洗净血迹，其肥厚处，一见血丝，则用银簪细细挑剔净尽，一丝马虎不得。

宋朝人大抵也懂得一些去毒的宰鱼技巧，但他们不了解河豚的毒性和河豚的解剖特点，烹食应该还是存有风险。美食家苏东坡真的是与死神擦肩而过！

潇洒的饕餮

再细细读《惠崇春江晚景》诗，从中可以一窥东坡生平所好，后三句中的咏叹之物，既是景物也是食物。景是美景，足以赏心悦目；物是美味，足以大快朵颐。河豚、肥鸭之肉，东坡稍一想象即味蕾绽放，蒌蒿也是佳肴，以嫩茎供食用，脆嫩、辛香，风味独特，是闻名遐迩的优良蔬菜。至于第一句的桃花，中医云其性味甘，平无毒，可消食顺气，治痰饮、积滞，东坡善养生，又涉猎医学，应该懂得，泡桃花茶喝大概也是他的嗜好。不管仕途起伏、命运多舛、身在何处，他都对美景、好药、美味流露出执着的爱，懂得享受生活情趣，哪怕是逆境也不改其衷！

东坡可谓老饕了，喜欢荔枝，便“日啖荔枝三百颗，不辞长作岭南人”，喜欢牡蛎，便图据为已有，偷偷对弟弟说：“无令中朝士大夫知，恐争谋南徙，以分其味。”至于河鲜海味，更念念不忘，“似闻江瑶听玉柱，更喜河豚烹腹腴”。这个豁达绝尘的老头，其拼死品河豚的境界，又岂是我辈俗人所能理解的呢？

李时珍和屈原的两只鸭

宁昂昂若千里之驹乎？将氾氾若水中之凫与波上下，偷以全吾躯乎？

——《楚辞·卜居》

在古代，鸭子不仅是提供肉食的家禽，还是滋补的食材，更是一味药材。在中医看来，鸭肉性味甘、寒，入肺胃肾经，有滋补、养胃、补肾、除痨热骨蒸、消水肿、止热痢、止咳、化痰等作用。

书法奇缘鸭头丸

这鸭子和书法有着一段奇缘。东晋大书法家王献之，王羲之之子，虽然享有盛名，可惜流传下来的墨迹极少。《鸭头丸帖》即是他的传世名作，也是他书法作品中唯一的传世真迹，写在绢上，全文两行共十五字，“鸭头丸，故不佳。明当必集，当与君相见”。显然，这不是什么事先准备、刻意而为的艺术作品，仅仅是作者随手而书的一纸写与友人便条，不想写者无意，受者有心，遂收藏而成绝世名品。现为上海博物馆的镇馆之宝。

帖中所谈到的“鸭头丸”是一种中成药。宋代严用和《济生方》云：“鸭头丸，治水肿，面赤烦渴，面目肢体悉肿，腹胀，喘急，小便涩少……甜葶苈略炒、猪苓去皮、汉防己，以上各一两……为细末，绿头鸭血为丸，如梧桐子大，每服七十丸，用木通汤送下。”

东晋的文人雅士特别喜好养生，王献之大概身体不大好，朋友们推荐鸭头丸可强身补体，遂购而服之，不过使用后并无起色，于是大为失望，留下那张便条表示鸭头丸徒有虚名，疗效全无，明天大家聚会，到时再和大家见面讨论这帖药。

现今也有人老抱怨中医疗效欠佳，其实中药质量的下降也难辞其咎。中医理论盛行数千年，必然有它存在的价值，而中药产地亦举足轻重，同一原料，产地不同甚至可致药性的天壤之别。

鸭头丸其实深得历代名医推崇，似乎不是空穴来风。明代医药学家李时珍的《本草纲目》说道：“鸭头丸，治阳水暴肿，面赤烦躁，喘急，小便涩，其效如神。此裴河东方也。”能够进入一丝不苟的李时珍法眼，恐怕不会有假吧。倘若达不到疗效，会不会和药源有关？

此鸭非彼鸭

其实，鸭子并不是只有一种，当中牵涉李时珍和屈原两位名人，前者是实证主义的医药家，后者为浪漫主义的文学家，看似风马牛不相及，岂料瓜葛竟跨越近两千年。李大医师自幼博览群书，医药经典更烂熟于心，“前人之述备矣”，但无奈中药“品类既烦，名称多杂，或一物而析为二三，或二物而混为一品”，于是他“读书十年，不出户庭”，决心“穷搜博采”，纠正古人的谬误。

古代医书中常出现“鹜”与“凫”，似乎都是鸭子。历代药物学家对此众说纷纭，争论不休。李医师读书破万卷，发现屈夫子的《楚辞·卜居》云：“宁昂昂若千里之驹乎，将氾氾若水中之凫与波上下，偷以全吾躯乎？”（是宁愿昂然自傲如同一匹千里马呢，还是如同一只普普通通的凫随波逐流，用偷生来保全身躯呢？）又云：“宁与黄鹄比翼乎？将与鸡鹜争食乎？”（是宁愿与天鹅比翼齐飞呢，还是和鸡、鹜一起争食呢？）诗人把“鹜”、“凫”对举并称，证明它们不能画等号。诗中出现鹜和鸡争食的意象，又描绘凫在浩浩江上浮游的景观，由此，李时珍证明“鹜”是家鸭，而“凫”乃野鸭。

二鸭药性不同，凫“肉肥而不脂”，“凡滞下泄泻、喘咳上气、失血产后之症，服此最宜”。鹜则“补虚除热，和脏腑，利水道，主小儿惊痫”。家鸭由野鸭驯化而成，它们的差别主要源于生活环境的差异。

鸭头丸，李时珍说得很清楚，把它归类于《本草纲目》卷四十七“鹜”条，显然他认为得用家鸭的血才能制作药丸。前文所述的王献之服药罔效一事，难道是他的药丸不用家鸭，而是用野鸭熬制而成吗？不是没有可能，物以稀为贵嘛，古人大概觉得野鸭更为难得、名贵，药用的价值更高，献给大名流当然要上品，遂取而代替家鸭。

一方水土一方物

同样道理，著名的“北京烤鸭”，其烧烤的鸭子也大有来头。这是由古代生长在中国北方的一种原种白鸭，经过几百年的驯化、饲养，加上运河之谷物等格外优越的饲料条件，再辅以鸭农精心的选种培育而逐渐形成的优良品种。可以说，鸭种至关紧要，决定了这道佳肴独一无二的鲜美。如果选用其他鸭子，估计也只能蒙骗一下味蕾不太发达的普通食客罢了。

类似事例很多，当年晏子使楚时，就以橘子反击楚王的侮辱："橘生淮南则为橘，生于淮北则为枳，叶徒相似，其实味不同。所以然者何？水土异也。"同样的种长于淮南则甘甜可口，长于淮北却苦涩酸牙，而果子外貌难辨彼此。

由此我联想到家乡广东新会知名的陈皮，此物入药必以新会柑之皮为最佳，晒干后以陈久者为上品，具"理气健脾，燥湿化痰"之效。南方柑橘遍地，论肥大多汁、色红肉嫩亦有优于新会柑者，奈何论果皮药效，只有新会柑首屈一指。同理又如云南文山之三七、吉林白山之人参，产地至关重要。

新会人爱吃，而清明前后新会睦洲镇的黄沙蚬，身圆大，肉肥嫩，味清甜，远胜他乡，舍此一处，别无他家。盖因生活地域不同，体内元素有别，终致口味大相径庭。

中医学很讲究辩证论治，讲究个人体质的差异，同样是人，即使病症相同，但施以的治疗方法可以完全不同，由此可见，王献之服用鸭头丸效果不理想，除了药材原料有问题外，个人的体质、禀赋或许也是一个不容忽视的因素。

一方水土养一方人。一方水土滋润一方物种。生灵的品性、天赋、体格除受先天制约，还会受环境熏陶，以致各具面貌，一切生物皆如此。大自然的奇思妙想、鬼斧神工幻化成精密非比的生命密码，不仅区分出赤橙黄绿蓝靛紫，还有每寸肌肤上各个毛孔感受到的冷暖阴晴、舌尖上每簇味蕾品味到的酸甜苦辣，直至天地间所有微量元素的生老病死、兴衰荣枯，远非现代科学可以一一详细解答的。

因此，对于大自然，不只要用深切微茫的笔调讴歌，还要珍藏一颗敬畏的心，循其节奏，顺其规律。

紫禁城内的雾霾杀手

雾锁大都，多日不见日光，都门隐于风霾间。

——《元史》

行医的人都知道，冬天，特别是北方严寒的冬天，是很多老人家熬不过去的关卡。那么，北京的冬天又如何呢？翻开厚厚的皇家档案，令人惊讶的是，清朝入关后的十位皇帝，不少就栽在这“关卡”上。

京师严冬，清帝杀手

顺治帝死于顺治十八年正月初七，同治帝死于同治十三年十二月初五，这两位据考证均因患天花之类的传染病而离世。康熙帝死于康熙六十一年十一月十三日，乾隆帝死于嘉庆四年正月初三，道光帝死于道光三十年正月十四日。这几位都是年老病衰而亡的。宣统帝（溥仪，后来变身普通公民，定居北京，患有癌症）死于 1967 年 10 月 17 日，也算是秋冬时节。光绪帝崩于光绪三十四年十月二十一日，相传遭人以砒霜谋杀。至于雍正、嘉庆、咸丰（死时身在承德）则在夏天亡故。

为何多数清帝“选择”在冬季龙驭上宾呢？他们死时的年龄、

体质基础和直接病因尽管差别很大，但有一点是不容忽视的，就是北京冬季的恶劣天气。寒冷可引发血液浓度和黏稠度增高，所以在冬天，因心脑血管疾病而死亡的人数会增加。在低温状态下，血管收缩会造成血管阻力及血压上升，使心脏负荷增加；而心脏冠状动脉也会收缩，尤其在心血管已有粥样硬化狭窄处，更易受冷而缩紧，造成血流不顺畅，加剧心肌缺氧。寒冬又是肺炎等呼吸道疾病的好发季节，慢性支气管炎患者更是苦不堪言，心肺互相影响，病情常会加重。

不过，温度严寒虽对心、肺、脑的疾病推波助澜，但这并非北京的专利。

雾霾沉沉，自古有之

在冬春时节的京师助纣为虐的，还有雾霾杀手。

时下，北京雾霾几乎天天雄踞媒体头条，其实它不是“小鲜肉”，而是“老魔头”了。其肆虐可追溯到元代。《元史》记载：天历二年（1329年）三月，“雨土，霾”，“天昏而难见日，路人皆掩面而行。”至元六年（1340年）腊月，“雾锁大都，多日不见日光，都门隐于风霾间”，“风霾蔽都城数日，帝恐天神之怒，遣礼部焚香祭天，祈神灵驱风霾而散”。这些风霾持续时间长而能见度很低。在当时，没有任何方法可以缓解这种恶劣天气，于是迷信的元顺帝只好求助于上苍了。此时的元帝国由于统治阶层累积了极深的社会矛盾，国家动荡不安，已经有“黑云压城城欲摧”的迹象，又“配”上如此的天昏地暗，难怪惶恐的元朝皇帝担心上天的眷顾已经不再了。

到了明代，“霾灾”的记载逐渐增多。《明宪宗实录》云：“今年（1468 年）天气寒惨，风霾阴翳……近一二日来，黄雾蔽日，昼夜不见星日。”成化十七年（1481 年）四月，“连日狂风大作，尘霾蔽空”。成化二十一年(1485 年),“正月丁未,京师阴霾蔽日”。“三日后阴霾又起，五日不散，致漕运舒缓，京师官仓存米告急。”弘治十年（1497 年），“西直门外霾尘积聚，难见路人，官军半掩城门,以遮霾尘”。明代中叶的弘治帝朱祐樘是比较有作为的帝王，政治尚属清廉，不料也被降“天灾”，不知道皇帝做何感想。除了一味给老天爷叩头外，也实在没有什么妙招。

清代的京城“霾灾”就更多了，康熙六十年（1721 年）某日，原本是科举发榜，但“黄雾四塞，霾沙蔽日。如此大风，（会试）榜必损坏”。嘉庆十五年（1810 年），“京师入腊月以后，时有雾起霾升，连宵达旦，宛平、大兴具有上报”。“琼岛（今北海）雾锁霾封，难见真容，煤山隐于风霾土雨。宫人隐于殿中，时有探望。”咸丰六年（1856 年），“入冬以来，雪少雾多，土雨风霾时临京师，以昌平、宛平为浓重”。总之，当时的雾霾天气和今天已非常相像了。这一年，尽管太平天国战争依然打得白热化，但咸丰皇帝原本心情不错,因为四月,儿子载淳（日后的同治帝）出生。然而，接下来的一系列恶劣事件让他焦头烂额，面对雾霾天气的袭击，他连下“罪己诏”的念头都懒得去想了。六月，太平军首次攻破江南大营，军威大振，清廷一片垂头丧气；接着重庆发生强烈地震，举国震惊；十月，“亚罗号事件”爆发，英国海军借此悍然发动进攻，正式挑起了第二次鸦片战争。更糟糕的是，这年从夏到秋，直隶地区天灾不断，旱灾、蝗灾水灾、在三四个月内相继发生。据民国《霸县新志》记载：“夏旱，蝗，秋大水。”《清稿史·灾异志》载:“八月，昌平蝗，邢台蝗，香河、顺义、武邑、唐山蝗。”民国《平谷县志》载:北京“八月初七日至初十日飞蝗蔽天，自南大至，晚禾伤损”。显然直隶地区虽有水旱之灾，但为害最烈的是蝗灾。面对如此天灾人祸的困局，倒霉的咸丰帝哪有心思去理雾霾天气呢?

对古人而言，对雾和霾的差别并不清楚，但今天看来，二者区别很大。雾是自然，霾乃人祸。雾是由大量悬浮在近地面空气中的微小水滴或冰晶组成的气溶胶系统，会降低空气透明度，使能见度恶化。霾是空气中灰尘、硫酸、硝酸、有机碳氢化合物等粒子组成的气溶胶，能使大气混浊。雾霾天气是一种大气污染状态，是对大气中各种悬浮颗粒物含量超目标表述，尤其是细悬浮微粒(PM2.5,空气动力学当量直径小于或等于2.5微米的颗粒物)被认为是造成雾霾天气的元凶。

古代，驴马车是交通主力，有时给王公贵族代步的还有更“环保”的轿夫，周边也没浓烟滚滚的烟筒，但北京地势三面环山，雾霾容易聚集而不易驱散。而身为政治文化中心，建筑物不断增加，人口密度愈来愈高，空气流动下降，再外加上层阶级冬季大量烧炭取暖，空气污染在所难免。

随风潜入夜，害人细无声

古时候的雾霾当然无法和现代工业污染造成的恶劣天气相提并论，但已初具雏形，从理论上说，它们对人类的伤害机制是类似的。

那些细小的颗粒物可以进入人体的细支气管和肺泡，对呼吸系统、循环系统及血液系统等造成广泛的损伤，同时这种大气成分中氧的含量势必减少。依附在颗粒上的多种病毒也经口、鼻进入人体，迅速在上呼吸道“扎根”。由于慢性病患者和老年人的抵抗力较弱，所以雾霾中的悬浮微粒和病毒很容易击倒他们。附着在颗粒上的有毒物质会对血管内膜造成损伤，导致内膜壁发生炎症反应，久而久之诱发斑块，引起动脉粥样硬化，从而使血管内膜加厚，发生狭窄，加大引发血栓的可能。此外，颗粒吸入肺部之后，会刺激肺内的迷走神经，造成自主神经紊乱而波及心脏，对心肺都构成危害。

雾霾的健康危害，还不仅限于心肺疾病，更可怕的是雾霾中的脂溶性颗粒物，以铅、锌等重金属粒子为主。这些脂溶性的颗粒物很容易穿过呼吸道表皮细胞，进入血液，长期“定居”在人类体内，引发恶性肿瘤！

像康熙、乾隆、道光等病患，本已在病榻上苟延残喘，此时便更为雪上加霜，想吸一口舒服、健康的空气而不得，最后也只得无奈地两脚一蹬了。别以为躲在深宫中就可吸口新鲜空气，苍穹之下，雾霾微粒无处不在、无孔不入，就像当初顺治帝深藏在宫苑内企图逃避天花的纠缠，最终仍在劫难逃一样。

其实，雾霾也不是北京的专利，在南方、包括香港也存在，只是港人喜欢用略带诗情画意的“烟霞”一词代之，不知是否出自某位文士的建议。也难怪，“东方之珠”中的文人雅客、港英贵胄但见漫天朦胧，遮天蔽日，心里倒未必如贩夫走卒般产生强烈的厌恶之感，他们大多不用为生计赶路、为几个铜钱起早摸黑，可“烟霞”的毒素随风潜入，害人无声，又有谁知道阳寿或许就默默被剥夺了好几年呢？

清代君臣的戒烟三重境界

凡食烟，饥能使饱，饱能使饥，醒能使醉，醉能使醒，一切抑郁愁闷，俱可藉以消遣，故亦名忘忧草。

——《食物本草》

公元1900年，八国联军攻入北京，在西逃的路上，光绪帝无比压抑，时常端着水烟袋一口口地抽吸泾阳的“兰烟”，排遣心中郁闷……

瘾君子无处不在

至于忙里偷闲的慈禧太后，不时也在吞云吐雾。老佛爷饭后尤其喜欢吸甘肃的“青条”水烟，专门侍候太后的宫女，随身就携带着火石、蒲绒、火镰、火纸、烟丝、烟袋等六宝。其实，上至皇宫贵族，下至贩夫走卒，瘾君子都大有人在。以清朝人吸食方法而论，既有旱烟，也有水烟、鼻烟，还有外国人制作如同现代的纸烟、卷烟。

烟草，早名“淡巴菰”（Tobacco的音译），亦名“金丝明熏草”，原产于北美。15世纪后，西方商人从印第安人那儿学会了烟草的吸食和种植方法，逐渐将其传入菲律宾，时称“吕宋烟”。

明万历年间，其自菲律宾传入中国闽广。烟草引进初期，本作药用，人们吸烟是为了防病治病。清初《本经逢原》载，烟草“始入闽，人吸以祛瘴，而后北方人借以辟寒”。著名医家张景岳将其收入《景岳全书 · 本草正》，言其有“避瘴气、逐寒毒”之效。入清后，人们更广为种植、吸食，“今则山随海噬，男女大小，莫不吃烟”。烟草迅速与中国文化结合在一起，成为民众的基本生活品，一旦上瘾则须臾不能离了，“人呼为‘相思草’，言不食则相思不能已也”。（金埴《巾箱说卷》）明代后期，北方各边防要塞，“衔长管而火点吞吐之”已成为普遍现象，甚至有因抽烟而“醉”倒者。到了清朝，风气更盛，“上自公卿士大夫，下逮舆隶妇女，无不嗜烟草者”。

清初权倾一时的摄政王多尔衮，史载其“喜吸南草”，并广受他人赠烟。纪晓岚生活在康乾盛世，人称“纪大锅”。据说，他的“烟管甚巨，烟锅绝大”，绝无仅有，装载一次烟草的分量，足以从北京西北郊的圆明园一直吸回京城家中，要知道，当时坐马车缓缓而行非得大半天不可①。乾隆时平大小金川的大将阿桂，也是一大烟鬼，战事紧张，他运筹帷幄，“帐中独坐，饮酒、吸淡巴菰，秉烛竟夜。或拍案大呼，或砉然长啸，拔剑起舞，则次日必有奇谋”。（陈康祺《郎潜纪闻二笔 · 卷十》）到了清末，吸烟之风已不可遏，社会礼崩乐坏，有人甚至将烟草带入森严的科举考场中，气得监考的醇亲王（溥仪生父载沣）大呼：“不许在内嗅烟，要嗅出去嗅！”

明末姚可成辑录的《食物本草》认为：“凡食烟，饥能使饱，

---

① 姚元之《竹叶亭杂记 · 卷五》：“纪文达（纪晓岚）又善吃烟。其烟管甚巨，烟锅绝大，可盛烟三四两，盛一次可自圆明园至家吸不尽也。都中人称为‘纪大锅’。”

饱能使饥，醒能使醉，醉能使醒，一切抑郁愁闷，俱可借以消遣，故亦名忘忧草。”光绪皇帝、慈禧太后等人，除了烟瘾不能自抑外，寻求精神苦闷的解脱，恐怕也是烟不离手的重要原因吧。

戒烟，成就“十全老人”

纵然一时混迹于中药行列，但有识之士，特别是经验丰富、眼光独到的医学家，还是从烟草貌似中药的“包装”中嗅出其恶臭，发现其斑斑劣迹。

烟草的有毒副作用早就引起医学家的关注，并萌生最早的戒烟意识。由于烟草大多经燃烧后从鼻咽等气道进入人体，获得快感，因此，医师们判断出许多和呼吸系统（肺脏）有关的疾病与之脱不了干系。清初医药学家张璐在《本经逢原》中说：“毒草之气，熏灼脏腑，游行经络，能无壮火散气之虑乎？”另一位医家吴仪洛在《本草从新》中将烟草归为毒药类，发出“卫生者宜远之”的告诫。清代医家赵学敏在《本草纲目拾遗》中直言烟草“耗肺损血，世人多阴受其祸而不觉”，并列出烟草损害人体脏腑的六种病征。他还说，友人张某嗜烟，每天晨起咳浓痰，遍访名医而无效。后来戒烟，很快便收奇效，“晨不咳，终日亦无痰唾，精神顿健，饮食倍增”。这或许是文献记载的第一个成功戒烟案例。

乾隆皇帝生活在大清盛世，本人文韬武略，业余爱好也精彩纷呈，搞收藏、品美酒、画水墨、赋诗词、阅历史等，无不涉猎，无所不玩，自然对于烟草这玩意儿，也是由好奇发展到爱不释手。

北京的达官贵人中，嗜烟者众，据说十有八九都好这口。大玩家乾隆帝不仅追时髦，简直就是要引领潮流风尚，要玩出个性，于是，他吃饭与睡觉时均烟不离口，鼻烟、水烟信手拈来，养心殿内往往被弄得烟雾弥漫，不知情者还以为有火灾之险呢。乾隆又特意命人打造了各式烟具，精美绝伦，巧夺天工，吸食之余还能满足欣赏心理，真是一举两得，双重享受。

但是天长日久，乾隆便觉得不对劲，某天早晨起床时，他忽觉喉头奇痒无比，忍不住一阵剧咳，直咳得声音嘶哑、目眩头晕、气喘吁吁。太监见状，急忙上前为他捶背按摩，然而无济于事。太监们急得直奔太医院。众太医闻讯，不敢怠慢，倾巢而来，给皇帝大会诊。大家引经据典，搜肠刮肚，遍选奇药良方，对皇帝百般调治，但均告无效。太医们一个个如热锅之蚁，急得团团转，束手无策。

一位老太医眉头一皱计上心头，偷偷找来皇帝的身边太监，悄悄塞给他银两，打听起皇上的起居作息、生活习惯。太监获得意外收获，满心欢喜，自然心领神会，遂东扯西谈起来，开始还不着边际，后来便渐入佳境，聊到实处："万岁爷最近痴迷于烟草，日夜寝馈不离，那股烟味呀，熏得我等奴才不时也咳喘不已。"

太医一拍大腿，恍然大悟，马上向乾隆奏道："皇上咳嗽不止，微臣以为病根在肺，诱因在烟。倘若不戒，损耗肺血，恐于龙体大为不利。请皇上三思。"乾隆沉思半刻，觉得有理，就试着戒了一段日子。果然，身体状况有所改观。随后，从谏如流的乾隆严令禁止内侍再把烟草、烟具呈上来，下决心彻底和烟草一刀两断。慢慢地，他的咳嗽也就不治而愈了。

这个故事见于清代文学家李伯元的《南亭笔记·卷五》[①]。乾隆晚年自号"十全老人"，是中国历史上少有的长寿皇帝，健康地活到八十九岁，创造了帝王寿命之冠。所谓"十全"主要就是他自鸣得意的文治武功，不过，乾隆内心深处最为得意的恐怕是自己的健康长寿，毕竟，身体才是本钱，论起政治上的作为、文化上的建设，历代帝王如唐太宗等人都很强，圣祖仁皇帝康熙爷爷更是横绝于世，但论起寿命长短，大家都黯然失色，只有他乾隆独占鳌头了。话说回来，没有对摄生概念的养成，没有对保健意识的重视，没有对健康生活的身体力行，乾隆爷怎能活到这个岁数呢？可见戒烟实在功不可没！

禁烟，成就帝王风度

烟瘾能够改变生活方式，左右情绪与行为，恶化五脏六腑，可以消磨意志，也能削弱国家的政治经济。

其实，禁"烟"不是嘉庆、道光的专利，而且他们禁的主要是"鸦片烟"，而祖上康熙帝则是对"烟草"痛下杀手。

说起禁烟，明末即有。据《玉堂荟记》载："己卯（1639年），上（崇祯皇帝）传谕禁之，犯者论死。"这可能是中国历史上由朝廷发出的第一道"禁烟令"。当时，有一会试举人不知皇上已下诏禁烟，带着仆人携烟入京，还暗地出售，结果被抓，次日被处死于西市。

---

① 李伯元《南亭笔记·卷五》："北京达官嗜淡巴菰者十而八九，乾隆嗜此尤酷，至于寝馈不离。后无故患咳，太医曰：'是病在肺。'诏内侍不复进，未几病良已。"

烟草严重影响社会安定，干扰正常的粮食生产和经济秩序，此乃事实。旺盛的需求刺激供给，广西“种烟之家十居其半”，陕西沃土“尽种烟苗”。湖南、湖北、河北、辽东等地都有大面积的烟草种植。对这乱花钱、又没生产力的外来玩意儿，明智的领导都深恶痛绝。

和许多人一样，康熙帝自幼便沾染上抽烟这种陋习。他的烟瘾起初很大，不仅会抽烟，而且“擅长”抽烟，把抽烟的功夫玩得精益求精，还是懵懂少年时，就学得一副吞云吐雾的模样，煞是陶醉，甚至自诩成熟老成。

但是，康熙帝毕竟是一位受过良好教育、终生勤学不辍、胸怀抱负、严于律己的政治家。当他成年之后，在帝王的宝座上日理万机，迅速了解到吸烟的弊端，就立即戒掉，干净利落，且明令禁止。他后来回忆说：“如朕为人上者，欲法令之行，惟身先之，而人自从。即如吃烟一节，虽不甚关系，然火烛之起多由此，故朕时时禁止。然朕非不会吃烟，幼时在养母家，颇善于吃烟。今禁人而己用之，将何以服之？因而永不用也。”（康熙帝《圣祖仁皇帝庭训格言》）他把身边的习惯升华到了意识形态教育，有法可依，有法必依，而且要雷厉风行，以身作则。

不仅如此，康熙对大臣们吸烟也深恶痛绝。南巡时，他发现大臣史贻直和陈元龙嗜烟如命，手不释“烟”，就决心整治二人一番。

在某次宴会上，康熙特赐这二臣水晶烟管各一支。两大烟鬼大喜过望，以为皇上允许他们公开抽烟，于是马上装烟点火吸食，岂料刚用力一吸，火焰即随管而上，发出裂耳的爆裂声，火苗烧及胡须，吓得两人慌忙扔下，不敢再吸。好一阵子，他们才回过神来，明白这是皇上故意安排的恶作剧，让他们这些瘾君子出尽洋相，以儆效尤[①]。

拒烟，成就圣贤儒脉

湖南盛产气味浓烈的土烟，湖南人更擅长吸食这种特产。年轻时的曾国藩也有七情六欲，对于烟草的嗜好更不例外。曾国藩的父亲曾麟书就是一个烟客，在父亲的影响下，曾国藩从小就习惯了浓浓的土烟味，十七八岁时，烟瘾就很大了，人赠“枪棍”称号。湘中自产的土烟，既呛又辣，劲头足，吸上一口，飘飘欲仙，曾国藩遂整天烟不离手。

二十岁时，因为抽烟太滥，曾国藩受到了师长的训斥，自尊心受到强烈刺激，也知道抽烟有百害而无一利，于是打算戒烟。为表示决心，他把自己的字“子城”改为“涤生”，他在日记中解释“涤生”二字：“涤者，取涤其旧染之污也；生者，取明袁了凡之言：从前种种，譬如昨日死；以后种种，譬如今日生。”但是，当时的曾国藩定力还是不足，心里也没有做好真的放下烟枪的准备，一言以蔽之，修炼的境界还远远不够。

到了京师做官，应酬往往应接不暇，这烟草在官场上的角色

---

① 陈其元《庸闲斋笔记·卷三》：“圣祖（康熙）不饮酒，尤恶吃烟。先文简相国时为侍郎（陈元龙）与溧阳史文靖相国（史贻直）酷嗜淡巴菰，不能释手。圣祖南巡，驻跸德州，闻二公之嗜也，赐以水晶烟管。一呼吸之，火星直达唇际，二公惧而不敢食。遂传旨，禁天下吸烟。蒋学士陈锡恭记诗云：‘碧碗琼浆潋滟开，肆筵先已戒深杯。瑶池宴罢云屏敞，不许人间烟火来。’今则鸦片烟盛行，其祸较淡巴菰百倍。在天之灵，哀此下民，得无有余恫乎？”

不言而喻。圈内人都知道曾国藩的烟瘾非常大，“水旱潮鼻”样样精通。水就是水烟，旱就是旱烟，潮就是潮州烟，鼻就是鼻烟，这四种烟刺激性很大，没有长期的烟龄是吸不了的。

虽然曾国藩极力想对烟草说“不”，几次发誓，烟壶也收了，烟荷包也藏了，别人敬上来的烟也婉拒了，但随着时间的推移，久久萦绕在脑海中的烟香，苦冽而诱人的刺激，把他的精神和兴趣全带走了，写字作文失魂落魄，用餐喝茶味同嚼蜡，更糟糕的是，一躺到床上，喉咙犹如万只蚂蚁在爬，痛苦滋味难以言表。终于，他还是抵抗不住烟瘾的诱惑，把当初的决心抛到了九霄云外。

就这样，曾国藩在戒烟和吸烟的摇摆不定中，苦苦煎熬了十年。

徘徊在戒和吸之间，徘徊在理智与欲望之间，他觉得自己丑态百出，深深自责己身的言而无信，只会逢场作戏。他认识到自己意志薄弱、缺乏坚持，故而成不了学、成不了器，真是可叹可恨！他甚至兴师动众地叫来家人监督，但烟瘾一旦发作或是朋友“盛情难却”，还是忍不住吞云吐雾一番，自食其言。

戒烟的意志是需要学养支撑的。自从道光年间加入以唐鉴、倭仁为核心的理学团体后，曾国藩开始以“惩忿窒欲，迁善改过”为宗旨，进行修养训练，克制私欲，压抑人性丑恶的一面。道光二十二年十一月十六日，他庄严地立下三戒：“戒烟、戒妄语、戒房闼不敬。”

就在那个月的某天，已经三十一岁的曾国藩又按捺不住，捧着白铜杆水烟壶“咕噜咕噜”地抽。他事后很后悔，对自己非常恼火，在日记中这样写道：“自戒烟以来，心神彷徨，几若无言。遏欲之难，类如此矣！不挟破釜沉舟之势，诺有济哉！”他醍醐灌顶，彻底认识到，一个堂堂朝廷命官，如果连戒烟这样的小事都做不到，还谈什么修身齐家治国平天下呢？这次他发下毒誓：“如再食言，明神殛之！”第二天，他把那支心爱的白铜杆水烟壶砸了个稀巴烂，将那捆金黄色的头等烟叶付之一炬。

真正考验戒烟的还是生理过程，由于多年的烟瘾，在戒烟的第二天，曾国藩就已六神无主，痛苦不堪。此前类似的情况屡屡发生，他曾在日记中说：“读书悠忽，自弃至矣。乃以初戒吃烟，如失乳彷徨，存一番自恕底意思。此一恕，天下无可为之事矣。急宜猛省。”

把戒烟比喻为婴儿断乳，可谓相当恰当。他在心底也曾想，先抽一点的话也是可以宽恕的，然而转念一想，如果没有一点“截断众流”的悍然，一个人不可能做成大事，尤其是那些震古铄今的大事，小恶习往往毁坏了一个人巨大的人格力量！

曾国藩在三十岁之后，立志学做圣人，而圣人是绝对不许有半点不良嗜好的，这是彻头彻尾的不含糊，也绝不允许有半点自欺欺人的遮遮掩掩，否则就是伪道学。在立志自新、锤炼圣贤功夫的时候，曾国藩将戒烟当成头等大事，烟瘾戒不戒掉，对他而言，视为能否成为圣贤的最重要一环。

倚靠着强大的精神支柱，曾国藩一步步地戒除了烟瘾。戒烟之苦形同炼狱。凤凰涅槃，浴火重生。这一次曾国藩终于将烟戒绝，一直到去世都没有再吸过。此时，距离太平天国运动的爆发，不足十年，他的人生道路正在发生微妙的变化。纵观曾国藩的一生，他时刻都在勉励自己求进步，过程总是残酷的，就像他一生中的其他事业一样，一旦下定决心，就不肯退让半步。

同治元年四月二十四日，曾国藩在安庆军中给家人的信中提到戒烟的事，称：“即经余平生言之，三十岁以前，最好吃烟，片刻不离。至道光壬酉十一月二十一日立志戒烟，至今不再吃。四十六岁以前做事无恒，近五年深以为戒，现在大小事均尚有恒，即此二端，可见无事不可变也。”表面平淡，其中的曲折痛苦恐怕只有他才知道。曾国藩的戒烟得到同侪的支持，同乡好友李广文主动与他结成戒烟同盟。经过一段时间的考验后，曾国藩戒烟成功，而李广文却戒而复吸。据说，曾国藩后来办理军务，打算请李来协助他，但李屡召不来，最后询问缘由，李颇为惭愧地说：“道光年间，我与公相约戒烟，听说公早就戒了烟，而我却沉溺如故，还有什么面目来见您呢？”原来，圣人与常人往往只在一念之间。

戒烟的难处和境界

吸烟者大多都知道吸烟对健康不利，有时医师也会为了病情好转而劝病患戒烟，但是许多人都不愿意戒，有些人不是不想戒，只是推托还没准备好，想等一阵子再说，也有许多人曾努力地戒，却无法成功。

烟瘾形成，部分来自身体对烟草中尼古丁的依赖，部分是心理与行为上的依赖。尼古丁引起的成瘾性类似于鸦片类毒品（如海洛因、吗啡）、苯丙胺兴奋剂（如冰毒）以及可卡因，它通常只需几秒钟时间就可进入大脑，刺激脑部多巴胺的分泌，让人产生各种愉悦感和被奖赏的感觉。

身体上的依赖是指突然停用烟草即尼古丁含量下降时，人体就会出现一系列的戒断症状，会觉得难受不舒服，在补充尼古丁后才会改善，症状包括情绪低落、情绪不稳、急躁易怒、精神分散、恍惚疲倦，夜晚失眠、白天想睡，打哈欠、流眼泪等，有时还会有类似感冒或肠胃不适等症状。

说到心理或行为的依赖，有人用吸烟来疏解压力或娱悦心情，有人用吸烟提神，也有人觉得社交应酬就是不能没有烟。药物治疗可以改善身体的瘾，但是心理与行为的依赖，需要他人的协助才容易度过。自己想戒烟，一蹴而就的人不到十分之一；许多人戒烟要好几次才能成功。研究发现靠自己的意志力戒烟，一年后的成功率约百分之五；靠使用药物戒烟的成功率约百分之十；而利用戒烟服务的成功率约百分之二十五。有专业人员协助，搭配使用戒烟药物，有助于提升戒烟成功率。可是在曾国藩的年代，并没有什么有效的戒烟良药，靠的仅是个人意志。

人最悲哀的莫过于无法自主，歌德说：谁若游戏人生，谁就一事无成，不能主宰自己的人，永远是奴隶。所以，戒烟失败其实就是对主宰自身命运的失败。

吸烟者，当他沦为“烟奴”一次次被征服和奴役的时候，受到的不仅仅是金钱的损失和身体的毒害，更重要的是心灵、意志上的侵蚀和摧残。随着失败增多，他们的自信会产生怀疑和动摇。带着挫败的心志，如何面对人生的种种困难和挑战呢？而这正是“烟奴”最可悲的地方。

曾国藩在戒烟上坚韧不拔，的确不简单。在他看来，只有先戒除身上庸俗的烟味，才能重新打开做人的大门，他将这种毅然决然用于改造人生，将这种宝贵精神用到事业上，可谓无往而不胜。曾国藩的戒烟解开了他能以普通的资质力挽狂澜，打败几乎灭清的太平天国，成为中兴名臣的奥秘。

透过上述三则故事，可以看出戒烟的三重境界，首先看乾隆，他政治素养上不如祖父，平生最大的心思只在于享受精彩人生，当然，长命百岁做个健康的人是首要的。这是为了身体而戒烟，最低的层次。

其次看康熙帝，他有强烈的政治责任感，要做史上最杰出的明君，要做以身作则的好长官，他行事多从政治层面考虑，视野较开阔，但戒烟带有较多的功利性质。谁叫他是一国之君呢？这是为了事业而戒烟，中间的层次。

最后看曾国藩，他严格自律，坚持走一条圣贤之路，要与贪图物质享受的禽兽有所区别，甚至纯粹为了证明坚强的意志力，在意念的搏斗中获得自尊，这是他矢志不渝的戒烟初衷。为了精神而戒烟，属于最高的层次。如果没有早年养成戒除恶习的决心、毅力，没有这番磨炼，智力平平的曾国藩在人生和事业上，断然不会达到日后的高度。

从这三种戒烟的层次折射出人的三种境界，不知道您选择哪一种呢？

巫医同源的虎骨迷思

主腰膝急痛，煮作汤浴之或和醋浸亦良，主筋骨风急痛，胫骨尤妙。

——《食疗本草》

晚清一代红顶商人胡雪岩，其一手创办的“胡庆余堂”至今仍是中药界的瑰宝，可是没想到虎骨这味知名神药，竟差点颠覆了胡雪岩的神话……

胡庆余堂的“虎骨风波”

胡庆余堂从创建伊始就以“采办务真，修制务精”为宗旨，采药、制药以货真价实著称，当时“北有同仁堂，南有庆余堂”，可谓声名鹊起，这与胡雪岩“戒欺”的经营之道密不可分。严把药材进货关，这是他们成名的关键环节。

在传统中药材里，虎骨一直被列为名贵珍稀药材，应用历史悠久。古籍记载：虎骨有“遣风定痛”等功效。老虎这种动物本来广泛分布于中国各地，有东北虎、华南虎、新疆虎等多个亚种。然而民间常视之为害兽，一直鼓励着武松式的“英雄”追剿猎杀。随着人口剧增，老虎的地盘日渐缩小，生存状态日益恶劣，数量下滑，到了清代晚期，要想获得虎骨，尤其是完整的骨架，已经很不容易了。

胡庆余堂的知名产品“虎骨追风膏”专治“鹤膝风”（类似西医的结核性关节炎），曾颇受大众青睐，需求极大。据说，胡氏煎膏时间最长的就是煎虎骨，要五日五夜，而且胡庆余堂只进虎骨，连头骨、肋骨都不要，只要腿骨。买来的虎骨，脚爪都要带毛的，由专人负责剔净除筋。一年到头，虎骨需求量很大，否则难以达到生产量，而采购不顺又是家常便饭。胡庆余堂的阿大（药店主管）余修初是胡雪岩亲自从松江请来的药店经营人才，而阿二（药店采购与销售主管，地位仅次于阿大）邹文昌则是胡庆余堂前身雪记国药号的主管，以为可当阿大角色。但余某一来，他屈居阿二，甚嫉恨，一心想找碴儿，把余某挤走。于是邹文昌对阿大说，热药品虎骨追风膏已断档，而虎骨又极难采办，何不以豹骨替代？否则只能停药。余修初开始尚存犹豫，因“采办务真”是头条店规，但停药又会使店誉受损。权衡再三，他决定一边以豹骨替代虎骨，一边加紧采购虎骨，以补断档。没想到，这是邹文昌设计的圈套。当翻版虎骨追风膏制成后，他马上向老板打小报告。胡雪岩听后果然大怒，立即让伙计把不及格的药膏全部烧掉，以示诚信。胡雪岩的反应一方面说明他对制度的重视，另一方面也说明虎骨的神奇“药效”，以及它在中药里无可撼动的尊贵地位。中医认为虎的肉、眼睛、牙齿、脚筋、爪甲、肾、胆、胃、脂肪油（虎膏）皆可入药。而虎骨最为著名，以个大、味腥、体重、坚实、黄白色、无残肉者为佳。《食疗本草》说：“（虎骨）主腰膝急痛，煮作汤浴之或和醋浸亦良，主筋骨风急痛，胫骨尤妙。”《海上集验方》则说它可“治腰脚不遂”，具体方法是取“虎腰脊骨一具，前两脚全骨，细捶之，于铁床上，以文炭火匀炙，翻转候待脂出甚，则投浓美无灰酒中密封，春夏一七日，秋冬三七日。每日空腹随饮，性多则多次，性少则少饮，未饭前三度温饮之。”看起来，虎骨主要是针对古人关节方面的疾病，言之凿凿，世代相传，长盛不衰，似乎真有神效。

医药从业人员对虎骨推崇备至，至于民间非专业人员则更对这种得来不易的神物顶礼膜拜了，晚清重臣曾国藩就是其中之一。

虎骨的忠实粉丝曾国藩

道光二十八年，在北京的官场里稳步上升的曾国藩时年三十七岁。这年初，听说爷爷曾玉屏生病了，估计得了中风之类半身不遂的疾患，素以孝道闻名的他很是焦虑。四月十四日，他写信回湖南老家“跪禀父母亲大人礼安”,信中说“祖父大人之病，未知近日如何？两次折弁皆无来信，心甚焦急。兹寄回辽东人参五枝，重一两五钱。在京每两价银二十四两，至南中则大贵矣。大约高丽参宜用三钱者，用辽参则减为一钱；若用之太少，则亦不能见功。祖父年高气衰，服之想必有效”。当初离家赴京赶考的穷小子，如今虽然距离位极人臣、登上如日中天的历史地位还有好些年，但此时在京城也如鱼得水，手头开始宽裕起来，寄名贵药材回家自当必然，而且看来他对中医还有点认识。

其后，曾国藩关切地说：“男前有信，托江岷樵买全虎骨，不知已办到否？闻之医云，老年偏瘫之症，病右者，以虎骨之右半体熬胶医之；病左者，以虎骨之左半体熬胶医之，可奏奇效。此方虽好，不知祖父大人气相宜否？当与刘三爷商之。若辽参则醇正温和，万无流弊。”

江岷樵即江忠源，曾国藩的湖南老乡兼密友，日后成为湘军高级将领，官至安徽巡抚。曾国藩斥巨资委托他购买全副老虎骨架，专为祖父治病，一片孝心感天动地，但从中我们也发现民间对虎骨的功效已发展到几乎迷信的程度，右侧偏瘫就用老虎右侧的骨头熬药，这立刻让人想起鲁迅笔下那些荒唐的“经霜三年的甘蔗”、原配“蟋蟀一对”，据说这些入药能救他久治不愈的父亲。

曾国藩似乎深信不疑，且念念不忘，七月二十日他给叔父的信中这样说：“江岷樵有信来，告渠已买得虎骨，七月当亲送我家，以之熬膏，可医痿痹云云，不知果送来否？”一块石头终于落地，只是这神奇虎骨主治“历节风痛、四肢拘挛、腰脚不遂、惊悸癫痫”，疗效是否令他们家满意就不得而知了。当时他祖父的病“不得少减，日夜劳心”，每每想起，他便“终夜思维，刻不能安”。曾老爷由于脑血管意外导致的严重后遗症，现代医学尚且棘手，而虎骨却可以妙手回春、回天有力吗？

神话在封闭愚昧的环境中会愈传愈神，甚至超出了医疗的范畴。在鸦片战争中，道光帝的侄子奕山到广州前线指挥打仗。面对海上强敌，他一筹莫展。据说，他杀了几只老虎，取出骨骼，在一个庄严的仪式中把虎骨郑重抛入海中。因为有人说这样做可以发挥老虎的神威，搅动大海，颠覆英夷的军舰，从而不战而胜。奇怪了，老虎充其量只是陆上之战神，只是在浅水游泳捕猎，难道也可以在深海大显神通不成？这样看来，奕山将军杀几头虎鲸（大洋中最凶猛的鲸类）取骨祭海，可能更合适吧？

这虎骨究竟含有什么神秘的成分？

虎骨是配角还是主角?

其实,虎骨一般是不能拿来直接、单独服用的。在传统方剂中,虎骨大多与其他药物搭配使用,从而发挥其特有的“功效”。针对不同的病症与其相配的中药材也不相同,古籍中与虎骨配伍的中药材记录共有一千多条。其中主要配伍对象包括当归、牛膝、乳香、防风等,此外,据说炮制方法的不同对虎骨主要功效和作用的发挥影响很大。因此,在方剂中除配伍适宜的中药之外,还必须对虎骨进行合理的炮制,古方中大多以炙、酥炙、醋炙、酒炙、煅等十多种为主。一味药针对功效、病症、配伍和炮制方法的不同,虎骨的使用剂量也从一分到六十两不等,但主要集中在二钱到三两之间,其中一两的使用较为频繁。

以上述的虎骨追风膏为例,根据《中国膏药学》记载,它的药物原材料,除了虎骨,还有石斛、赤芍、白芨、川芎、羌活、桂枝、杜仲、生地、生川乌、白蔹、生山甲、独活、麻黄、透骨草、当归、生草乌、南红花、大黄、防风、甘草、肉桂、乳香、没药、血竭、木香、丁香、麝香。要将前二十一味全部炸枯去渣,兑入章丹收膏,另兑入后七味药(研细末)搅匀,方可制成。另外,比虎骨追风膏更著名的“虎骨酒”,其所含药材可谓纷繁芜杂,制作程序极端复杂,绝对不是拿几根虎骨泡在白酒瓶里,密封几年这么简单。虎骨在里面所占份额貌似不多,中医说它发挥的是药引之用,而在西医看来,虎骨似乎更像是噱头,用老虎的威猛、珍稀和神秘来吸引病患。

现代人对虎骨的药用价值,从理化、生化性质及元素组成都已有大量研究。其实，虎骨的化学成分大多是钙盐和胶原纤维。无机物含量较多，包括钙、磷、碳酸盐、镁，其次是少量钾、钠、氟和微量锰、锶、硼、钡。有机物中骨胶原较多，其余是骨黏蛋白、多糖类、脂类、枸橼酸、乳酸以及蛋白酶、肽酶、磷酸化酶类等。和其他动物骨骼相比，并无特殊之处。

长久以来，中国科学家一直想找到虎骨的替代品，他们发现大量生长于西北高原的害兽鼢鼠（藏语音译“塞隆”），其骨骼成分与虎骨很相似，中医药性相近，据闻特别适合于治疗类风湿性关节炎，非常有前途成为虎骨的替身，目前该研究正如火如荼。

由此看来，虎骨是否真的神乎其神呢？从现代医学的角度看，虎骨的神话似乎不能延续，因为现代科学讲究实证，人们在实验室中找到了合理的治病的化学元素。另外，现代科学也讲究对照试验，比如选出一万名患同样疾病的患者，一半使用虎骨，一半使用其他药物，在既定时间点总结两组的疗效，判断孰优孰劣，虎骨显然没有拿出令科学家满意的答案。

不过，有些人则认为中医博大精深，且与西医的系统完全不同，不可以用西医的要求去衡量、约束、看待。在他们眼里，中医自有现代科学暂时不能解释，但实实在在能发挥作用的神秘机制，也许这些“未知”的谜底只有在未来才能揭开。

巫医同源的食补习惯

中国人的优点是执着，缺点是太执着。认准了虎骨、鹿茸、熊胆有莫大的药用价值，于是便执着地用了几千年，用到了山穷水尽、虎鹿难觅、养熊取胆、养虎取骨的今天。

自《神农本草经》起，中国就有动物入药的记录。明代李时珍的《本草纲目》中，药用动物达四百六十余味。目前，中国的国家药典里，药用动物仍有七十八种，其中国家一级保护动物六种、二级保护动物七种。中药允许使用濒危动物成分，是导致某些野生物种濒危的重要原因。中医蕴含着某些前人古老而神秘的智慧，但社会发展至今，在野生生物资源稀缺甚至枯竭的情况下，在科学技术日益昌明的条件下，传统医药虽然还有市场，也可能具有一些有用的价值，但中药取材必须要相应改革，因为这个星球并不只属于人类。

回头看，人们痴迷于用虎骨治疗关节疾病（古人没有脑血管意外的概念，无法理解中风的根源，只能用“风疾”这类抽象概念解释病患的肢体瘫痪表征），实际上和“以形补形”的食疗观念同出一源。于是，一条条鲜活美丽的生命就这样成了古人乃至某些现代人的果腹之物，祭了他们的五脏庙，也寄托了他们渴望健康的美愿。

中医早就有所谓“以脏补脏”之说，即食用动物身体的某器官或部位，能促进人体相应部位的康复，或改善、增强其功能。流传很广，信者众多。当今民间仍常见这类说法，如吃猪脑补脑，吃猪肺止咳，吃猪心治心慌，吃动物的性器官能壮阳，吃猴脑会聪明。

于是，贴虎骨膏便可通筋络，喝虎骨酒就能壮筋骨。总体上说，都属“食疗”范畴。为何不是其他动物呢？因为在古代中国，人们发现老虎最为凶猛，动作敏捷，势大力沉，它们的筋骨遂让先民浮想联翩。其实同样是大型凶悍的猫科动物，如果中国产狮子，老百姓也会用狮骨入药的，如果还存在早已灭绝的巨兽“剑齿虎”，恐怕它的骨头只有皇帝才有资格使用了。

古代巫医同源，民智未开，对疾病及其原因蒙昧无知，只能靠着直觉和表浅经验，使用手边的天然植物、动物和矿物作为药物治疗疾病。世界各国的医疗都经历过这漫长的历史进程。动物入药起源于原始人对动物的崇拜，人们企图用吞食或涂抹动物脏器或其象征物的方法，驱除魔鬼或增强自身的力量。动物乃至人的组织器官和排泄物因此入药。现今仍有些原始部落和偏远地区的民众仍然保留着这种巫术文化，他们认为人与动物同源，将超自然力量赋予那些被自己制服的动物，企图通过吃它们来获得其中的力量和智慧，食用动物的内脏，以替代有病的脏器或增强其力量。

中医学发展到明朝，《本草纲目·兽部》“以脏补脏”的方剂已蔚为大观。如“豕”类载，猪肾能“理肾气，通膀胱”，猪肠能“润肠治燥”，猪脬能治“梦中遗溺，疝气坠痛，阴囊湿痒，玉茎生疮”等。有多种猪器官入药，今人看来未免可笑。其称猪舌可“令人能食”，尤具浪漫的想象力。医学在20世纪突飞猛进，大量有效化学合成药物问世，天然药物才退出了历史舞台。

虎骨入药、动物入药究竟还有多大的合理性可言？

珍惜人虎之缘

唐代名医孙思邈被尊为药王，他却不主张多用动物药材。其曰：“自古名贤治病，多用生命以济危急，虽曰贱畜贵人，至于爱命，人畜一也。损彼益己，物情同患，况于人乎！夫杀生求生，去生更远。吾今此方，所以不用生命为药者，良由此也。”

相传药王和老虎还有一缘。某次他出诊归来，路见一猛虎，痛苦万状地向其求诊。由于语言不通，孙思邈不知它究竟得了何病。后来老虎张大了嘴让他看，才发现是异物卡住了喉咙。病因知道了，可如何取出异物却是难题。虎是猛兽，直接伸手进虎口肯定险象环生。孙思邈深思熟虑，最后想出一个方案：特制一医疗器械，先置入虎口将其撑开固定，使虎不至于在手术过程中因受刺激而做出危险举动，再顺藤摸瓜，一蹴而就。手术非常成功，据说后来，模仿"医疗器械"缩小制作的串铃，成为行医的"报君知"，并定名为"虎撑子"，一直沿用到近代。而那只老虎痊愈后感恩戴德，从此为药王看守杏林，留下"虎守杏林"的佳话，也反映出人虎的难得情缘。

虎为兽中之王，一般很少主动攻击人，甚至大多数的虎一辈子都没吃过人，而被人打死的却不少。如古代的卞庄一次刺过两只老虎。小说中，武松打死过老虎，梁山弟兄解珍、解宝以及李逵也都杀死过老虎，想必这也有不少生活的原型。著名的爱国尚武大诗人陆游，平生得意之事不多，唯独对军旅刺虎的经历津津乐道，辗转萦怀，多次挥毫追忆，如《三山杜门作歌》："南沮水边秋射虎，大散关头夜闻角。"《独酌有怀南郑》："秋风逐虎花叱拔，夜雪射熊金仆姑。"

说到底还是中国人多地少，侵犯了老虎的栖息地，才造成人虎的相遇。其实虎原是瑞兽，人不犯虎，虎不犯人。民俗中老虎是驱邪镇宅的神灵之一，又是武财神赵公明元帅的坐骑。此外，因"虎"与"福"音相近，民间多借之祈祥，给幼儿穿戴老虎帽、老虎鞋和老虎衣等以祈福。

古往今来，亲手杀虎者往往被捧为英雄，而间接杀虎的也不乏其人，如喝“虎骨酒”的、贴“虎骨追风膏”的即是。虎有何罪？人有何获益？不过两败俱伤罢了。

回到前文，曾国藩祖父服用虎骨熬制的药汤后并无多大起色，第二年便撒手人寰。那只为曾爷爷“捐献”全副骨架的老虎，是不是死得很冤枉？再看胡庆余堂的虎骨风波，一番内斗之后，虎骨的来源并未解决，生意也没增加。胡雪岩一眼看穿阿二邹文昌的狡诈，干脆把他“炒鱿鱼”，至于阿大余修初则被搞得灰头土脸，从此也得夹着尾巴做人。又有谁得到好处呢？

也许在充满假象的混沌世界，知识水平不是最重要的，最紧要的，还是一双能看清事理的慧眼。

吞鸦片殉国的北洋舰队

海通几百年来，只有两件西洋东西在整个中国社会里长存不灭。

一件是鸦片，一件是梅毒，都是明朝所吸收的西洋文明。

——《围城》

鸦片来自罂粟，人所皆知，它是一种美丽的草本植物，花朵美艳惊人。在盛开季节，只见罂粟漫山遍野，多彩绚烂，热烈狂放。然而，其有如黑色小球的果实则是骇人的丑陋！

鸦片的身世与命运

这种反差不仅在生物形态上，更展现在黑果汁液炼制、熬成的鸦片命运上。鸦片制作方法，可见于明代做过甘肃总督的王玺在公元1482年编写的《医林集要》中，说："罂粟花花谢结壳后三五日，午后于壳上用大针刺开外面青皮十余处，次日早津（白色乳汁）出，以竹刀刮在瓷器内，阴干，每用小豆大一粒……"即使是今日的罂粟，民间的制法亦大同小异。

鸦片别名叫"阿芙蓉"，据说这个美丽的名字，是从阿拉伯语中的鸦片一词音译过来的。鸦片膏成品其貌不扬，甚至可说很难看，干燥质硬，一坨坨的，或呈球状、团块状，因产地不同，呈黑色或褐色。《大明会典》又把它称为“乌香”。暹罗等东南亚国家经常向明朝进贡。从鸦片的身世看，人们一开始对它并无恶感，甚至还带有几分赞美之意。

没有人天生要当坏蛋，鸦片也是，最初它是以悬壶济世的中药之姿面世的。《唐本草》云：“主百病中恶，客忤邪气，心腹积聚。”《本草求原》说：“止痢、止痛、行气之效尤胜。”如果不是因为近代那些令人悲怆的历史故事，拯救过不少先民的鸦片在中华民族心目中的地位，该是和田七、人参不相上下吧。

在钱锺书的《围城》中，方鸿渐买了假博士文凭荣归故里后，家乡学校请这位“海归派”做一场中西文化方面的演讲。方鸿渐七拉八扯地说：“海通几百年来，只有两件西洋东西在整个中国社会里长存不灭。一件是鸦片，一件是梅毒，都是明朝所吸收的西洋文明。”

民间常说苦口良药，那些凡是作为药材的东西，大多要么气味难闻，要么口感恶劣，鸦片更是如此。鸦片膏气味恶臭，极其苦涩，甚至带一股尿臊的味道。不管是像服金丹那样直接吞食，还是和其他药煎汤服饮，没有点喜欢喝尿或者逐臭情趣的人是不会喜欢这种玩意儿的，直接吞服更需莫大勇气，但聪明而好闲的国人日后竟发现，把它当烟草一样点燃、吸食竟是一件解百忧、叹逍遥的乐事，且愈抽愈上瘾。这不但把鸦片的尿味给逼跑了，而且还从鸦片中诱发出令人陶醉的香味！这一抽，就是令人后悔不已的成瘾！于是晚明至晚清，原本靠外销茶叶发财的中国渐渐被鸦片吞噬了一箱又一箱的白银，而中英贸易之战则把古老帝国最后的遮羞布都扯下了。

北洋舰队的殉葬品

中国人痛恨鸦片又须臾离不开它，国家禁来禁去，战争打来打去，贩夫走卒、王公贵族里到处是它飘飘欲仙的鬼影。甲午战争，中国人又一次战败，而且是败给了一开始极其鄙夷的蕞尔小国——日本。黄海一战，尽管北洋舰队损失数艘军舰，但主力尚存，日本联合舰队也遭重创，清朝并未完败，却锐气全丧，最终龟缩躲进威海卫军港寻求自保。在日军的封锁下，北洋舰队提督丁汝昌、“镇远”舰管带林泰曾吞鸦片自尽，“定远”舰管带刘步蟾炸沉爱舰后吞鸦片自杀。偌大一支舰队，除了少数高级将领直接战死疆场外，其余困守在威海卫军港中。选用军人最壮烈的自戕方式——吞枪自尽的，好像只有护理左翼总兵兼署“镇远”舰管带（代理舰长）杨用霖一人。亚洲规模首屈一指的“现代化”海军舰艇上，怎么会有如此多鸦片烟？

有人辩说备藏鸦片是为药用。果真如此？当日军包围时，清军将领卢毓英和沈寿堃知道大势已去，怕被俘受辱，就想到自杀，又怕疼怕苦，希望找到一种舒适的死法，遂赶紧上岸购买“烟土”（鸦片）准备自戕。但两人购得后，眼看馋人的鸦片，自制力失控，旋即改变主意，决定先喷云吐雾再说，强敌、国耻、名节被甩在一边。由此可见，鸦片作为消遣品随处可见，军人购买鸦片易如反掌，那些泡过洋墨水的北洋舰队军官，对鸦片诱惑的抵抗力和他们的对战能力一样弱。

吸食鸦片的基本工具有烟签、烟灯和烟枪等，一般是将鸦片用锅在文火上熬成可用烟签挑起来的膏状物，即熟鸦片，再通过烟枪吸进呼吸道。到了近现代，用于止痛的药用鸦片都是片剂或者酊剂，说白了应该是药水或者药片。

末了，鸦片在饱受正人君子的指责唾骂之后，又堂而皇之地粉墨登场，成为败者殉国、殉节的陪葬品。军人一般只有力战到底，弹尽粮绝，才能赢得尊重，可北洋舰队呢？不过就是窝窝囊囊地不发一枪一弹，在孤立无援中，先把自己弄死。威海卫陷落时，已遭重创的“镇远”舰被日军俘获，编入日本联合舰队，参加十年后的日俄战争，1915 年退役被拆解。幸好，宁死不降终究未损中国军人的气节。但鸦片也没能挽回代罪羔羊丁汝昌的声誉，他遭到朝野一片唾骂，直至清廷倒台才被平反。鸦片倒是帮助刘步蟾赢得嘉奖和体恤，可惜他的自我了断对敌军毫无影响。

鸦片的化学成分极其复杂，经过提纯，可以制造出海洛因等毒品。鸦片中的罂粟碱成分能解除胃肠道平滑肌的痉挛，因此，它能治疗腹泻。其吗啡成分能有效镇痛，且有高度的择取性，镇痛时，不但病人的意识未受影响，其他感觉亦存在。病人使用吗啡后，经常伴随疼痛的不愉快情绪也会被遮盖，疼痛也就更易耐受了。但吗啡过量则会抑制呼吸中枢，导致服食者呼吸抑制而死。丁汝昌、刘步蟾等人当然远远未知这复杂的现代化学药理，他们只知鸦片的表面功效，这就如同他们只知战败给日本，却不知为何战败一样。

险遭“毒”手的末代皇帝

二十九日，晴。夜一时许，即被呼醒，觉甚不适。

及下地，方知已受煤毒。二人扶余以行，至前室已晕去。

——《我的前半生》

表面上，中国历史上的皇帝高高在上，唯我独尊，颐指气使，实际上，他们担任的可是一种高风险行业。

皇帝是高风险行业

皇帝们深知背后有数不尽的贪婪眼神在觊觎权力宝座，每天生活在恐惧不安之中，举凡衣食住行都安排大量贴身人员担任保全，饭菜和药品均由专人品尝验证无毒之后，方可食用。尽管如此，还是有漏网之“毒”，让疏于防范者死于非命，至于那些逊位下台，被迫交出权力的前任皇帝，则结局往往更悲惨，被毒杀鸩毙的大有人在。

末代皇帝、清宣统帝溥仪，其伯父光绪皇帝就有被人用砒霜毒杀的重大嫌疑。小皇帝名义上统治时间不过两三年而已，很快，历史洪流就把慈禧太后曾经掌舵的晚清破船彻底掀翻了。

相较于以往改朝换代，新王朝对旧皇室大多采取的大开杀戒，民国时代的文明标志就是对逊位的清室实施“优待条例”，其人身安全不仅受到法律保护，在小小的紫禁城内，被民国政府供养的溥仪还可继续称孤道寡，行使“皇帝”权力；然而在这千载难逢的运气中，溥仪依然受到性命威胁，只是凶手并非人类。

溥仪一生最重要的著作就是《我的前半生》。清末乃至民国初年，许多珍贵史料免遭湮灭，实在有赖于此书的记录与保存。在“毓庆宫读书”一节中，溥仪说他找到十五岁时写的三页日记，这几页日记就是“宣统十二年十一月”所写，可以看出那时念书的生活情况，辛亥之后，在他的小圈圈里，还是一直保留宣统年号。

那是1920年的寒冬时节，北京大雪纷飞，许多底层的大众在瑟瑟冷风中发抖。外面的世界早已天翻地覆，可就在那座曾象征权力之巅的紫禁城内，一群人依旧定格在两百年以来的生活，他们有皇帝、皇后、太妃，还有不可缺少的太监、宫女，尽管民国政府的财政状况每况愈下，皇室的生活经费被迫日益捉襟见肘，但老祖宗留下的那一套，他们从不愿放弃。

11月底的某夜凌晨一时左右，睡梦中的溥仪突然被一阵慌慌张张的呼喊和推拉吵醒，他一脚踹开被子正要大发雷霆，却不料猛然觉得胸口闷胀难忍，紧接着就是头昏目眩、恶心不已。头重脚轻的他被人搀扶着，还差点跌倒在地，两名太监手忙脚乱地把他踉踉跄跄地扶送到前堂。十几岁的小皇帝迷迷糊糊地躺在榻上，远离卧室内的混浊空气，才慢慢恢复神志，缓过气来，到底是年轻人生命力旺盛。而那两位服侍他的太监，又惊又累，更被卧室的毒闷折磨，很快就晕倒在地。

这谋害逊帝的杀手，不是别人，正是毒气，具体说叫“一氧化碳”，在溥仪笔下，又被称为“煤毒”。

溥仪是这样描述的："二十九日，晴。夜一时许，即被呼醒，觉甚不适。及下地，方知已受煤毒。二人扶余以行，至前室已晕去。卧于榻上，少顷即醒，又越数时乃愈。而在余寝室之二太监，亦晕倒，今日方知煤之当紧（警）戒也。"

由于发现及时，小皇帝并无大碍，连太医也没有传，第二天早上"八时，仍旧上课读书，并读英文"。估计，当夜溥仪和太监三人都在内室取暖，皇帝熟睡，浑然不觉，幸亏浅睡的太监及时发现意外，将小皇帝扶到外室，脱离险境，免于罹难。如果在帝制时代，两位太监救驾有功，想必立刻会被皇家赏赐晋封，而那些取暖设施的制造者或督办者却要遭殃了。

到底，紫禁城至尊是怎样取暖的呢？难道西化甚深的溥仪用的是煤气炉？一氧化碳中毒又是怎么回事？

皇室暖气，巧夺天工

在北方，从寒冬腊月一直熬到万物复苏的初春并不轻松，尤其在古代交通条件不便利的情况下，统治者不能随心所欲地跑到气候温和的南方过冬。紫禁城宫殿内，冬季会陈设火炉来取暖，称作"熏笼"。其制作十分精美，大的熏笼重达数百斤，有的是青铜镏金，有的是掐丝珐琅，十分华贵。如今，在太和殿、中和殿、保和殿、乾清宫、坤宁宫内，都可以见到当时陈设的熏笼。除此之外，手炉也是便携的取暖装置。至于冬季的龙袍，会用黑狐皮缝制，用紫貂皮绲边，帽冠也用貂皮或狐皮制作，保暖效果出众。但这一切远远不够，皇宫贵族更需要的是大范围的恒定取暖设备。晚明太监刘若愚著《酌中志》云："乾清宫大殿……右向东曰懋勤殿，先帝创造地炕于此，恒临御之……十月……是时夜已渐长，内臣始烧地炕。”

这“先帝”就是常被提起的明熹宗天启皇帝朱由校，这位老兄在位时间不长，二十几岁便一命呜呼，基本上没有政绩可言，最让人诟病的是重用魏忠贤等阉党分子，败坏朝政，把大明王朝进一步带进万劫不复的深渊中，至于他本人沉湎不拔的爱好就是工匠之活。

从史书记载看，在太监笔下，富有无限想象力和创造力的鲁班皇帝朱由校，极有可能在前人的基础上，研制或改良了一种优良的取暖设施——地炕，保证了严冬时节的舒适生活。

其实早在明熹宗之前，巧匠们就在琢磨此事并试验成功。他们将宫殿的墙壁砌成空心的“夹墙”,俗称“火墙”。墙下挖有“火道”，添火的炭口设在殿外廊檐底下。太监在炭口里烧上木炭火，热力就可顺着夹墙温暖大殿。为使热力循环通畅，火道的尽头设有气孔，烟气由台基下的出气口排出。这种火道甚至直通皇上的御床和宫殿内其他人睡觉的炕床之下，形成“暖炕”与“暖阁”，使宫殿温暖如春。这样就能既干净又实惠地解决紫禁城在寒冷冬季的取暖问题。

后来，这种设施大受欢迎，得以推广，于是以后清朝的起居宫殿大多设有“火炕”，炕下有火道，连地面也是可以加热的。炉坑内设有炉膛，并与殿内烟道连通，殿内循环的烟道就会产生热流，烘热地面，殿内温度便随之徐徐上升，散热面积大，热量均匀，没有烟灰污染。坤宁宫东暖阁如今还保留着这种设施。殿前的炉坑口覆盖着铁板木盖，至今可见。

皇家火炕中烧的木炭又是精品中的精品，一般叫作“红罗炭”。

这种炭是由涿州、通州、蓟州、易州及顺天府所辖的宛平、大兴等县用硬实木材烧制的。成炭后，运送到红罗厂（今北京西安门外），按尺寸锯截，盛入涂有红土的小圆荆筐内，再送入宫内使用，所以名为“红罗炭”。皇家的讲究实在令人瞠目结舌。不仅如此，为了取得更好的保暖效果，宫殿内的门帘、软硬博缝（用以填塞门窗缝隙之物）等都是宫内冬季必不可少的。

表面上，关好门、拉好帘、塞好缝、点好炭火，室内暖融融、热烘烘一片，好像万事大吉了，其实不然。使用木炭取暖，最大的隐患就在于木炭燃烧不够充分时，会产生一氧化碳这种有毒气体，并让人窒息而亡。在室内通风换气条件不佳的情况下，其危险性更大，是真正的无牙老虎。差不多一百年前，溥仪使用的供暖设施就是这样的火炕、火道，而不是什么“煤气”，更不是液化石油气、管道煤气或天然瓦斯。

隐形毒气，杀人无声

一氧化碳是一种无色无味的气体，不易察觉。人体血液中的血红蛋白原本是氧的优良载体，但它与一氧化碳的结合能力比与氧的结合能力要强两百多倍，而且血红蛋白与一氧化碳的分离速度又很慢。人一旦吸入一氧化碳，氧便失去了与血红蛋白结合的机会，无法运输，使组织细胞无法从血液中获得足够的氧，从而造成呼吸困难。中毒时，病人最初的感觉为头痛、头昏、恶心、呕吐、软弱无力，当他意识到中毒时，常挣扎下床开门、开窗，但通常仅有少数人能成功，大部分病人会迅速发生抽筋、昏迷，两颊、前胸皮肤及口唇呈樱桃红色，如救治不及时，将有窒息而死的危险。轻者快速得救，一般无大碍，重者就算捡回一命，也可能留下痴呆、瘫痪等后遗症。

那两位服侍溥仪的太监应该是很有经验的，他们可能感到不适，并立刻判断出问题所在，随即做出反应。从现代医学的角度看，救治病患时要立即打开门窗，把他们转移到通风良好、空气新鲜的地方。这一点，太监们也做到了，于是，幸运的溥仪安然无恙。

由于火盆、火炉燃烧时会产生火星，容易引起火灾，嘉庆二年就出现过火灾。当时太监图方便，将熏殿火盆放在穿堂而未灭埋炭烬，夜间炭火复燃熏灼木质结构，引发大火灾，导致乾清宫、交泰殿全毁。于是，清朝皇帝对随风而起的火星尤其忌惮，便低估了通风的重要性。

清嘉庆二十四年十月二十日，溥仪的高祖父嘉庆皇帝下了一道圣谕：

> 本日朕御太和殿，内安设火盆过多，后面三槽隔扇俱开，又遇风吹，火星满地，经御前大臣侍卫等纷纷踹灭……此皆内务府大臣漫不经心所致。嗣后每遇保和殿筵宴、太和殿受贺筵宴及御太和殿……盆内炭火用灰掩盖，两边隔扇俱不准开，仅开中隔扇……永着为例，并着内务府大臣一人每次查看。如有违例多安火盆，不掩两边隔扇者，司官革责。本日查看之内务府大臣，实时降级不贷。(《清仁宗实录·卷三六三》)

嘉庆的严厉措施确实令火灾发生率下降了，但木炭燃烧不充分加上通气不良，一氧化碳中毒又会增加。不知有没有人因此不幸罹难，可惜即使有，也大多是那些没有多少保护措施的宫女、太监，他们低贱的生命在王朝中不值一提，就算意外死去，也不会被惜墨如金的史官记录下来。

一氧化碳是否险些改写了历史呢？如果遭遇不测的是嘉庆皇帝，那么是有可能。不过，这则故事的主人公毕竟是宣统皇帝，一个对全国失去统治力的傀儡而已。辛亥革命之后，尽管他仍在紫禁城度过了青少年时期，尽管他在里面迎娶皇后、学习英语、接触了西方文化，但这一切只是中国大历史中的场景之一。就算他不幸死去，遗老遗少们还是会留恋清朝的发辫，日本人还是会发动九一八事变侵占东三省，还是会建立“伪满洲国”，还是会从前清皇族里挑选合适的人充任“满洲国皇帝”……

如同烧炭自杀者一样，他们在混混沌沌中悄然离开人世，但地球依旧旋转，社会依旧流转，人类依旧要谋求发展，以死逃避，其实改变不了一丝一毫，徒然证明你是懦夫而已。

伍

憾/恨 绵绵无绝期

久病厌世的初唐才子卢照邻

与亲属执别，遂自投颍水而死。

——《旧唐书·列传》

屈原投江而死，赢得崇高的赞誉，由此成了家喻户晓的圣人，而鲜为人知的是著名文学家的“初唐四杰”之一——卢照邻，也选择了自溺轻生。

绚烂至极，归于无奈的平淡

今人对卢照邻有点陌生，然而其《长安古意》的千古名句“得成比目何辞死，愿作鸳鸯不羡仙”脍炙人口。他少从名师，博学能文，曾在唐太宗之弟邓王府中从事文字工作，人称“下笔则烟飞云动，落纸则鸾回凤惊”。邓王对他器重有加，常对人说，此乃我府中之司马相如！但看似不错的人生开局，却是这般收场：“与亲属执别，遂自投颍水而死。”(《旧唐书·列传》)

文人自寻短见，人们常觉得是为文化殉道，厌倦失意人生或对迫害的最后抗争。不过，唐代郁郁不得志、身世飘零的文人很多，如李白、杜甫、李贺等，他们并没有走上绝路。

看重他的邓王英年早逝，从此卢照邻失去依靠，流落他乡，沦为卑微小吏。除了仕途坎坷外，还得了不治之症，这种恶疾可能出现在他中年时，虽不致迅速死亡，但足以让诗人形毁肢残、痛不欲生。在疾病的打击下，一切才华和抱负只会使诗人的悲哀雪上加霜。《新唐书》说他“疾甚，足挛，一手又废”，很可能是脑中风的严重后遗症，肢体功能障碍，长期卧床，下肢萎废。他写下了《病梨树赋》，诉说自己的痛苦和不幸。树犹如此，人何以堪？

他也想过治疗，可是当时药物昂贵，对家贫的卢照邻来说，无疑是捉襟见肘。他写过一篇《与洛阳名流朝士乞药直书》，遍呈朝中名士，开口求乞。文人的自尊心往往很强烈，这种自己写“爱心捐助启事”的行为，对卢照邻来说，与乞丐何异？简直又无奈又羞愧。

他好像一尾伤鳞之鱼、一只折翅之鸟，心力交瘁，不堪折磨。《五悲文》和《释疾文》都流露出他的厌世情绪：“岁去忧来兮东流水，地久天长兮人共死”，“嗟不容乎此生”，笔下充满悲凉。寂寞孤独的他早就想到了死，遂预先筑好墓室，曾僵卧其中，等候死神。

据说，他曾得到药王孙思邈的悉心治疗，还一度改善了症状，可惜药王云游四方，终不能照顾卢照邻一辈子，没了药王的扶持，他的恶疾又故态复萌。

有人说，文学家大多孤傲又敏感脆弱。1893 年，法国短篇小说之王莫泊桑割喉自杀未遂；1961 年，美国作家海明威由于多种疾病的困扰，将双筒猎枪管含进嘴里，扣动扳机；1972 年，日本作家川端康成含煤气管自杀，传闻也因百病缠身；1989 年，中国诗人海子在山海关枕轨自杀；1991 年，作家三毛在台北自家的卫浴间用丝袜上吊自杀。

法国大文学家罗曼·罗兰（Romain Rolland）曾写下巨著《约翰·克利斯朵夫》。在小说的开端，他写克利斯朵夫出生，就对孕育他成长的母亲河——莱茵河，有一番声响的描写：“江声浩荡，自屋后上升。”当音乐家克利斯朵夫的生命接近尾声，临终弥留之际，在万流汇入大海时，生命的质地与厚度又再浮起，此时他内心的风暴早已平静，绚烂至极归于平淡，耳边又响起莱茵河的涛声：“江声浩荡，自屋后上升。”

当卢照邻面对着一泓波涛滚滚的颍河，他脑海中的感受，是否也如克利斯朵夫一样呢？

生命的平静停泊点

生如夏花之绚烂，死若秋叶之静美，为何不点一盏心灯，让生命泊于安宁呢？从某种意义上说，卢照邻是死于“疾病关怀”的缺失。生命有两极——出生和死亡，胎儿必须在安全舒适的子宫内生活，不治之症的病人同样渴望呵护，这需要社会创造温暖的氛围，为其提供全部的爱。在他们无助的时候，社会的其他成员会用自己的双手代替病人的残肢；病患感到孤独时，会有人陪伴左右；当生命将结束时，会有人紧握其手，让病人在生命的最后时刻仍能享受尊严、安详。

《论语·雍也》曾记载：“伯牛有疾，子问之，自牖执其手，曰：‘亡之，命矣夫！斯人也而有斯疾也。’”孔老夫子颐养天年，享有高寿，然而弟子颜回等人却都英年早逝。伯牛（冉耕）是孔子的得意门生，与孔子私交很好，也很有美德，不幸得了恶疾。孔子看望他时，他怕把病传染给老师，不愿让老师进屋。孔子只好隔着窗子握着他的手，和他谈话，惋惜地说："活不长了，这是命啊！这么好的人竟得这样的病啊！"慨叹不已。孔子与他除了师徒之情，更有友情之谊，可以想象孔子当时的伤感和悲痛。伯牛若能得悉老师的用心和感情，定能含笑九泉了。

不管是患病或临终，人道主义精神和道德信念都是支撑病人生命的基石。澳门镜湖医院的康宁中心就是典范，其宗旨是为生命终末期病患提供善终服务，给病人及家属全面的照顾和支持。工作人员由医师、护士、社会工作者、心理学家、物理治疗师、营养师和义工所组成。许多疾病缠身、久治无望的病患，就在这里安详地走完人生的最后一程。

第一所所谓的临终关怀医院成立于一九六七年，由英国护士桑达斯（Dame Cicely Saunders）创办的克里斯多弗医院（St. Christopher's Hospice）。早在中国古代，北宋的福田院、元代的惠老慈济堂、明代的济院、清代的普济堂都是关怀机构的雏形。唐代麻风病流行，也曾把一些寺院辟为"疠人坊"，专门收容麻风病患，而且男女分住，给予一定的供养和照顾。由此可见，中华民族很早就注重人道主义精神，倡导仁爱，并付诸实践。可惜由于种种原因，卢照邻未能享受到类似的服务，最终提早弃世，实在令人扼腕痛惜。

大诗人元稹瘴地遇险

濩落因寒甚，沉阴与病偕。药囊堆小案，书卷塞空斋。
胀腹看成鼓，羸形渐比柴。道情忧易适，温瘴气难排。
——《痁卧闻幕中诸公征乐会饮，因有戏呈三十韵》

唐宋以前，两广、湖湘、巴蜀等都尚未充分开发，统治者惩罚罪人的常用手段之一，就是把他们贬官或放逐到这些“瘴疠之地”。

闻“瘴”色变

其实将人贬到瘴疠之地，只是明君碍于颜面不便亲判死刑，干脆借刀杀人，利用大自然之力把不听话的家伙吞噬掉，眼不见心不烦。比如，唐代名相李德裕就死于贬所，他在《谪岭南道中作》写道：“岭水争分路转迷，桄榔椰叶暗蛮溪。愁冲毒雾逢蛇草，畏落沙虫避燕泥。”中唐文学家韩愈也曾有类似遭遇，被贬谪潮州，他一踏上征途就料定必死无疑，刚出陕西蓝田就对来送行的侄孙说：“知汝远来应有意，好收吾骨瘴江边。”不过韩愈侥幸活了下来，算老天有眼；然而客死瘴地的冤魂如柳宗元等，就不计其数了。

中唐著名诗人元稹在贬所和死神擦肩而过。元和十年三月，他得罪权贵，被贬通州（今四川东北的达州地区），元稹云："今夜通州还不睡，满山风雨杜鹃声。"如此哀伤，除了孤寂和怨愤，更重要的还有"巴蟒瘴烟"带给他的恐惧。瘴疠，古人指山林间湿热蒸发而成的毒气，人一经接触，轻者生病，重者死亡。当时的四川东北还是一片原始森林，又常高温多湿，风土环境之恶劣足以让人望而却步，这对于传播疾病的生物生长繁殖极为有利，对人体健康却极为不利。

老朋友白居易提醒："人稀地僻医巫少，夏旱秋霖瘴疟多。老去一身须爱惜，别来四体得如何。"果不其然，元稹不久就被风土病折磨得"濩落因寒甚，沉阴与病偕。药囊堆小案，书卷塞空斋。胀腹看成鼓，羸形渐比柴。道情忧易适，温瘴气难排"（《痁卧闻幕中诸公征乐会饮，因有戏呈三十韵》）。到底是什么病让诗人腹胀如鼓、四肢如柴呢？

其实诗题已点明，"痁"指的正是疟疾！疟疾是由母疟蚊叮咬人体后，将其体内寄生的疟原虫传入人体而引起的。此病以周期性冷热发作为特征，可致脾脏肿大、贫血和脑、肝、肾、心、肠等受损，严重时致命。元稹患疟后，红细胞被大量破坏，合并营养不良，骨瘦如柴自难避免，而极差的营养又导致了白蛋白下降，血管内渗透浓度下降，体液外渗，由此腹腔积累大量腹水，再加上脾大，腹胀如鼓也在情理之中。

中国南方的开发滞后于北方，导致长期以来南方的风土病肆虐狂行，早于元稹数百年的东晋、南朝刘宋时代，江西一带的情况也很不乐观。

大诗人陶渊明退居浔阳，晚年也不幸身染疟疾，迁延不愈，被纠缠十年之久，最终弃疗而逝。这在颜延之《陶征士诔》中有明确的记载："年在中身，疢维痁疾。视死如归，临凶若吉。药剂弗尝，祷祀非恤。傃幽告终，怀和长毕。"在当时的诗坛颜延之与谢灵运齐名，与陶渊明的私交更笃，在江州任后军功曹时，与陶渊明二人过从甚密；其后出任始安太守，路经浔阳，又与陶渊明在一起饮酒，临行并以两万钱相赠。陶渊明的《与子俨等疏》亦云："疾患以来，渐就衰损。亲旧不遗，每以药石见救，自恐大分将有限也。"元嘉四年，大将军檀道济去探望陶渊明，并赠以粱肉（粮食和肉品），劝他出仕，陶渊明拒绝，所赠粱肉也没有收下。除了个人的志趣，身体状况恐怕也是他无法答应檀道济的重要原因。在亲朋的援手之下，陶渊明亦曾以药石治疗，大概久治无效，身体每况愈下，就逐渐失去了信心，最终在檀道济拜会后不久，郁郁而殁。

后人通过对其得疟疾前后诗歌的比较与分析，发现这一顽疾不仅改变了他的生活，也促使其诗歌创作发生了诸多变化，如得疟疾之前，其诗多抒躬耕之志，历叙耕获之事，而得疟疾之后，则代之以饥困求食的主题；得疟疾之前其诗常抒琴书自娱、诗酒相乐的生活情趣，得疟疾之后则平添了不少凄苦悲凉的情调；得疟疾之前其诗多写纵情山水、朋友往来之雅好，得疟疾之后，这些爱好与相关创作均趋于消失了。

友谊抗病，相携前行

回头再说元稹。缺医少药，他不胜悲观，除了疟疾，还有各种风土病侵蚀他的躯体，"瘴色满身治不尽，疮痕刮骨洗应难"即是他的痛苦诉说。在接到白乐天的慰问物件后，他赋诗：“秋茅处处流瘀疟，夜鸟声声哭瘴云。羸骨不胜纤细物，欲将文服却还君。”他甚至想到了死，连白居易寄给他的诗都记不清了，“时疟病将死，一见外不复记忆”（《酬乐天东南行诗一百韵》序）。但当他听说对方也被贬时，惊讶和不平同时迸出，随口吟出“垂死病中惊坐起，暗风吹雨入寒窗”，诗作遥寄到白居易案头，令他感动不已。

就这样，元稹和白居易二人互相勉励、相互抚慰，遥牵手，一路行。正是在通州这段艰难困苦的日子里，元稹的艺术才华被彻底激发，完成了代表作品《连昌宫词》。也许是感动了上天，也许是挚友的关怀让元稹抵抗疾病的意志增强，他终究战胜了疟疾等风土疾病，躲过了一劫，不久便获赦离开通州，开始了新的人生历程。

此时的白居易正在四川忠州，他也将面临瘴疠的考验，对即将赴任的元稹说：“君还秦地辞炎徼，我向忠州入瘴烟”，“莫嫌冷落抛闲地，犹胜炎蒸卧瘴乡”。看来，南方的瘴气永远是知识分子心中挥之不去的恐惧。元和十三年岁末，元稹转虢州长史，次年冬，唐宪宗召他回京。

瘴域人群由于经常感染瘴病，不但身体虚弱，连带心理素质也弱，“俗好巫，好淫祀”，“人无固志”，甚至有病也不医治，陷入迷信的泥淖而不能自拔。这种文化心态的落后，又进一步导致了生产方式的原始，如两广地区，在宋代时其耕种土地“仅取破块，不复深易，乃就田点种，更不移秧，既种之后，旱不求水，涝不疏决，既无粪壤，又不耘籽，一任于天”。耕作方式可想而知。听天由命毕竟不是进步的思维啊！唐宋之后，南方的经济和开发才逐渐有起色，这固然和大量移民南下有关，但当地的文化、思想建设也开始蓬勃，急追北方，由此对生产力产生积极的促进作用，这方面恐怕有相当一部分要归功于元稹、白居易、韩愈这些被历史赋予教化责任的南贬知识分子吧。

爱与悲交错一生的女词人李清照

薄雾浓云愁永昼，瑞脑消金兽……莫道不消魂，帘卷西风，人比黄花瘦。

——《醉花阴》

众所周知，宋代杰出女词人李清照南渡之后的词作，凄美沉痛欲绝，孤独无依、飘零恍惚之情具有强大的艺术感染力，打动每一个读者。

李清照的词以家庭生活题材最多，纵观其全部作品，再结合史料记载，我们看到她的家庭成员除了公婆之外，只有深深爱慕的丈夫赵明诚，并没有牵肠挂肚的子女。她的身体状况如何？到底有无后代？她的后半生又因何如此悲凉呢？让我们先从她的婚姻生活看起。

赵明诚、李清照这对文化伉俪，情投意合又相濡以沫，近千年来令人钦羡。结婚时，赵明诚二十一岁，李清照十八岁，两人门当户对，家庭教育均极为严格，更重要的是，他们志趣相投，才情匹配。赵明诚虽贵为当朝高官赵挺之的三公子，却丝毫没有不学无术的纨绔之气，且才华横溢，喜好寻访收集前朝的金石碑刻和文物字画。李清照嫁给赵明诚之后，夫妻两人便共同致力于金石碑刻和文物字画的寻索收藏事宜，这也成为夫妻二人婚后生活中最为郑重的事情。

闲暇之时，他们赏花赋诗，倾心长谈，有时还会玩些智力游戏。两人斟上香茶，随意说出某个典故，猜它出自哪本书的第几卷、第几页、第几行。猜中者饮茶，不中者不得饮。每次比赛，李清照总是赢，当赵明诚抽书查证时，李清照已满怀自信地举杯在手，开怀大笑，直笑得让茶水四溅。

恩爱伉俪，突遭变数

夫妻时有聚散，李清照思念丈夫，作《一剪梅》云："花自飘零水自流。一种相思，两处闲愁。此情无计可消除，才下眉头，却上心头。"又有《醉花阴》："薄雾浓云愁永昼，瑞脑消金兽……莫道不消魂，帘卷西风，人比黄花瘦。"切切思意使赵明诚感动不已，据说连作数十首应和，可惜都自愧不如。

不幸"靖康之难"，金人南侵，夫妇避难江南，赵明诚竟在流亡中病故！

当时赵明诚被任命为湖州知府，并要到建康（今南京）觐见皇帝。他只好于六月独自策马赴召，因天热和长途跋涉，到达建康后就卧病不起。李清照在带有自传性质的《金石录后序》中记述："途中奔驰，冒大暑，感疾，至行在（南宋临时首都），病痁。七月末，书报卧病。余惊怛，念侯（赵明诚）性素急，奈何病痁。或热，必服寒药，疾可忧。遂解舟下，一日夜行三百里。比至，果大服柴胡、黄芩药，疟且痢，病危在膏肓。余悲泣，仓皇不忍问后事。八月十八日，遂不起，取笔作诗，绝笔而终。"

原来，赵明诚在六七月间染疟疾，病情很重，对丈夫了如指掌的李清照大概知道他的体质不宜服寒药，但医师为退热还是大量使用了“柴胡、黄芩”，致病人合并“痢”，腹泻不止，最终不治。

李清照词学造诣深厚，但认为先生“病痁”就值得商榷，传染病是古代最常见的致死病因不假，况且明诚年仅四十八岁，出发前还“精神如虎，目光烂烂射人”，估计原本体健，但致高烧的感染性疾病很多，疟疾只是其中一种，且多见于林木茂盛的瘴疫地区。那时江南，尤其杭州、南京一带，早已“烟柳画桥，风帘翠幕，参差十万人家……市列珠玑，户盈罗绮，竞豪奢（柳永《望海潮》）”，远不是先秦时期的蛮荒地了。

黄芩、柴胡也是可治疟的。《本草纲目》载：“黄芩，主治诸热黄疸，肠僻泄痢……治热毒骨蒸，寒热往来”，“柴胡主治寒热邪气……肺疟、肾疟、十二经之疟，有热者皆可用之”。它们不但可退寒热，治诸疟，更能止“泄痢”，不过药理不同罢了。至今，中医对疟疾的治疗仍以黄芩、柴胡等为最佳处方。

如此看来，赵明诚之死可能与误诊有关，高热、腹泻，患伤寒也有可能，遑论众多其他病了。

丈夫早逝成了李清照后半生挥之不去的伤感，其词作从此融进了家国破败的巨大悲痛……

这女子，怎一个瘦字了得！

赵明诚之死暂按下不表，另外再来看看李清照的容貌和身体状态。她曾写道：“卖花担上，买得一枝春欲放……怕郎猜道，奴面不如花面好。云鬓斜簪，徒要教郎比并看。”看得出她对自己的长相颇为得意，估计李清照五官至少应属清丽，甚或温婉，一如其词。

除了相貌自信，李清照也极可能身轻如燕、苗条骨感。她的作品多次提到泛舟，大概也是由于轻盈敏捷吧。如少女时代，喝点小酒她“兴尽晚回舟，误入藕花深处”；少妇时代，闺怨难遣便“轻解罗裳，独上兰舟”；上了年纪，孤苦寂寞，“闻说双溪春尚好”，她“也拟泛轻舟”。

“瘦”的意象在现存约四十首易安词中出现的频率高得惊人！看见同龄人玩秋千，她芳心触动，顺口唱出“露浓花瘦，薄汗轻衣透”。暮春时节，疏懒无聊，她会自言自语：“知否？知否？应是绿肥红瘦。”思念丈夫，空虚难当，“莫道不销魂，帘卷西风，人比黄花瘦”就成为她的自恋自怜。当悲痛来袭，无人分忧时，她又感伤“生怕离怀别苦，多少事、欲说还休。新来瘦，非干病酒，不是悲秋”。人生无常，命运多舛，国破家亡，最后只能含泪吟唱“玉瘦檀轻无限恨，南楼羌管休吹”了。

主观感受中对“瘦”的感应如此强烈，李清照应不是一般的“瘦”女、“瘦”妇了，但这很吻合宋代审美观。在宋人画作里，如反映城乡市井平民生活的《清明上河图》、《耕获图》、《七夕夜市图》，反映民俗题材的节令画如《岁朝图》、《观灯图》，以及反映贵族文人生活的《西园雅集图》、《听琴图》等，画中的女性看起来都比男人小一点，都有点削肩，比照唐代画家、宋代画家笔下的女子更为瘦小和娇气。

李清照的瘦，到底与其命运有何关联呢？

在农耕文明和儒家文化发达的古代，生儿育女是女性的社会责任，也是防老养老的依托。可惜，李清照和赵明诚虽情投意合，却没有留下一男半女！史载赵明诚长年在外工作，小两口聚少离多，这也许是没有后代的部分原因。到了金人南侵、靖康之难、宋室南渡之后，奔波劳碌的赵明诚暴病身亡，享年四十八岁，此时李清照也四十五岁上下，在古代的卫生保健和医疗条件下，要想生育恐怕是难于上青天了。这解释固然合理，但有一点也不容忽视，那就是李清照的瘦！

活在宋朝的骨感美人李清照，即使在今天都算很时尚，但这可能给她的家庭和本人的命运，蒙上一层挥之不去的阴影。

年华易老，太瘦难孕

对于大多数适龄婚育的女性来说，怀上孩子是一件很平常的事；但是，对于一些太瘦的女人来说，有时努力多年也不见动静。健康的成年女性体内脂肪含量占全身体重的百分之二十五到百分之三十。女性要维持正常的月经、怀孕和哺乳等生理功能，其体内的脂肪含量必须达到体重的百分之二十二以上。这是因为脂肪组织的多寡与女性体内雌激素的代谢密切相关。女性每次月经都会消耗一定的脂肪量，只有维持正常的月经周期，才可能具备生殖能力，如果脂肪过度减少就会造成不排卵或闭经，受孕会变得很困难。太瘦的话，雌激素容易低下，月经周期不规律，排卵率也较低，难以受孕。研究表明只有体重正常、体内存有适量脂肪，卵巢才能正常工作；如果卵巢功能不正常，正常的生理功能，比如怀孕就会大受影响。总之，女性体重过低会影响受孕的成功率。

此外，怀孕生子很耗费体力，太瘦的女性怀孕较难，就像瘠土长不出好庄稼一样。排除病理因素外，过于骨感的女性容易营养不良，子宫内膜也不易让受精卵着床。英国科学家的一项调查研究发现，腰身纤瘦的女性容易在怀孕早期流产，他们对六百名流产女性以及六千名怀孕超过三个月的女性进行观察与研究，结果显示纤瘦的女性怀孕头三个月比正常女性流产率高出百分之七十二。孕妇过瘦导致的内分泌失调，恐难辞其咎。人体的生理变化发展经过亿万年的进化，每一环节都息息相关，每一步骤都有赖于生命密码的精密运作，稍有差池，都会造成严重恶果。

李清照太瘦，影响了生育能力，这是完全有可能的。由于无儿无女，避难江南、丈夫早逝，伶仃的李清照后半辈子无依无靠，雪上加霜的是，她甚至有过一次短暂、充满家庭暴力的悲惨再婚，婚后还一度锒铛入狱，心力交瘁，一代美女兼才女变得“如今憔悴，风鬟霜鬓，怕见夜间出去”，哀叹“伤心枕上三更雨，点滴霖霪。点滴霖霪，愁损北人、不惯起来听”。“这次第，怎一个愁字了得！”今天读来，实在令人伤感不已。她的词是史上闺怨诗词的顶峰，凄美、哀怨至极，情真意切，入骨三分，最终陪伴她在“寻寻觅觅，冷冷清清，凄凄惨惨戚戚”中了却残生。

亦文亦医苏东坡？

公（苏轼）自海外归，年六十六……同米元章游西山，逭暑南窗松竹下，时方酷暑，公久在海外，觉舟中热不可堪，夜辄露坐，复饮冷过度，中夜暴下……二十七日上燥下寒，气不能支，二十八日公薨。

——《冷庐医话》

命运多舛的苏东坡，中年之后大多数时光都在贬谪中度过，就在他自以为将要终老天涯海角之际，旧皇帝突然驾崩，新皇帝登基了。

否极泰来，乐极生悲

一朝天子一朝臣，打压苏轼的政敌们抵不住残酷的政治规律，迅速土崩瓦解；于是，正在海南岛打发余生的苏轼突然接到圣旨，被调回内地。他压抑不住心中的快意，在《六月二十日夜渡海》中写道："九死南荒吾不恨，兹游奇绝冠平生。"

苏轼北上路过江浙一带，据《冷庐医话》云，当时正值炎炎夏日，天气酷热，他耐不住船舱中高温的煎熬，夜晚敞开胸腹，坐在月下乘凉，刚好舟中提供冷饮，估计是北宋时流行的"冰雪甘草汤”（用甘草、砂糖和清水熬成的冰镇饮料）之类，甘甜爽口，沁人心脾，东坡大悦，豪兴大发，率性而为，遂放开肚皮，一阵子猛灌！岂料因为纵情冷饮，半夜腹部绞痛阵阵，不断排出烂便，甚至水样大便，落下病根①。

守得云开见月明，苏轼刚刚告别海南的穷山恶水，就在柔媚的江南水乡病倒了，腹泻不止，高烧不退，更可怕的是，“齿间出血如蚯蚓者无数”②。

这场暴病不期而至。据时令、诱因、临床症状分析，综合凝血功能紊乱，此病极可能是细菌性痢疾！细菌性痢疾（菌痢）是由痢疾杆菌引起的肠道传染病，好发于夏、秋季，主要表现为发热、腹痛、腹泻，病人反复有便意，但每次排便不多，甚至排黏液脓血便，严重者可发生感染性休克。痢疾杆菌在外界环境中的生存力较强，在饮料、瓜果、蔬菜及污染物上可生存一周到两周。夏季有利于苍蝇滋生及细菌繁殖，且人们喜食生冷食物，因此该时节高发。

---

① 清陆以湉《冷庐医话》：“建中靖国元年，公（苏轼）自海外归，年六十六，渡江至仪真，舣舟东海亭下，登金山妙高台时，公决意归毗陵，复同米元章游西山，逭暑南窗松竹下，时方酷暑，公久在海外，觉舟中热不可堪，夜辄露坐，复饮冷过度，中夜暴下，至旦惫甚，食黄粥觉稍适。会元章约明日为筵，俄瘴毒大作，暴下不止，自是胸膈作胀，欲饮食，夜不能寐。十一日发仪真，十四日疾稍增，十五日热毒转甚，诸药尽却，以参苓瀹汤而气寖止，遂不安枕席，公与钱济明书云：某一夜发热不可言，齿间出血如蚯蚓者无数，迨晓乃止，困惫之甚。细察病状，专是热毒根源不浅，当用清凉药，已令用人参、茯苓、麦门冬三味煮浓汁，渴即少啜之，余药皆罢也。庄生闻在宥天下，未闻治天下也，三物可谓在宥矣，此而不愈则天也，非吾过也。二十一日，竟有生意，二十五日疾革，二十七日上燥下寒，气不能支，二十八日公薨。”

② 同上。

痢疾杆菌经口进入消化道后，发病与否取决于病人抵抗力强弱和细菌的数量、强度。在强壮的人体内，这些细菌多数可被胃酸或免疫系统杀灭；而人体抵抗力下降时，如患有一些慢性疾病（特别是消化系统疾病）、过度疲劳、营养缺乏和暴饮暴食等，即使感染少量病菌也容易发病。

痢疾杆菌侵入肠子的黏膜后，不断繁殖，然后往肠壁逐层逐步侵蚀，其产生的毒素使肠子迅速发炎、溃烂、坏死，毒素也可被吸收入血，引起全身毒血症。

纵情冷饮，感染痢疾

得病之后，患者如治疗不及时，容易由于腹泻不止而导致大量失水、脱水，最终可致休克、衰竭而死。古代中医虽有“清热燥湿、调气行血”，“温化寒湿”，“清热解毒、凉血止痢”等经验治疗痢疾，但在缺乏现代静脉输液和抗生素的年代，病死率还是很高的。

当然，不慎让痢疾杆菌从口而入是患病的原因，这与居住环境、饮食卫生有着密切的关系。为图一时爽快，一派轻松的苏轼，豪情万丈，不加节制地大喝冷饮，在不知不觉中接触污染物而感染痢疾杆菌是可想而知的。

苏轼的体质也是致病的重要因素，毕竟年逾花甲，经受了荒岛贫困生活的长年折磨，营养状况绝对不容乐观。老人即使貌似无病，但“体内平衡”极易被打破，身体好比一根绷紧的弦，稍有冲击即一触即溃。苏轼正是如此，再加上一路鞍马，舟车劳顿，疲惫不堪，身体早处于亚健康状态，暴饮暴食又把脆弱的消化系统逼到死角，进入陌生环境，病从口入，患急性肠道疾病在所难免。

此外，江浙一带，湖泊江河交错，稻田水塘众多，本就容易透过水质而滋生细菌，污染食物，而苏轼奔赴常州已是五六月间，正是痢疾杆菌猖獗之时，他在这个时候不慎染病，实在是自投罗网。

当痢疾杆菌定居在苏轼的结肠、直肠上时，惨剧开始发生了。这些贪婪的细菌拼命蚕食、破坏肠壁的黏膜和血管，使得肠壁坑坑洼洼、破烂不堪，还不断渗出恶臭的脓血，令正常的粪便简直无法成形。这时，苏轼出现严重的腹部不适，不停地跑到茅厕出恭，初期还有一些烂便，慢慢地，便愈来愈频繁，每次排出的烂便、水样便愈来愈少，而里面混杂着的红白脓液则愈来愈多。

人有病，自然联想到医治，可是，苏轼开始时并无求诊打算，不是请不起医师，而是他自以为医。《冷庐医话》说他先是自熬“黄粥”而食，辅“以参苓瀹汤”，甚至自信满满地宣称“当用清凉药，已令用人参、茯苓、麦门冬三味煮浓汁，渴即少啜之”[①]。

苏轼的辩证论治不是空穴来风，作为文学巨匠，在医药学、养生学方面也颇为留心。他乃儒而学医，自信尤善养生，在《东坡志林》、《仇池笔记》、《苏沈良方》等许多著作中，据说都有他的养生

---

① 清陆以湉《冷庐医话》：“建中靖国元年，公（苏轼）自海外归，年六十六，渡江至仪真，舣舟东海亭下，登金山妙高台时，公决意归毗陵，复同米元章游西山，逭暑南窗松竹下，时方酷暑，公久在海外，觉舟中热不可堪，夜辄露坐，复饮冷过度，中夜暴下，至旦惫甚，食黄粥觉稍适。会元章约明日为筵，俄瘴毒大作，暴下不止，自是胸膈作胀，欲饮食，夜不能寐。十一日发仪真，十四日疾稍增，十五日热毒转甚，诸药尽却，以参苓瀹汤而气寝止，遂不安枕席，公与钱济明书云：某一夜发热不可言，齿间出血如蚯蚓者无数，迨晓乃止，困惫之甚。细察病状，专是热毒根源不浅，当用清凉药，已令用人参、茯苓、麦门冬三味煮浓汁，渴即少啜之，余药皆罢也。庄生闻在宥天下，未闻治天下也，三物可谓在宥矣，此而不愈则天也，非吾过也。二十一日，竟有生意，二十五日疾革，二十七日上燥下寒，气不能支，二十八日公薨。”

之论，如《苏沈良方》载“上张安道养生诀”，介绍了自己“闭息内观，纳心丹田，调息漱津”的锻炼方法，并说自己平生“颇留意养生”，“其初效不甚觉，但积累百余日，功不可量，比之服药，其效百倍”。在海南三年，东坡也没有虚度，一边学习海南人如何养生防病，一边种植药材积极实践、创写抗瘴的偏方，忙得不亦乐乎。

贬谪期间行医民间，苏轼为杏林留下了千古佳话。在杭州做知府时，瘟疫大发，他在城中建了一座“安乐”病坊，三年中收治病人近千名，北宋朝廷肯定了这一政绩。他还在《赠眼医王彦若》一文中，把眼睛的生理、病理描写得淋漓尽致，甚至提出饮茶可以防龋之说。

术业毕竟有专攻

一切似乎都提示苏轼的医术可圈可点，可实际效果呢？“二十五日疾革，二十七日上燥下寒，气不能支，二十八日公薨。”医药罔效，东坡落得驾鹤仙去的可怜下场。

苏轼为百姓看病被誉为美政，实质是对儒家爱民思想的赞颂，具体成效则无从统计。传统社会，不少知识分子都对中医有所涉猎，但不等于具备行医资格，只是懂点常识罢了。当然小病可通过食疗或简单用药除之，如同广东人居家旅行，总备些含中药成分的凉茶“睇门口”。

在宋朝，由于皇家带头，许多知识分子都对医学情有独钟，仿佛是一种社会风尚，闲暇时分喜欢翻几页，读几章，甚至露几手，至于水平如何则见仁见智。宋代帝王不仅支持刊刻药学著作，还支持传播医方，如宋太宗赵光义在登基前就非常留心医术，“太宗在藩邸，暇日多留意医术，藏名方千余首，皆尝有验者”（《宋史》）。高粱河之战打败，被辽军神箭手射伤后，因年年必发箭疮之苦，太宗更是“留意医术”，太平兴国六年十二月，他下诏“访求医书”，还令翰林医官院收集“家传经验方”，淳化三年编撰成《太平圣惠方》一百卷，“以印本颁天下，每州择明医术者一人补医博士，令掌之，听吏民传焉”（《长编·卷三三》）。其实老赵家早就有遵医、学医的传统。史书载：“太宗尝病亟，帝（哥哥太祖赵匡胤）往视之，亲为灼艾。太宗觉痛，帝亦取艾自灸。”兄长亲为弟弟艾灸，除了手足情深、兄友弟恭，也可看出赵匡胤是懂点艾灸知识的。

有了太祖、太宗的提倡，后世子孙自然不敢怠慢，广为发扬家族优良传统，亲自实践者大有人在。如某大臣有疾，宋真宗赵恒亲自查阅《御药院方》，选具去痰、明目、进饮食的“生犀丸”，赐其服用。宰相王旦体弱多病，真宗赐其苏和香酒，似乎略有疗效[①]。王旦病重时，“真宗遣内侍问者日或三四，帝手自和药，并薯蓣粥赐之”（《宋史·列传》）。俨然已是大内医家。

有锐意改革志向的宋神宗赵顼自谓熟知治疗方法。王安石为相时，“日奏事殿中，忽觉偏头痛不可忍，遽奏上，请归治疾。裕陵（神宗）令且在中书偃卧，已而小黄门持一小金杯药少许，赐之，云：‘左痛即灌右鼻，右即反之；左右俱痛并灌之。’实时痛愈”（《墨庄漫录》）。神宗指导王安石交叉灌药治疗偏头痛，从现代医学来看似乎无法解释，其巧妙之处实在令人匪夷所思。

不过，与当今一样，媒体愿意报道的还是成功案例。有失尊

---

① 北宋沈括《梦溪笔谈·卷九》：“（王旦）气羸多病，真宗面赐药酒一注瓶，令空腹饮之，可以和气血，辟外邪。文正（王旦）饮之大觉安健，因对称谢。”

严的失败个案是史官们必须三缄其口的！有些“医疗事故”中，肇事的是主治医师皇帝，谁敢惩处？

曾将苏轼一贬再贬的宋哲宗赵煦，听说老宰相韩绛生病了，而且食欲不振，便声称自己正在服用的“金液丹”有开胃奇功，值得一试。“提举翰林医官院”（中央医学院）的长官们得旨后，无不马首是瞻，逐级传达，太医哪敢抗旨？岂料韩老先生年迈，精气已衰，抵不住“金液丹”的一溜猛效，听说皇帝赐药，长叹一声，这天下最大的人情谁敢不领？他自知大限已到，两眼一闭，脖子一仰，违心地服下药，两腿一蹬，预料之中而莫名其妙地一命呜呼。后来，宋朝京城有句话很流行：“宣医丧命。”意思说只要是皇帝叫医师给你治病，你就准备打点行李去阎王那儿报到吧。的确，有些皇帝对医学一知半解，如果他一时兴起，突发奇想，按照自己的见解和体验帮你治病用药，那还有命吗？皇帝赐你御药和赐一尺白绫自行了断，有何区别？

回过头来说苏轼，他在人生出现曙光的瞬间，却黯然离开了历史舞台，无法创作优美感人的作品继续打动世人，实在是莫大的憾事。他于诗词歌赋、琴棋书画，无所不通，但是否熟读《黄帝内经》等基本著作就能通医？医学毕竟与其他专业不同，是一门实践科学，绝不是按图索骥就能一蹴而就的。何况中医最首要者，乃因人而异也，症状同而病根多有不同。至于望闻问切，作为病人的苏轼可用于自身吗？他忘了自己写的：“不识庐山真面目，只缘身在此山中。”

同时，苏轼也忘了韩愈的话“术业有专攻”。看来，与其说他死于痢疾上，毋宁说死在自己手里，死在刚愎自用的心态上。人若是对健康掉以轻心，拿生命开玩笑，代价将会相当惨痛。

差点改写历史的小病菌

比镇江的军队更具杀伤力的敌人突然出现了。霍乱及沼泽地带产生的热病开始流行，很多士兵，尤其新兵，纷纷因此送命。

——《复仇神号轮舰航行作战记》

1842年夏，中英鸦片战争已进入第三年，坐拥百万大军的清政府仿佛一头衰老而遍体鳞伤的大象，面对小股英军的凌厉攻势，俨然被狮子的利爪尖牙撕咬得连招架之力都丧失殆尽。

常胜军的窘迫

6月19日，借助坚船利炮，英军闪电般占领了上海；7月5日，他们又相继攻取战略要地镇江。不可思议的是，一路高奏凯歌的英军冲到南京城下时却迟滞不前，疲态百出，竟成强弩之末，他们士气低落、焦躁不安、进退维谷，只有等待奇迹发生了。英国的战略构想被突然打破，历史曾在这微妙的时刻给大清一个千载难逢的机会，如果他们抓得住，也许整个中国近代史都会改写！

这不能归咎于后勤补给的局限，也并非是清军的回光返照。原来，英军出现了霍乱疫情！许多兵士腹泻呕吐不止，甚至一命呜呼，以至战斗力大打折扣。霍乱和其他传染病使得英国军队损失惨重，参战的英军军官柏纳德（W. D. Bernard）在《复仇神号轮舰航行作战记》（*Narrative of the Voyages and Services of the Nemesis*）一书中忆道："镇江的军队是一支不可轻侮的敌军，我军在镇江战役中所遭受的损失，比以往任何战役来得更惨重，但比镇江的军队更具杀伤力的敌人突然出现了。霍乱及沼泽地带产生的热病开始流行，很多士兵，尤其新兵，纷纷因此送命。"

十余年后，英军在克里米亚战争中与俄军对垒，俄罗斯大地上的霍乱又一次骚扰了英军，成了不少人的死亡诅咒，不过这似乎没有对战争进程构成多大的影响。

1895 年夏天，为抵抗日军侵占台湾，清兵及台湾兵勇共约三千余名正规军参与战役，战死者不下两百多人。日军由于装备先进，实际伤亡并不多，不过这段时间，日军因为水土不服，更因为霍乱、疟疾等传染病的滋扰，造成不少非战斗减员，数目远比阵亡者多。可惜，瘟疫就算站在中国一边，最终也对败局无能为力。

狂魔来袭，不分华夷

霍乱（cholera）由霍乱弧菌引起，又被生动地音译成"虎烈拉"，是一种烈性肠道传染病，夏季最活跃，常经不洁饮用水传播，发病急骤，传播迅速，病患如得不到及时救治，体内水分将被弧菌"榨干"而死。在医学尚未发达的 19 世纪，其病死率极高。

这小小弧菌发源于富饶的恒河三角洲，由于受交通限制，19 世纪以前，霍乱只局限在印度。此后，世界经贸的发展不可避免地打开了霍乱的封锁线，这一蛰伏在文明古国的恶魔开始"走向世界”，从“骑着骆驼旅行”逐渐升级到坐着轮船、火车周游列国，遗患无穷。从 1817 年至 1923 年的百余年间，全球共发生了六次世界性霍乱大流行，每次大流行都曾波及中国，中国东部的水乡正是霍乱菌理想的栖息地。霍乱引起的腹泻是最严重的，病患一天可腹泻十几次，甚至几十次清稀大便。可以说，霍乱弧菌具备把肠道的细胞乃至整个人体的所有水分彻底榨干的可怕能力！很多罹难者死时只剩下一副干瘪的遗体。

在旧中国，多数人不知道什么是民主、宪法，也不知道何为卫生。许多乡镇都能看到便溺遍地，垃圾满街、大粪搬运工用扁担挑着木桶，走到沟渠或河流旁，将污物哗啦一声倒入敞舱驳船之内，污满时，船只便被牵引到乡间的稻田里。秽物就被胡乱倒进水中，沟渠水淤滞不堪，绿色淤泥搅拌着混浊发黄的污水，散发着恶臭。往往就在那些水系旁边，人们正舀水洗马桶甚至拿来饮用，洗衣、洗米、洗菜和做饭！这种情况在水网交错的江南尤甚。霍乱的历次流行多与水体被霍乱菌污染有关，这次却悄悄给英国侵略者制造了麻烦。

霍乱也扭转不了清廷命运

不过，英国等待的奇迹真的发生了！灰头土脸的清廷终究还是迫不及待地请求和谈，让在两难中的英国欣喜若狂，双方很快签订了臭名昭著的《南京条约》。对于如何结束战争、该掳掠多少利益，英国本无多大把握，至少没料到清廷会这么快屈膝投降。英军决策层原本认为至少要拿下南京，清政府才可能会在签约上有所反应，而此时清政府的“敏捷”反应着实令英国人感到意外。

可以说在一定程度上，霍乱让第一次鸦片战争喊停，英国见好就收。腐朽的大清因为没有情报机构，也不知对手正困于“水土不服”，错失扳回一局的良机。

不过话说回来，如果没有霍乱的流行，英军可能会以迅雷不及掩耳之势，乘胜拿下南京，根本不会给清廷太多应对和思考时间。况且，英军拿下南京后，可能不会就此罢手，而是乘着余威和声势进一步扩大战果，到时候大清将会损失更多利益，毕竟英军的战略目标是整个江南地区。

如同一只看不见的手，霍乱无意中影响了鸦片战争的整个进程，但是，顶多只是改写了一场战役，却无法改变一个王朝的悲剧命运，更无法逆转衰老帝国在新兴资本主义强国面前的窘态。

决定一个国家、民族能否站起来，靠的永远是自身的觉醒，以及自强不息的奋斗精神，不可能仰赖外力和侥幸。当时的大清国有多少人懂得这个道理呢？

历史长河在拐弯处稍停了一下，又继续往前流去。

清朝最不祥的一个冬天

病者先于腋下股间生核，或吐淡血即死，不受药饵。虽亲友不敢问吊，有阖门死绝无人收葬者。

——《明·潞安府志》

宋、元之后，随着生产力的发展和人口的大规模流动，曾被视为“不毛之地”的南方陆续开发，瘴疠之地慢慢变少，然而中国版图辽阔，总有穷山恶水，让统治者可以方便流放罪人。

令人望而生畏的流放地

东北地区就曾让不慎获罪者闻虎色变！以黑龙江省牡丹江一带为例，清朝称之为“宁古塔”。它臭名昭著，一直是士人和官员们最不祥的符咒。当时的白山黑水，人迹罕至，森林莽莽，野兽纵横，生活资源匮乏，冬日滴水成冰，极不适合人类居住。流放者简直到了人间地狱，余秋雨考证说，他们往往走到半路就被猛兽吃掉，或者饿晕了被当地土著分而食之，最终到达目的地的幸存者寥寥无几。

清代不少军人、文人、学子及其家属因政治斗争、文字狱或科场案被流放宁古塔，他们当中有郑成功之叔父郑芝豹、文学家吴兆骞、大文豪金圣叹的家属、思想家兼出版家吕留良的家属。

吕留良的弟子被告发谋反，引发雍正大怒，牵连老师，结果吕留良被剖棺戮尸，子孙及门人等或戮尸，或斩首，余下的流徙为奴，罹难之酷烈，为清代文字狱之首。

雪上加霜，东北的疫病也是许多人的噩梦，伤寒、斑疹伤寒、恙虫病……不一而足。1910 年 10 月至 1911 年 3 月，清王朝继续苟延残喘的一个冬天，异常寒冷，就在这个冬天，哈尔滨有六万条生命被一场数百年不遇的大瘟疫吞噬了。

鼠疫肆虐人间

这就是烈性传染病鼠疫。它由鼠疫杆菌引起，原本流行于野生啃齿类动物，鼠是重要传染源，经跳蚤传播，即鼠传蚤再传人，这是鼠疫的最经典传播方式。19 世纪后期，德国微生物学家罗伯·柯霍（Robert Koch）博士最先发现了这一规律，临床表现为发烧、淋巴结肿大、咳嗽、咯血、出血等，传染性极强，死亡率极高，属国际检疫传染病，在中国大陆被列为甲类传染病之首。

古人对鼠疫早就不陌生，清代以前的文献记载，病患“头疼身痛，憎寒壮热，头面颈项赤肿”，“头大如斗”，“一赘肉隆起，数刻立死，谓之疙瘩瘟……至春间又有呕血者，亦半日死”或“一二日即死”，又可“先于腋下股间生核，或吐淡血即死”。有专家根据公元 1644 年初北京周边的疫情特点，再结合气候特征，推测当时京城内出现特大鼠疫，导致明军抵抗力急剧下降，因此京师被李自成轻易攻破，结束了一个漫长的朝代。

如果此时面对敌人和瘟疫来犯，明军如何能守得住？当时在北京的明军名义上有十来万，大疫过后，折损过半。按一位明朝遗民张怡的说法，当李自成的队伍杀奔过来时，能上城墙防守的军人连一万人都凑不齐。不但士兵、小贩、雇工大批倒毙，北京城连乞丐都找不到，守城将官低声下气地求人来守城，“逾五六日尚未集”，崇祯帝只得下令让太监三四千人上了城墙。到了李自成兵临城下时，北京内城上五个城垛才有一个士兵，而且都是老弱病残，“鸠形鹄面，充数而已”，一群乌合之众怎能抵挡李自成的久战之师？“鞭一人起,一人复卧如故”（这个站起,那个又倒下），难道明军甘愿引颈受戮？其实可能是因为疫病流行，官兵们感染后大量死亡，仅存的人员都是半死的病患，虚弱不堪，实在无能为力。如果没有大疫，再不济事，靠着红衣大炮和坚固城防，应该也能多坚持几天，不能让大顺军兵不血刃吧？当年经受“土木堡之变”的明军残部，不就是这样同仇敌忾地把势头正猛的瓦剌军打败，赢得北京保卫战的吗？

鼠疫杆菌喜欢低温，在冰冻的组织或尸体内可存活数月至数年，东北寒冷的天气很适宜生存。不难想象流民或难民生活条件恶劣，衣食不继，卫生状况惨不忍睹，自然又易滋生跳蚤，最终被带菌的跳蚤把恶疾传到人身上,造成严重死亡。“死尸所在枕藉，形状尤为惨然。”当时东三省总督锡良形容鼠疫“如水泻地，似火燎原”。如果按照一般传染方式，皮肤被虫子咬破后，病菌从破损处入侵淋巴结导致发病，故又名“腺鼠疫”。

然而，东北这次瘟疫有这么简单吗？

鼠疫间接促进现代医学？

按照以往处理鼠疫的方式，清廷命人大量捕杀老鼠且焚烧后掩埋鼠尸，以此切断传染源，但出乎意料的是疫情并未好转。一些病理学家通过解剖鼠尸后发现，鼠疫杆菌了无踪迹。这隐隐约约透露出事态的严重性和不寻常性。

后来，清政府任命留学归国的伍连德医学博士为“东三省防鼠疫全权总医官”，深入疫区领导防治工作。

伍连德到达当地三天后，秘密解剖了一位嫁给中国人的日本女客栈主人的尸体，从标本中发现了鼠疫杆菌。清朝官员被请去一同在显微镜下观看，伍博士知道让这些缺少近代医学和科学知识的外行理解导致神秘死亡的原因，并非一件易事。

他通过解剖逐渐得出结论，这次流行的是“肺鼠疫”，而非以往的“腺鼠疫”，传染方式是鼠疫杆菌通过呼吸和飞沫直接在人与人之间传染，而不是间接地从老鼠到跳蚤再到人。这就为防疫工作确定了完全不同的做法：腺鼠疫是采用灭鼠来切断传染源，肺鼠疫则是通过隔离疑似病患来防疫。由此，诞生了伍连德博士亲自设计的加厚型特制口罩。

经过伍连德博士等医疗界先驱的不懈努力，人们终于战胜了这场罕见的瘟疫。由于疫情严重，清政府被迫提高了对公众健康的关注，同时升级医疗举措，例如允许对尸体进行解剖和火化，一些带有现代医学痕迹的治疗和预防方法开始出现。某种程度上，鼠疫横行之日，正是中国现代医学兴起之时。

中国历史上第一次国际性学术会议就是 1911 年研讨鼠疫的“万国鼠疫研究会（International Plague Conference），可见当时鼠疫在中国的流行之严重。研究会结束后，伍连德获颁“医科进士”功名，被授予中华帝国军队相当于少校军衔的“蓝翎顶戴”，并有资格跪拜于紫禁城内御座前，受到为小宣统皇帝代理政务的醇亲王载沣亲自召见。

然而，历史走到这步田地，大清已是风烛残年了，在“龙兴之地”发生如此震惊的事件，绝对不是上天安排的祥瑞，只能是诅咒。乾隆皇帝当年在东北盛京即兴挥毫的“紫气东来”并没有给这个老迈皇朝带来更多福气，此次东北鼠疫大灾结束半年多，武昌起义爆发，清王朝迅速分崩离析，很快寿终正寝。连同大清一起走入坟墓的，还有实施了两千多年的流放制度。

陆

医疗古今事件簿

刑场上的中国解剖学

使太医、尚方与巧屠共刳剥之，度量五脏，以竹筳导其脉，知所终始，云可以治病。

——《汉书·王莽传》

解剖学是现代医学的基础，也是医学生的必修课程，当年我刚接触时，为众多以外国人名字命名的骨骼、肌肉而不胜唏嘘。

鲜血淋漓的解剖史

中华文明源远流长、博大精深，曾几何时也在该领域独步一时，然而却在近五六百年的科技史上，几乎跌入万劫不复的深渊！

中国古人发明了不少“车裂”、“斩首”，甚至“凌迟”这样的酷刑，历代统治者“发扬光大”并一直沿用到清末。砍头也是一门技术，不是一刀劈过去就没事，有些技艺不精的刽子手，或是经验不足，或是心情紧张，刀是砍下去了，可头未掉，受刑者痛苦得凄厉号叫，再砍，还不断，真是悲惨！按理说，行刑者也算专业人员，不深谙解剖学恐难胜任吧！又比如凌迟，受刑者被千刀万剐，史书载有犯人被剐了数天，最后成了一具骷髅而心脏尚动。明朝中期的大太监刘瑾，作恶多端，被处以极刑，据说被剐了三千多刀，剐了整整三天才算了事，这刽子手也太厉害了吧。让罪犯在剧痛中慢慢咽气是刽子手的高明之处，他们的某些解剖能力和知识必然比今天许多只会开研讨、撰写论文的专家更强。

确实，中国解剖学起步很早。司马迁在《扁鹊仓公列传》中介绍过一位上古时代的名医俞附，他能割皮肉，疏经筋，拉开胸腹膜，抓起大网膜，还能洗浣肠胃，漱涤五脏，神奇得让人怀疑太史公加进了西汉时的解剖知识，简直神秘兮兮。而陈寿笔下的华佗则“断肠湔洗，缝腹膏摩……一月之间，即平复矣”，又言之凿凿。

《汉书·王莽传》记载，公元16年，篡汉的皇帝王莽捕获一罪人，对他进行了极残酷的杀戮，“使太医、尚方与巧屠共刳剥之，度量五脏，以竹筳导其脉，知所终始，云可以治病”。难能可“贵”的是，他们在虐杀之余还想到了医用价值，厘清了血管的来龙去脉，可惜，这份血腥的解剖学资料，因年代久远而佚失。

不过，这类医学科研终究不能登上大雅之堂。

北宋时，广西有一批以欧希范为首的反叛者被处死。为了学术和兴趣，宜州推官吴简对五十六具刑尸进行了解剖，与医师和画工仔细地观察了这些尸体的内脏器官，并由画工宋景描绘成图，这便是《欧希范五脏图》。图画失传已久，徒有文字，记录如下：“凡二日剖欧希范等五十有六腹，皆详视之。喉中有窍三：一食、一水、一气，互令人吹之，各不相戾，肺之下，则有心肝胆脾胃，之下，有小肠；小肠下有大肠。小肠皆莹洁无物，大肠则为滓秽。大肠之旁则有膀胱。若心有大者、小者、方者、长者、斜者、直者、有窍者、无窍者了无相类，唯希范之心……如所绘焉。肝则有独片者、有二片者、有三片者，肾则有一在肝之右微下，一在脾之左微上。脾则有在心之左。”虽与现代医学有部分出入，但大体位置描述是正确的。他们已注意到右肾比左肾的位置略低，这是了不起的发现！首领欧希范在“农民战争”史上名不见经传，但居然在解剖学史上留名，不知道方腊、宋江之流会做何感想。

此后一直到清末，有兴趣者大多还是沿吴简的方式找死尸（最常是刑尸）研究，前进的脚步愈来愈慢。虽然有不少医师参与其中，但碍于文化传统，尸体解剖依然只能在遮遮掩掩中进行。清代医学家王清任在行医的过程中，深感解剖知识的重要，“业医诊病，当先明脏腑”，否则“本源一错，万虑皆失”。他研究了古代的脏腑书籍和图形后，发现里面存在着不少矛盾，于是致力于人体脏腑的研究达四十多年。据王清任自述，他在三十岁那年，正在河北滦州稻地镇行医，当时小儿瘟疫流行，每天有不少病童被夺去生命。在穷人以席代棺的义家墓地，他每天清晨都去观看犬食之余的小儿尸体……后来，根据仔细观察，编写了绘有脏腑图谱的《医林改错》一书。对于王清任的大胆实践，当时很多医家对其持否定态度，竟然有“医林改错，愈改愈错”的说法。

古今无奈皆然

西方文明在解剖学这方面并不比中国起步早，但中国在宋、元之后进步缓慢，而大洋彼岸却已突飞猛进了。

这有深刻的文化原因。中国人自古就认为接触死尸是大忌，甚至认为损伤尸体是大不敬的事情。南朝时，一个叫唐赐的人临死前吐了二十多条虫子，他的妻子和儿子按照他死前的嘱咐，解剖了尸体，试图找出病根，结果竟然被当局以不孝不道的罪名斩首于街头。刽子手毕竟是偏门职业，解剖学和其他技术活一样，包括医学，始终不是追求仕途及第、重视文学儒教的古代知识分子眼中的正路，评价好的称奇技淫巧，差的就说邪门歪道。道德伦理对人长期禁锢使科学创新日益滞后，汉唐时的开放进取退化成了保守闭塞。

再说我们的中医国粹。早期的中医学固然得益于解剖学的萌芽，但随着哲学理论的丰富，与之渐行渐远，最终分道扬镳。西医具体，中医抽象。中医喜欢比附推演，玄之又玄，重视看不见、摸不着的“气”、“经络”，很多器官描述并不是来自解剖实践，而是在五行阴阳的指导下“以表知里”，与西方看重的实证主义大相径庭。西方并没有一套强势的、抽象的哲学性医学，从古至今都是注重实证，用实物和实验来论证、推理，继而反用于人体身上。

幸好，有些荒谬的禁忌早就随着社会进步而烟消云散了，那些行之有效的西方思维随着国家的开放而“随风潜入夜，润物细无声”。

但是，我们不难发现在古代漫长的解剖学发展过程中，存有不少官方的身影。

往好处看，可以运用官方的公权力拓展研究，利用话语权传播成果；但往坏处看，由于官员们（非专业人员）的介入，这样的研究有时难免和自然科学发展规律相悖，而且在一个权力社会，他们的“成果”往往就是权威，人们不敢轻易质疑，又使得科学，尤其是自然科学的发展停滞不前。

中国近代科技被西方远远抛离，原因众多，但解剖学史上的坎坷值得深思，特别是对照当下某些大学的办学模式和管理方式，这种借鉴意义实在不容忽视！

刮骨疗伤的一场关公战神秀

羽尝为流矢所中，贯其左臂，后创虽愈，每至阴雨，骨常疼痛。医曰："矢镞有毒，毒入于骨，当破臂作创，刮骨去毒，然后此患乃除耳。"羽便伸臂令医劈之。

时羽适请诸将饮食相对，臂血流离，盈于盘器，而羽割炙引酒，言笑自若。

——《三国志·关羽传》

世间真有不怕痛的人吗？

不是小说，胜似小说

《三国演义》的历史脉络虽与正史《三国志》基本一致，但不少深入人心、耳熟能详的情节或子虚乌有，或张冠李戴，如关老爷的过五关斩六将、华容道释曹操；诸葛亮火烧新野、草船借箭等。不过关羽刮骨疗伤这一节却和正史惊奇地相近："羽（关公）尝为流矢所中，贯其左臂，后创虽愈，每至阴雨，骨常疼痛，医曰：'矢镞有毒，毒入于骨，当破臂作创，刮骨去毒，然后此患乃除耳。'羽便伸臂令医劈之。时羽适请诸将饮食相对，臂血流离，盈于盘器，而羽割炙引酒，言笑自若。"（《三国志·蜀书六·关羽传》）最大的不同仅仅在于正史没有交代华佗的出现，因为，关羽中箭大概在襄樊战役前后，那时，华佗早已被曹操杀死多年了。

如此传神的描绘在陈寿《三国志》中并不多见，此君著书严谨，此书内容可信，但与司马迁的传奇笔法相比，显得惜墨如金而枯燥乏味，人物事迹过于简略，关羽的神人本事几乎不见踪影，引起后人无限的想象空间，唯独上述一段颇为震撼。

真实的情况是手术者乃一不知名军医，虽非华佗但身怀绝技。估计当时军队里大量配置了这样的专业人才。骨头是否中毒，值得商榷，创伤后神经受损引起的隐痛更常见，剖开皮肉刮骨是否有效不得而知，史书也没交代疗效，我们的焦点只在术前的止痛、麻醉上。

扬威部属，未雨绸缪

被诊断之后，关羽有两种选择：第一是保守姑息治疗，但病根不除，症状容易反复，影响战斗力和生活质量，他否决了；第二就是遵照医师的建议。

于是，关羽得面临当时的根治手段——刮骨。这本该在封闭的手术室（当时可能是一间有众多侍从严阵以待，床铺、棉被、药品、绳索齐备的密室）内进行，完全没必要在大庭广众、部下云集之所进行，但关羽不愧为统帅，眼光很远，决定以“造神运动”树立个人威信，以利带兵领兵。据说拿破仑有一句名言：“一头狮子带领的一群羊，可以打败一只羊带领的一群狮子。”看来关羽早他一千多年就懂得其中精髓了。

问题来了，如何止痛？关羽有此打算，必有充分准备。这些沙场老将身经百战，戎马几十年，在冷兵器时代负伤也是家常便饭，自然锻炼出对伤痛的忍耐力，也许真的能以意志力超越常人。太平天国时期的翼王石达开，领兵出走后被困大渡河，后来为了解救全军性命，自知必死无疑，仍前往清营自首，被清朝判凌迟（千刀万剐）处死。他的下属一同被处死，行刑时下属不胜痛楚，惨呼不止。石达开大呼："何遂不能忍此须臾？当念我辈得彼，亦正如此可耳。"他受刑时，被割一千多刀，自始至终默然无声。石达开的凛然正气和坚强意志使清军官兵感到无比震惊，观者无不动容。连敌对势力的清朝四川布政使刘蓉，都不得不如此赞他"枭桀坚强之气溢于颜面，而词句不亢不卑，不作摇尾乞怜语……临刑之际，神色怡然，实丑类之最悍者"。

有些参加过抗日的老战士回忆，战争年代条件艰苦，战伤开刀没有麻药，麻绳就是麻药，为了固定受伤的部位，医师用麻绳把他的伤臂绑在凳子上，直接施行手术，他们咬咬牙就过去，但浑身都湿透了。

但是像石达开这样的强悍豪杰，毕竟是凤毛麟角。强忍的确很艰巨，毕竟是血肉之躯，关羽面对的割肉疗法，有点类似古代的酷刑，和一般的箭伤、刀伤毕竟完全是两回事啊！万一失手，汗流浃背、号啕大叫，必会自毁形象，偷鸡不成反蚀米。况且，满头大汗是生理反射，可不是你想让它不出来就不出来的，这么痛苦的表情，怎么也达不到若无其事、谈笑自若的风度啊。笔者认为关羽应该是使用了古代的止痛办法。

难道他用的是华佗的麻醉药——麻沸散？

古代麻醉法

据《后汉书·华佗传》载："若疾发结于内，针药所不能及者，（华佗）乃令先以酒服麻沸散，既醉无所觉，因刳破腹背，抽割积聚（肿块）。"华佗所创麻沸散的处方后来失传了，据《华佗神医秘传》称：本方由羊踯躅、茉莉花根、当归、菖蒲组成。华佗死时，距关羽手术已经有十年左右，如果华佗真有秘方流传，由北方传到南方也不是没有可能。

问题的症结在于此法类似今日的全身麻醉，病人喝下后熟睡，又如何与众将对饮说笑、展示强人本色呢？更谈不上大显神威了。因此，刮骨疗伤需用保持清醒状态的局部麻醉法。

以古代条件，最有可能的是针灸穴位。针（即砭，头为圆形，前圆后方，方处为柄，以指易捏为宜），当时多为石质，不用金属，针头在焰上炙之微烫，沾姜汁、艾汁或其他药液，立于穴道（如合谷穴或阴穴），可有效止痛。这样一来，关羽既可无痛刮骨，又能清醒地树立英雄形象了。

古代的神奇医术是先民在艰苦条件下积累的宝贵经验，可惜在现代社会，替代品愈来愈多，反显得有点黯淡，但绝未退出历史舞台，只要掌握好症状分寸，仍可发挥意想不到的功效。如分娩止痛，该法主要在双脚的三阴交（内踝上三英寸处）及公孙穴（大脚趾内侧）下针，孕妇生产前二十分钟针灸，就能缓解分娩带来的剧烈疼痛，止痛成功率达七成至八成。中医师下针后，其实患者仍有知觉，但不是痛觉，严格来说只是止剧痛，和西医的打麻醉药让病人丧失感觉不同。针灸虽安全，有其功效，但分娩过程如果发生剧痛而无法忍受等情形，医师建议仍需使用注射麻醉剂。

一物有利必有弊，关键看症状分寸。有些牙科手术由于牙根很深，拔出不易，且周围神经很复杂，针灸止痛方式的成功率不算太高。此外，腹腔大手术由于伤口很大，且腹腔压力较高，所以针灸也不适用。

再看看关羽的结局，高级将领立威固然必要，他却经常滥用，动不动给部下颜色看，骂人过狠，惩罚过甚。后来，关羽出兵伐樊城，部属麋芳、傅士仁因为未能供给足够军需，关羽大怒，扬言回师后将二人治罪。二人心感畏惧，终日惶恐不安，受尽苦头，结果在荆州战役时向东吴吕蒙临阵倒戈，导致关羽腹背受敌，最后败走麦城，被东吴军队擒杀，身首异处，这就是典型的“症状分寸”没把握好啊！

葛洪以毒攻毒治狂犬病

襄公十七年，国人逐瘈狗，瘈狗入于华臣氏，国人从之。华臣惧，遂奔陈。

——《左传》

很多武侠小说都有这样的情节，主角中毒了就用蜈蚣、毒蛇、癞蛤蟆等触目惊心的毒物来“以毒攻毒”，求得化解功效。至今，民间依然有人相信某些偏方，拿毒物治病，结果适得其反。

瘈狗噬人

看来，以毒攻毒不过是金庸等作家笔下的产物，实在不应信以为真，更与现代科学南辕北辙。然而，小说家并非凭空捏造，这种置之死地而后生的疗法其实是有历史根据的。

早在春秋时代，《左传》中就有“襄公十七年（前556年），国人逐瘈狗,瘈狗入于华臣氏,国人从之。华臣惧,遂奔陈”的记载。故事背景是宋国（今河南商丘一带）人驱逐狂犬，狂犬闯入华臣的府第，人们跟在狗后穷追猛打，华臣以为自己是被驱逐的目标，竟吓得跑到陈国去了。由此诞生了一个成语“瘈狗噬人”，意即疯狂的恶人做尽坏事。

瘈狗即疯狗，看来早在二千五百多年前就已知道疯狗的严重危害，因此人们见狂犬就群起而逐之。这可能是中国历史上对狂犬病的最早记载。

战国时期的《吕氏春秋》中还有“郑子阳之难，猘狗溃之”的说法。西汉《淮南子》也载“因猘狗之惊，以杀子阳”，认为郑国丞相子阳之死，是被狂犬咬伤所致。这可能是中国最早的狂犬病病例报道。连社会的高官都惨遭狂犬毒口，一般老百姓就更容易因此命丧黄泉了。

狂犬病毒是狂犬病的罪魁祸首，主要存在于患病动物神经系统中，其唾液也常含有大量病毒。人一旦被患有狂犬病的动物咬伤、抓伤，就有可能遭到病毒入侵。古人总结出“初中毒时，人不觉，平时忽然发惊，日久哮吼，嘶喊叫跳奔跑者，难医”，而且“九死无一生”。特点为怕风、怕光、怕水、全身痉挛抽搐，最终呼吸循环衰竭而亡，对此，早期的巫医也束手无策。

狂犬疫苗的诞生

面对恶疾，勤劳智慧的先民不会坐以待毙。经过多年沉淀，至晚在公元 4 世纪，先民已初步掌握了狂犬病疗法。据东晋医药学家葛洪的《肘后备急方》载，狂犬的脑组织可治狂犬病，“杀所咬犬，取脑敷之，后不复发”。人们发现人被疯狗咬伤后发生狂犬病，推断疯狗是直接祸根，那么疯狗体内一定有某种强烈毒素，这毒素究竟是什么，当时的科技水平无法解答，然而古人推断毒素在疯狗脑部，又据“以毒攻毒”的哲学，尝试取出疯狗脑髓这个“毒”，敷于伤口，以攻击疯狗传给受害者的“毒”。疗效证明，有不少患者真能获救。

其实古代的“人痘”法预防天花，其理念与此如出一辙，效果也颇可观。近代以来，英国人金纳（Edward Jenner）改良的天花“牛痘”法、法国人巴斯德（Louis Pasteur）研制的狂犬疫苗，与之不谋而合，他们是否涉猎过古代中国“以毒攻毒”的思想？不得而知。为了对抗狂犬病，巴斯德尝试提炼疯狗的口水并注射到健康犬的大脑中，不久，被注射的犬发病死亡。经过多次实验，巴斯德推论出狂犬病的病原应该都集中在被害动物的神经系统。于是，他大胆提出假设，从患狂犬病死亡的兔子身上取出一小段脊髓，悬挂在一支无菌烧瓶中，使其干燥，看它是否还有致命的危险。反复试验，他发现没有经过干燥的脊髓是足以致命的，但经过干燥的脊髓较不易致命。如果将未干燥的脊髓研磨后注入健康犬体内，此犬必死无疑；若将干燥后的脊髓注入健康犬身上，这些犬都若无其事地活了下来，巴斯德推断经干燥处理过的脊髓，病原体已经死了，至少毒力非常微弱。最后，他把干燥的脊髓组织磨碎加水制成疫苗，注射到健康犬的脑中，再让它接触致命的病毒，奇迹发生了，它安然无恙！

最后，巴斯德把经过反复传代的狂犬病原体随兔脊髓一起取出，悬挂在干燥、消毒过的小屋内，使之自然干燥十四天减毒，然后再把脊髓研成乳化剂，用生理食盐水稀释，就制成了原始的巴斯德狂犬疫苗，时间是 1885 年。

虽然在那个时代，人们无法知晓狂犬病是由病毒引起而非细菌作祟，但并不妨碍伟大的科学家用实践精神和经验来对抗顽疾，就好比伟大的中医学一样。

医学证明，少量病毒可刺激人体产生有益的抗体，反而中和病毒的侵害，这就是现代疫苗的设计理念。以毒攻毒，并不绝对虚妄。

值得注意的是，无论葛洪抑或金纳、巴斯德，他们都没有踏进 20 世纪的医疗免疫学时代，其成就不是建立在分子生物学的基础上，而是建立在转瞬即逝的灵感创意、细致入微的观察辨别和日积月累的实践经验上，这一点尤其值得令人借鉴。

治不好，就问斩

（咸通）十一年八月，同昌公主薨，懿宗尤嗟惜之。以翰林医官韩宗召、康仲殷等用药无效，收之下狱。两家宗族，枝蔓尽捕三百余人，狴牢皆满。

——《旧唐书·列传》

谁能料到，救死扶伤者竟被残忍地剥夺尊严乃至生命！

文明社会的疮疤

近年社会上频频传出医师被侵犯、杀伤的恶性事件，明智者摇头叹息，从医者心灰意懒，在一个提倡法治的国度，如此丑陋而有悖于文明的暴力行径实在是与时代发展极不和谐。

无独有偶，2015 年 5 月 27 日，澳门中级法院判决两名在诊断上有争议的医师“负刑事责任”一案，令两名医师蒙受不白之冤。原来，十三年前，一对有政府背景的夫妇带着自称腹痛的幼童到医院就诊，据儿科医师的判断和当时的医疗检测水平，医院认为小孩儿患有“胃肠炎或胃肠功能紊乱”，予以对症处理，但小孩儿未见好转，数天后家属签字自动离院前往香港就诊；在香港，小孩儿被诊断“肠套迭”，经手术治疗康复出院。十多年来，家属死揪医师不放，此番居然上诉成功。“肠套迭”或许在转送到香港的过程中发生，或许医师真的水平不够，但澳门中级法院无视卫生局医学鉴定委员会的专业观点，在不明了“肠套迭”典型症状、不听取第三方医疗专家意见的前提下，独断专行，断章取义，认定两名“确曾细心诊察病儿及做出详细的诊疗记录”、充分表现医疗关注的医师，其行为属“有意识的过失，明显触犯过失伤害罪”。此番无视法理，一意孤行，满一家之私，逞一时之快，铸千古之奇冤，成亿代之笑料，一石激起千重浪，顿时造成议论纷纷，医务界人心惶惶、人人自危。澳门原本为人称道的医患关系，可能将沦为敌我矛盾，势同水火。澳门将为此判决而蒙羞获辱，贻笑于海峡两岸、泱泱国际！

其实，不论肉体或精神上，这种事件可统称为“伤医案”，始作俑者至少有千年以上的历史。

骇人听闻的“伤医案”

上古时期，巫医不分，由于百姓对这类神秘的行当敬畏而感恩，对神灵亦不敢有丝毫亵渎，医师尚享有尊崇的地位，但随着社会发展，医疗逐步衍生成独立的学科和职业，其世俗化不可避免，从汉朝开始，行医在人们心中不外乎生意买卖。

悲剧是在谬误日积月累后才爆发的。大唐武德三年，投降李渊、被委任为蔚州总管的枭雄高开道脸颊中箭，矢镞未拔，深陷肉中，苦不堪言，他急招医师诊治。可惜他没有关云长的运气，军中没有妙手回春的神仙军医。临时找来的医师水平有限，曰：“镞深不可出。”希望另请高明，岂料高总管勃然大怒，立刻将该医师推出斩首。后他疼痛难忍，另觅医师，估计伤势很重，医师还是无能为力，答案同前，高开道遂又杀之。伤病太复杂，非人力所及，又或医师能力不济，就算妄自菲薄、投鼠忌器，但毕竟并无欺妄，何罪之有？原来，医师由于能力的局限，不能满足病人的需要，这都是犯罪，而且是死罪！①

一介武夫暴虐野蛮，那么堂堂皇室呢？晚唐时发生了一件骇人听闻的宫廷医疗惨案，史书记载，“(咸通)十一年八月，同昌公主薨，懿宗尤嗟惜之。以翰林医官韩宗召、康仲殷等用药无效，收之下狱。两家宗族,枝蔓尽捕三百余人,狴牢皆满”(《旧唐书·列传》)。宋代孔平仲《续世说》对此事的补充记载：“公主薨，懿宗杀二十余人，收捕其亲族三百余人系京兆狱中。”

原来，当时在位的是懿宗李漼，此时大唐已经风雨飘摇，此君是唐朝最后一个在长安平安度过帝王生涯的皇帝，他对政治不感兴趣也极不成熟，却好大喜功，沉湎享乐，猜疑心又很重，在位不过十来年，居然换了二十一位宰相！

他有一位爱女——同昌公主，被父皇视为掌上明珠。这位如花似玉的皇家公主出嫁到韦家不到四年就不幸染上重病，御医韩宗绍、康仲殷等为公主治病，但未见起色，可怜的公主二十岁便香消玉殒。这可急坏了韦家的人，他们为摆脱责任，赶紧派驸马韦保衡到宫中禀报公主死讯，韦保衡摆出一副伤心欲绝的模样，在唐懿宗面前一边讲述公主临终前的情形，一边痛斥御医们诊疗不当，误投药石。

唐懿宗猛听到爱女的死讯，简直五雷轰顶，趴在龙椅上号啕

① 北宋司马光《资治通鉴·卷一百八十八·唐纪四》：“高祖武德三年十月，唐蔚州总管高开道有矢镞在颊，召医出之，医曰：镞深，不可出。开道怒，斩之。别召一医，曰出之恐痛，又斩之。”

恸哭、痛不欲生，哀痛中，他把驸马的话照单全收，把女儿的死全部归责于御医头上。当即，皇帝宣旨上朝，一面不停地掉泪，一面降旨将二十几个为同昌公主诊治过的御医全部斩首。二十几颗头颅含冤落地，他们的亲族数百人也牵连获罪，全部收入京兆大牢之中。

讽刺的是，这位残忍的帝王却笃信慈悲为怀的佛教，主持过唐朝最后一次隆重迎奉佛骨的仪式，用他自己的话说是“为百姓祈福”，实际上是想给自己带来福气，是为了“圣寿万春”。可惜佛骨真身舍利并没有为这位倒行逆施的皇帝带来福音，佛骨迎入京师当年，懿宗就已经“疾大渐”，身体到了无力回天的地步，很快便呜呼哀哉，年仅四十岁。此时距离同昌公主的死，不过三年。

今天的医疗纠纷与盛怒之下的皇帝老儿相比可谓小巫见大巫吧。《唐律疏议》云：“诸医为人合药及题疏、针刺，误不如本方，杀人者，徒二年半……其故不如本方，杀伤人者，以故杀伤论；虽不伤人，杖六十。”当时法律已明文列医师不按指南准则行医，出现医疗事故后的处理办法。且不论太医是否有过失，抑或公主是否得不治之症，皇帝的一纸判决足见其对法律的蔑视，对生命的冷酷。

中国的法律毕竟是在艰难中前进的，到了宋朝，《宋刑统》对医德、医疗事故、民众医药、饮食卫生、卫生保健、囚犯医药卫生管理等医事管理都制定了惩处的法规，律令将医师的责任事故、技术事故区别对待，使医师不致遭误杀。

今日当然没有人敢凌驾于法律之上，想杀谁就杀谁，但有些执法人员无非就是对着文书照本宣科，依葫芦画瓢，一副书呆子的模样，再加上主观臆测、闭目塞听，于是造就了一场场啼笑皆非的争议。

明清之际，医患纠纷已出现了现今所谓的“第三方鉴定”，如《大清律例》有惩处“庸医杀伤人”的条文规定：“凡庸医为人用药、针刺，误不如本方，因而致死者，责令别医辨验。”意思是说如果不按照国家药典规定的验方开药，致人死亡，需请与当事人没有利害关系的其他医师来检验，辨别其处方是否合理、有无失误。“责令别医辨验药饵穴道”之类，不就是第三方鉴定吗？讽刺的是，时至今日，这种鉴定与调节的方案仍不时见诸舆论，殊不知，这早已不是什么新鲜的主意，几百年前的古人就已经想到了。

古时还有不少病人就诊时，为“考验”医师的医术，有意不将真实病情道出。苏轼曾谈道：“士大夫多秘所患，以验医能否，使索病于冥漠之中。”真是害己害人！

医疗纠纷的根源

医事纠纷之所以产生，核心问题在于医患双方对医家的责任、义务以及权力的认识存在分歧。民国时期一位署名“毅公”的作者就指出医疗纠纷的产生，其中一个重要原因即在医患“对于权利义务的无视或误解”。从这一角度来看，医事纠纷的历史就是这种观念和认同不断演化的历史，病家之所以控告医家是认为医家应对其医事行为负责，但是医家是否应该对此负责呢？显然，病患与医家对此有不同的回答。一个基本的观念分歧即是病家往往认为病患交由医家医治，医家即应该对病患的健康负责。

医家提出病有治有不治，医师所负责的只能是保证尽其所能地进行治疗，却不对疗效负完全责任。对病患来说，如果不能保证治愈，自然不必送医。即便送医，岂不有如被当成实验品了？从医师的角度看，因为病况复杂且医学水平有限，当然也不能保证药到病除、妙手回春，最多只能尽力而为，尽人事、听天命。显然，无论病家与医家，彼此的考虑都没有问题，然而当两者碰撞在一起，却会因观念的差异引发冲突。

今天，人们总是把“伤医案”归咎于体制问题或医师个人道德，很少从民族劣根性找答案。中国人小农经济思想特有的狭隘、自私，使骨子里充满着对“商”的不信任、鄙夷和偏见，既然医疗是一手交钱一手交“服务”的买卖，那么医师与奸商不过是一丘之貉。

再者，许多人并未被真正意义上的社会启蒙洗礼过，严重缺乏契约精神，认定用钱换来的“服务”非要心满意足不可，否则就是对自己最大的冒犯，潜意识里把个人利益凌驾于社会公平之上。

至于法律嘛，那都是束缚他人的绳索，而不是约束自己的警钟。

看看，到底又是谁酿造了杏林中的血泪医殇呢？

医乃仁术，救死扶伤是广大医务人员的天职。为挽救病患生命、守护病人健康，绝大多数医务人员一直在前线废寝忘食、前仆后继、从不退缩。医患之间本应以友谊、信任为桥梁，但是，疾病有其发展过程，岂可刻舟求剑？医学是科学，永无止境，岂能一蹴而就？医师是凡人，学海无涯，岂会一目了然？医疗、法律，各司其职，各具所长，岂可越俎代庖、自以为是、师心自用？

每个医务人员不管其职称如何、地位高低，都有其不足之处，世上并无所谓神医，医学并无法律明文的非黑即白，也不是法律条款的刻板教条，唯有不断修正，才可促使医学之长足进步。每个优秀医师的成长过程，就是不断犯错、持续纠错的过程！倘若医师由于不能立即明确诊断就得获罪伏法，那么，不劳法官大人辛苦审案，医疗同人自当立刻解职、自缚手脚、肉袒负荆、含愧入狱！

医务人员是生命的守护神，对医务人员的伤害，即使在精神上，也是对宝贵生命的亵渎，是没有人性的蛮横行为，从根本上说，也是对广大病患权益的侵害！医患关系的优劣是衡量社会文明的标志之一，全社会都应努力维护。而法律的本意就是公平正义。法律本身不体现公平正义就绝对是恶法，恶法必会损害市民。司法不公不仅会纵容和放大社会的不公，而且必然造成对社会公平正义底线的严重损害，届时法律将无人信任、形同虚设！

邵雍的安乐死抉择

未知生，焉知死。

——《论语》

父子安乐而去

“安乐死”（Euthanasia）是当今各国争论不休的话题，其源于希腊语，即安然死去或无痛苦死亡之意，涉及医学、哲学、经济、法律、宗教、伦理、社会学等各个领域。古代中国虽然没有这个名词，民间却不乏自觉执行这一方式的病人乃至家庭。

先看看宋朝人的例子。公元 11 世纪的北宋著名学者邵雍，是易学家、思想家、哲学家、诗人。他于神宗熙宁十年七月初五日丑时卒，谥康节，后世称邵康节。为什么他去世的时间如此准确呢？原来，根据他儿子邵伯温《邵氏闻见录》的记载，邵雍采用了和父亲“伊川丈人”一样的死亡方式——捐馆。

何谓捐馆？邵伯温介绍当时年近八旬的祖父伊川丈人，某日觉得自己大限已到，遂不吃不喝数天。到了除夕之夜，他召集邵雍和邵伯温等子子孙孙在身旁，自言自语：“到了正月初一，我们就要永别了。”邵雍等人理所当然痛哭涕零，老人家却出奇地阔达：“我儿乃一介布衣（指邵雍），现在靠着学识而名重天下，子子孙孙都重学习、讲孝道，我还有什么放不下的？该安心瞑目了。你们还哭什么？”伊川丈人平素喜欢大杯喝酒，此刻又说：“我与尔等喝酒惜别，如何？”于是邵雍斟了一大杯给他，老人豪爽地一饮而尽，再斟，又饮了半杯，于是开始半醉半醒地躺在床上，赶紧向子孙交代后事，嘱咐他们要薄葬，要节哀顺变。就在这个深夜，老人家在酒精催化的迷糊睡梦中，安然与世长辞。祖父是否得了什么不治之症？当时年仅七岁的邵伯温记不清了，只能笼统地说“无疾”①。

十年后的七月初四，邵雍也自觉将不久于人世，赋诗一首曰：“生于太平世，长于太平世，死于太平世。客问年几何？六十有七岁。俯仰天地间，浩然独无愧。”嘱托完子孙后，当夜，像出行做客一样，拿出最好的服装穿戴一新，盛装告别。家人还摆了简朴的晚餐，备好酒，算是给老人家的饯别之宴。晚宴上，邵雍一顿痛饮，在家人的搀扶下上床，一睡不醒，七月初五丑时卒，轻飘飘地驾鹤西去了②。

---

① 北宋·邵伯温《邵氏闻见录》：“大父伊川丈人尤质直，平生不妄笑语。年七十有九，以治平四年正月初一日捐馆。初无疾，不食饮水者累日。除夜，康节先公以下侍立左右，伯温方七岁，大父钟爱之，亦立其傍。大父曰：‘吾及新年往矣。’康节先公以下皆掩泣，大父止之曰：‘吾儿以布衣名动朝廷，子孙皆力学孝谨，吾瞑目无憾，何用哭？’大父平日喜用大杯饮酒，谓康节先公曰：‘酌酒与尔别。’康节同叔父满酌大杯以献，大父一举而尽，再酌，饮及半，气息微矣。谓康节曰：‘吾平生不害物，不妄言，自度无罪。即死当以肉祭，勿做佛事乱吾教。无令吾死妇人之手。汝兄弟候吾就小殓，方令家之人哭。勿叫号，俾我失路。’康节先公泣涕以从……熙宁十年夏，康节先生感微疾，气口益耗，神日益明……七月初四日，大书诗一章曰：‘生于太平世，长于太平世，死于太平世。客问年几何？六十有七岁。俯仰天地间，浩然独无愧。’以是夜五更捐馆，其治命如大父，伯温不敢违。”

② 同上。

邵雍及其父亲的去世过程带有浓重的宗教色彩，原来，古人谓之“捐馆”，大意是慷慨地弃留恋的府第、家庭，追求极乐世界去了。信奉佛教的古人认为西方是乐土，死亡也叫“归西”。说白了，邵雍他们是自愿用过量饮酒的办法进行安乐死，酒在其中扮演麻醉剂乃至毒药的角色。不过，有些古人不以死为悲，认为还有一个彼岸世界，可以供灵魂遨游。

《邵氏闻见录》虽然没有提供二人患病的经过，但自觉生命走向尽头也不是无缘无故的，看来并非用年龄来参考，邵雍享年六十七，其父七十九，至少是在生理上觉得某些身体功能已经明显衰退，估计也曾初步就诊过，但自我判断痊愈机会不大，为了让自己免于更大的病痛折磨，为了减轻家人的负担，也为了追求心中的极乐世界，便选择了“捐馆”。

安乐死，大不同

回过头再看，从医疗手段来区分，安乐死可分为主动安乐死及被动安乐死两种。主动安乐死是指医务人员或其他人员负责采取某些措施以缩短病人的性命，而被动安乐死是指中止维持病人生命的医治措施，任病人“自生自灭”、顺其自然、自行死亡的行为。我们常常听说的“医师协助自杀”，其实可算是主动安乐死的一种，在这行为当中，医师将足以令病人致死的药物准备好，只剩下最后的启动步骤，交由病人自己执行，故表面看来像是自杀，实际上其动机和行为与主动安乐死并无分别。

由此可见，邵雍及其父都是采用了主动安乐死的方式离开人世，无独有偶，邵雍，字尧夫，号“安乐先生”，仿佛一切都是冥冥中注定似的。

中国古代儒家思想就认为死亡是一种自然规律，不可抗拒，《论语》中有“生死有命”的说法。儒家对于死亡秉持一种顺其自然的态度。但是在生死问题上，儒家特别重视生命中“生”的品质。孔子有一个学生叫子路，曾经问过孔子死是什么，孔子回答道：“未知生，焉知死？”关于生是什么的问题，孔子则有另一番解释：“志士仁人，无求生以害仁。”孔子的意思是说人要先懂得生命和存在的意义，而生命活动的意义在于做出对他人和社会有益的事。

道家思想也对生死有一番见解。《老子》说：“人法地，地法天，天法道，道法自然。”道家认为天、地、人皆在道法之中，道即是自然规律，人由生到死的过程是自然界中的客观规律。从这一点上说，道家与儒家的生死观是相同，都尊重死亡是自然规律的结果。只是道家在对生的观点上与儒家有很大不同，他们更向往长生不老。

在甘肃敦煌莫高窟的《自行诣冢》壁画中，考古学者发掘出了与早期安乐死观念及实施有关的场面。此画描绘一位银须飘逸的老人，端坐坟茔之中，家属亲友有八人与其永别，老伴以袖拂面，面带悲怆之情，而该老人却神态安详，拉着老伴的手嘱托后事。从图旁的藏文题记得知此图画于中唐（881—847年）的吐蕃时期。

尽管讲究孝道一直是中原地区的传统，但周边的民族地区依然会保留一些原始部落的遗风。在人类尚未进入稳定的农耕文明时代，许多部落会把丧失生活自理能力的老人遗弃到野外，让其自生自灭，这种做法更接近于被动安乐死。在当前中国的一些农村，许多医治无望或家庭无法负担医疗费用的老人，都会被家人接回家，放弃一切现代化的治疗手段，在生他养他的那片小天地里了却残生。其实，这又何尝不是被动安乐死呢？

目前，多数人认为被动安乐死在道德上是可以接受的，但主动安乐死则仍有很多争议。因为在主动安乐死中，病人的死因是由医师的作为所导致的，与“他杀”或“谋杀”很难确切界定，故难以被道德和法律所接受。被动安乐死则有很大的不同，在这过程中，医师所做的仅为不予或中止治疗，其动机并不如主动安乐死般明显，故较易为医学界、伦理和社会所接受。

医师的角色

不管人们怎样看待安乐死，它绝非一无是处，原因很简单，医学不是神学，医师是人不是神，他们只能尽力而为，不管医学如何发达，还是有其极限。以现在的科技，某些机器可暂时代替心、肺、肾，让病人“存活”，但是难道就这样装着机器，让他们在混沌或痛苦中过完余生，直至所有的生命迹象消失才算数？全身上下只剩管子和机器的生命，还是不是生命？这样的肉体终究只是一团机器的冰冷合成，看来不是人类所想要的健康。在上帝面前，医师应重拾谦卑之心，从科技回归到人性。

生命就像是一条溪流，而医师就好比天上的霖雨。不管是溪流还是霖雨，不管是病人还是医师，沧海一粟，无非都是自然界的一环，无非都是造物主的杰作，无非都是自然规律的实现者和见证者而已。任何的溪流都有过泉水汩汩的勃发，都有过清澈甘甜的惬意，但也有枯竭干涸的颓唐，甚至会有淤塞污浊的无奈，有的还会进入江海的怀抱，总之，作为独立个体，它必然走向消亡。

霖雨偶尔可以影响溪流的活动轨迹，能不能改变自然的规律呢？当然不能，它甚至难以改变溪流的流动方向。霖雨只能让溪流更广更远，只能让它更洁净更充沛，只能让两边的芦苇水草更繁茂，从而让溪流更状美、更生意盎然而已。一个医师能改变生老病死的自然规律吗？很困难。医师只是让人在生老病死之间活得好看、舒适一点，仅此而已。他不能改变生命的本质和方向。如此说来，医师只是替人世减少苦痛，不管是身体的还是精神的，让他们有尊严地生活。我们不应该过度期待医师具备挪移乾坤、扭转生死的超能力。

只有敢于面对死亡，甚至开始凝视死亡，才能感受到生命的热度，才能辨清人生的模样。面对生命不可挽回的消逝，首要的选择就是善待，每个病人都有血有肉，既懂得全力抢救，又懂得适时放手，才是尊重生命。

我们医师应该做生命的甘霖！当小溪畅快地奔流时，甘霖定会欣慰鼓舞，当小溪最终或流进江河湖海或萎缩干枯，消失得无影无踪时，甘霖请不要悲伤，因为正是你曾有过的无私滋润，让它以另外一种方式继续存在于天地间。

引发朝廷争论的医学著作

此书久经兵火，亡失几尽，偶存于东夷，今此来献，篇帙俱存，不可不宣布海内，使学人诵习。

——《宋朝事实类苑》

中国古代的灿烂文化主要以书籍为载体传世，由于早期印刷的落后、专制君主的禁毁以及兵燹战乱、天灾人祸，很多已散失乃至泯灭，令人扼腕叹息，只有极少数幸运地失而复得，《黄帝内经》就是一例。

有预谋的进献

这部伟大的哲学、医学巨著分《素问》和《灵枢》两册，是唯物辩证与生命科学交相辉映的不朽杰作，理应在世界医学史上享有崇高地位，可惜早在宋朝以前，《灵枢》就绝迹了。

万幸的是，它的下册流落在朝鲜半岛。高丽宣宗大安八年（公元1092年，宋哲宗元祐七年）十一月，高丽使节计划向大宋进献《黄帝针经》（即《灵枢》）等书，但要求换取《历代史》（即《资治通鉴》）和《册府元龟》等典籍。此“换书事件”非同小可，立即在朝野引起争议。有大臣认为“此书久经兵火，亡失几尽，偶存于东夷。

今此来献，篇帙俱存，不可不宣布海内，使学者诵习”。

当时的礼部尚书苏轼，恰逢人生中唯一官运亨通的几年，闻之大呼不可，奋笔疾书，连上奏章加以阻挠。也难怪，区区一医书在士大夫眼中怎比华夏的治国经验？然而哲宗深思熟虑，最终否决苏轼的动议，同意交换，且下诏明年将其颁行天下，此举功在千秋。

《册府元龟》和《资治通鉴》乃政事历史百科全书。苏轼的理由不光在互赠图书层面，其实是对整个对外朝贡制度的彻底否定，因为他认为与高丽国的贸易往来会导致民膏的耗竭、民力的浪费，又涉及强敌契丹的外交纠葛。他还不乏国防意识，担心高丽“图画山川形胜，窥测虚实”，有为契丹做间谍之嫌。此外，“纵横权谲之谋”、“谋臣奇策”也实在不宜让高丽这蕞尔小国涉猎，说白了就是担心人家学到了中华的奇谋智略，并拿去与大辽国分享。

的确，当年日军在甲午战争乃至三十年后全面侵华时，其实早已处心积虑、潜伏间谍组织多年，所绘之中国地图精确到列出村落前后的树木水井，连中国自身绘制的地图都望尘莫及，难怪人家打胜仗了。但是，这就是拒绝文化交流的理由吗?

深谋远虑的宋哲宗

这里存在文化禁运与文化输出的论战。高丽人索要的经典史书，以政治、军事为主，中原流传多年，并非国家机密，其中关于地理、民族、经济的不多，也非司马光等史学家热衷表述的内容，高丽人如为间谍活动而索书，未免幼稚且事倍功半，其主要目的还是向上邦学治国经验、军事谋略、宫廷斗争策略，仰慕中华文化罢了。

至于只有十七八岁的宋哲宗如何做得这般好事，也着实有深层的因素。宋朝医学发展迅速的重要原因之一，就是历任皇帝对医学的倡行和积极参与。在医学教育、医学资料整理、编写校订医书及颁布医药法令方面，宋代皇帝重视有加。宋太祖就下令组织医官修订了宋朝第一部药典《开宝新详订本草》，还开了帝王为医书写序的先河，以后各代都有效仿。宋太宗在未登基前就喜爱医术，还收藏了千余条名方，继位后，又下令让各个翰林医官敬献家传验方，并向民间征集各种良方，最后由御医编成了《太平圣惠方》，太宗不但为此书做了序，还赐了书名。宋真宗是个十分重视养生的皇帝，选了两本经典的养生书籍印刷发行，颁布天下，把养生之术推广到民间。宋仁宗时,国家专门设置“校正医书局”，负责对前代重要医学书籍进行搜集、整理、考证、校勘。可见，他们赵家都有这样的老传统。

还有一点不容忽视,“换书事件”发生时，宋哲宗因年龄不大，尚未开始亲政，实权掌握在太后手里。对于太后的束缚、旧党的窠臼，血气方刚、颇想有一番作为的宋哲宗自然内心很是不满，碰巧苏东坡政治上又属旧党，在这件太后不怎么管的小事情上把旧党整饬一下，未尝不是年轻皇帝的初试手腕。更巧的是,《灵枢》刊行全国不久，太后就病故了，哲宗如愿以偿大权在握，苏轼等人的厄运再次降临，被贬到遥远的广东惠州，政治生命从此终结！

文化交流的神奇力量

中国遗失到海外的文化成果其实很多，幸赖他国的珍视和保存，才得以存在，并通过日后的交流，重回怀抱，继续作为世界文明的共同财产，把成果发扬光大。

《天工开物》也是典型例子。它是世界上第一部关于农业和手工业生产的综合性著作，是中国科技史料中保留最为丰富的一部，有人也称它是一部百科全书式著作，作者是明末科学家宋应星。由于作者具有反清思想且入清后不与当局合作，清朝遂对此书进行封禁，不久，它就在国内失传了，知者愈来愈少，直至泯灭。

等到 300 多年后的民国初年，有一个人去查《云南通志》时发现里面论述冶炼铜矿处，引用过一本名叫《天工开物》的书，他便想看看书的全貌，但遍访图书馆、大学者而一无所获！后来这个人偶然在日本朋友家发现此书的日文版，遂到日本图书馆去查，这一查不要紧，发现这本书居然有英文、俄文、德文、法文翻译本！原始的中文版也逐步浮出水面，由此，这本几乎绝迹的著作才重新回归。

可见中华文化的博大精深、魅力无穷，可见文化交流的神奇伟大。回头看苏轼，他的确比较"保守"，但殊不知死守文化、拒绝示人，也不见得能永远领先，汉人熟谙孙子兵法，但面对野蛮的匈奴、女真、蒙古、满洲，还能望风披靡吗？大清文士对五千年华夏史了如指掌，沾沾自喜于权谋智略，在和洋人打交道时不也捉襟见肘、进退失据，显得愚昧可笑吗？闭关锁国之思，大抵从宋朝开始吧。

文化是软实力，并不假，但它的强度和重要性一点都不亚于军队、矿产、粮食等硬实力。再说，文化这玩意儿，只要人民有需求，就不是当局想禁就能禁的。元祐四年（1089 年），为祝贺辽国皇帝生辰，苏轼的弟弟苏辙代表朝廷出使契丹，这次出使，苏辙深切地体会到契丹民众对他哥哥的崇拜。那时候，李白、贾岛、黄庭坚等人的诗作已成为契丹人学习汉文诗歌的典范，苏轼的诗和名字在契丹人心中更如雷贯耳，在辽原上广为传诵。就在苏辙出使契丹的同一年，苏轼的诗集《眉山集》才刊印不久，苏辙在奉使途中便看到了契丹人翻刻的《眉山集》。当苏辙住进驿馆后，一举头又看到墙壁上题有苏轼的诗文，着实让他吃惊、感慨不已。这就是文化的力量。

且看今日的韩国，通过电影、旅游等手段，输出文化不遗余力，国际影响大增，国力有增无减，已俨然一发达强国。可见，文化是拿来交流的，不能以收藏心态、用闭门锁箱之法保管。一潭死水再清澈甘甜也有枯竭之日，只有交流循环才有不竭的生命力。

从坏血病看中西医学精神

天有四时五行，以生长收藏，以生寒暑燥湿风。

——《黄帝内经·素问》

五行学说是中国传统医学的核心，它认为万事万物都由金、木、水、火、土五种最基本的物质构成，在五行属性的基础上，运用相生相克的关系来解释事物间的相互联系和变化。

医学源头，不谋而合

无独有偶，古希腊的希波克拉底约与战国时代同时，对西方医学发展贡献良多，今人尊之为“医学之父”。他提出“体液学说”，认为人体由血液、黏液、黄胆汁和黑胆汁四种体液组成，这四种体液的不同组合使人们有不同的体质，而它们的比例失调则导致疾病。

由此可见，古代人类在缺乏实证和科学解剖知识基础的情况下，都会用朴素的哲学思想去推演和理解医学，这两种不约而同的学说分别在东、西方深远地影响着各自的医学发展史。当然，理论归理论，治疗疾病的药方却是先民们在与病魔的斗争中逐渐总结出来的，有的有效，有的罔效，有的被现代科技证明合理，有的则早就被证实为历史的荒唐乃至笑话。

坏血病，对中国人高抬贵手？

中国传统医学及建构在其上的养生学，曾一度领先西方。明初郑和下西洋时，为保障船员健康，船队每次都配备了近两百名医官、医士，平均每艘船上设有两名至三名医官，还配备善辨别草药的药工，专门对沿途贸易获得的药材进行鉴定。此外，据说中国人特有的饮食习惯如爱吃蔬菜、喜喝茶，再加上船上种植豆芽和沿岸蔬果补给，使郑和的水手极少患有西方大航海时代骇人听闻的坏血病。

约百年后，带着对东方的幻想和对财富的狂热，麦哲伦舰队进行环球航行，出发时有近三百名船员，.但在归国时却只剩下十八人，大部分水手被坏血病夺走生命。那些可怜的欧洲船员们在远离陆地的海洋上漂泊，仅数月后，有的便感倦怠、全身乏力，有的抑郁多疑、虚弱厌食，更可怕的是，有些人面色苍白、牙龈肿胀乃至出血，并因牙龈及齿槽坏死而致牙齿松动、脱落，还普遍出现关节肌肉疼痛、皮肤有瘀点和瘀斑等症状，随后发生严重内出血，制造了许多亡魂。

坏血病到底是怎样的恶魔？那时候，虽然无人能解释“坏血病”病因，但并不妨碍人们在实践中探索、归纳治疗方案。如果这种病出现在中国，先民照样会穷尽所能，搜集各种民间方子，即使有的疗法今天看来未免可笑。

欧洲人是怎么解决问题的？经长期积累，他们的药方五花八门，如嚼绿树叶、吃蒜蓉混合芥末制成的糊状物、喝海水、喝苹果酒、喝醋酸，甚至还有喝稀释硫酸的，林林总总，不一而足。此时距希波克拉底提出“液体说”已过去了近两千年，漫长的时光早就改变了西方医学的面貌，希氏纵然有圣人色彩，但“液体说”理论几经整理修改、取长补短、反复验证，连同希氏同时代或稍后的解剖学，在批判、否定、吸收中已进化到新的知识水平，有见识的医师不再唯“液体说”马首是瞻。

西方人对科学认识是开放性的，即承认有许多的未知；与之相反，东方主流的知识架构则是封闭性的，也就是认为自己的传统学说已臻完善。中国人遇到疑难杂症时，自然也会用各种方子兵来将挡、水来土掩。不过，我们的医学家绝不会否定五行、阴阳，就像对儒家学说顶礼膜拜一样，医师们对祖师爷——哪怕是两千年前的——敬若神明，对传统理论丝毫不敢越雷池半步，充其量只是不断“丰富”以求自圆其说。而各种药方都必须用传统理论加以阐释后方可入正统医家的法眼。

不破不立

最终，带领水手战胜坏血病的人是苏格兰军医詹姆斯·林德（James Lind）。他听说柠檬汁可能有效，便于1747年，在英国军舰进行实验。这可能是人类历史上最早的临床对照研究试验，当今每一种新药走向市场都必须迈出这一步。当年林德具备超常的思维，他把十二名坏血病船员分成六组，分别接受“试验性药物”，最后一组的药品是柑橘及柠檬。一周后，吃水果的病患已能重返甲板工作，另外接受稀奇古怪疗法的五组均无痊愈者，证实其药方无效。尽管柠檬汁疗法的推广仍颇费周折，但日后终究促使英军向船员配发一种朗兰姆加柠檬汁的饮料，他们自此不再受坏血病困扰了。战争胜负往往取决于军人的健康，凭着柠檬汁，皇家海军称霸海上并参与缔造了“日不落帝国”。英国是大航海时代最终的赢家，它能击败法国、荷兰、葡萄牙等老牌霸主，多多少少也要归功于此项医学实验。西医没有理论桎梏，他们有的是探索精神，尽管当时谁也说不清为何柠檬可治病。

遗憾的是，几乎同时代的大清，拘泥于神圣不可侵犯的理论，传统医学停滞不前，而此时的西方医学早已脱胎换骨。嘉庆、道光年间，有位王清任医师发现前人解剖学论著错漏百出，便根据亲身解剖的实践写成了《医林改错》一书，把他观察到的解剖新知公之于世，大胆否定前人陈说。可惜那些充满理论自信的同行们对此嗤之以鼻，仍抱着上古的五脏六腑不放。有机会拉近中西方医疗科技差距的《医林改错》，最终沦为沾满灰尘的冷门著作，鲜人问津。

20 世纪，西方医学终于证实缺乏维生素 C 是坏血病的罪魁祸首。维生素 C，又名抗坏血酸，是胶原蛋白形成所必需的营养素，它有助于保持间质组织的完整，如结缔组织、骨样组织以及牙本质等。众所周知，大航海时代的水手们每天配给的食物大多是腌肉和干粮，蔬菜水果极少，他们身体的维生素消耗殆尽后得不到及时的补充，不幸染病在所难免。而柠檬、柑橘等水果本身富含的维生素 C 刚好可以填补这一空缺。真相终于大白。

直到此时，中国人才想到急起直追。从对西医的盲目推崇，到对中医的大胆质疑乃至否定，再回归到理智的中、西医结合，炎黄子孙们又走过了一段艰难曲折的道路。也许只有这样的历程，才能明明白白地告诉大众，什么才是医学，什么才是科学。

药典珍本何以流落海外?

孝宗之崩,病热也。院判刘文泰以热剂上,渴甚,索水执不可。阁臣有进瓜者，上啖之。仅能出言，召大臣受顾命……

——《皇甫录·皇明纪略》

《御制本草品汇精要》是明代皇帝下诏太医院编纂修订的国家药品最高法典，这是中国第一部大型彩绘图书，为何竟在异国长眠五百年?

古籍珍品流浪儿

此书根据药用来源分为玉石、草、木、果等十部，正文用朱、墨两色分写，绘有精美的彩色写生图一千三百多幅，编撰者舍弃当时相对成熟的雕版印刷技术，由抄书工匠分色缮写文字，经多位宫廷画师绘图，精工细描，极显名贵，算得上是中国本草史上现存最大、最珍贵的一部彩色药物图谱，具有相当高的中药文献价值。

可这样的珍本却长期流失于海外。20 世纪 30 年代初，收藏在罗马国立中央图书馆的《御制本草品汇精要》开始受到关注。经多年努力，中国终于在 21 世纪初与意大利达成协议，获得拍摄全部精装本的权利，并于2002年首次出版了这部药典。一部举世瞩目的中医巨著却在异国他乡长眠，几近湮没，从诞生到面世居然跨越了五百年！

这就不得不从药典的编撰者说起。

明代中叶，孝宗弘治帝下诏修订本草，让太医院从院使（相当于院长）到御医、医士数十人参与编修，太医院院判（协助院使管理医务）刘文泰担任总裁，这位刘文泰可不简单。

"妄进药饵案"

一般而言，为国家至尊看病的应该是全国顶级的专家，可在腐败的明朝，事实并非如此。据《万历野获编》记载："刘文泰先任右通政，管太医院使。以投剂乖方，致损宪宗。"原来，刘文泰在孝宗之父宪宗成化帝朱见深的诊治失败中难辞其咎，"孝宗命降为院判"。通政司和太医院实际上有很大区别，前者是管理行政的文官机构，而太医院由于专业性强，历来由医家子弟供职。这文人刘文泰其实对医学并不在行，最多懂点皮毛，却攀附权贵混进了"卫生部"，干预医师处方，导致宪宗病情加剧。皇太子朱祐樘当然不能作罢，孝宗即位后决定惩处此人，无奈刘文泰与太监沆瀣一气，最终阴差阳错被"降职"到太医院当"院长助理"，摇身一变竟成了专业人士。

刘文泰醉心于权术，常往来于礼部尚书邱浚之门，以求迁官，其事为吏部尚书王恕所阻，刘文泰竟自为表章，诬陷王恕，其人品可见一斑。

明代宦官干预朝政最臭名昭著，刘文泰与太监互相利益输送，遂得到太监在皇家面前的美言和推荐，居然“援引专侍禁中，遇上（皇帝）及中宫有疾，无论内外科，俱令文泰直入矣”。真不知这江湖郎中是如何妙手回春的，简直拿国家中枢的健康当儿戏。

有太监的暗中相助，刘文泰竟谋得编撰药典的主角，此人虽德行、医术令人不敢恭维，但组织能力尚可。两年后，这部独一无二的大型彩绘药物图典完工，收录药品一千八百多种，图文并茂。孝宗非常满意，还给著作写了序言，不料刚想刊行就突然“患热得疾”，此时刘文泰估计被吹捧得飘飘欲仙，自认能手到病除，再立新功。

明孝宗虽然身体状况一直不是很好，但此次开始得病，自信还是小病，且自己长期善于养生，只要稍作调理便可痊愈，因此并无多大担忧，患病之初还坚持处理政务，但是随着病情进展，服药后的皇帝居然每况愈下。他立刻召见大臣，病恹恹地躺在龙榻上，眯着眼睛说：“热甚，不可耐。”又“命左右取水以布拭舌”，并且交代后事：“朕嗣祖宗大统一十八年，今年三十六，乃得此疾，殆不能起……”

是疾病来势汹汹还是太医处理不当？其实，据史料记载：“孝宗之崩，病热也。院判刘文泰以热剂上，渴甚，索水执不可。阉臣有进瓜者，上啖之。仅能出言，召大臣受顾命……”（《皇甫录·皇明纪略》）

原来，自信满满的刘文泰等人，自以为是，连皇后都对其信任有加，结果“误投大热之剂”，雪上加霜，导致孝宗“烦躁不堪”，在医疗事故中一命呜呼。

医师最主要的本职就是治病，其他一切仅是点缀，遗憾的是时下很多高级医院里充斥着不少凭借发表“科研”论文和海外镀金而晋升高位的知名教授、医师，不时借助各种媒体抛头露面，其实日常并未专注于医术精研，其临床技术往往令慕名而来者失望而归。这有点像刘文泰，所不同者，明代失于政治腐化，而当代咎于体制不全。

“凶手”从轻发落？

作为保障手段，《大明律》有专条对庸医及其医疗行为进行惩处，其中还出现了第三方的医疗鉴定，如“凡庸医为人用药针刺，误不依本方，因而致死者，责令别医辨验药饵穴道，如无故害之情者，以过失杀人论，不许行医。若故违本方，诈疗疾病而取财物者，计赃，准窃盗论，因而致死，及因事故用药杀人者，斩”。刘文泰的所为谈不上故意杀人罪，但在人治的专制社会，把皇帝弄死了，本来也绝不会轻判的。

但从这“妄进药饵案”的处理结果来看，由于有大臣干涉，朝廷对此案主要责任者如刘文泰等人的处理并没有百分之百按照律法的规定执行，由此可见，刘文泰等人实际上拥有复杂的权力人脉背景，不仅仅局限于宦官，还延伸至皇后和朝中大臣。

欠了两位帝王性命的刘文泰最终受到的惩罚不是死刑，仅是流放。一个乌烟瘴气、腐化堕落的朝廷已出现在世人眼前。

那本药典也因编者被流放，殃及池鱼而被打入冷宫，无人问津，明亡时流失。意大利罗马国立中央图书馆的藏本原藏于康熙第十三子怡亲王允祥的安乐堂。这一明代抄本经怡府流落民间后，约在道光末年被外国传教士取得，并携回罗马，但长期以来，不熟悉中文的西方人一直将其当成画册来收藏。著名汉学家李约瑟说：16 世纪中国有两大天然药物学著作，一是世纪初的《御制本草品汇精要》，二是世纪末的《本草纲目》，两者都非常伟大；而前者的名声和影响之所以明显低于后者，只是因为它从未出版过。

医师素养攸关医德、医风

学不贯今古，识不通天人，才不近仙，心不近佛者，宁耕田织布取衣食耳，断不可作医以误世。

——《言医·序》

人们普遍认为医师乃高尚职业，“高尚”一方面是指医者的仁德，另一方面是指医者团体。古往今来，这样的评价代表大众对医师的美好期待。不过，也有些医师实在应该在“高尚”、“文化”面前无地自容。

学问不精，贻笑大方

清代《笑例》云，某医师见街头算卦的术士桌上摆着《易经》，遂感慨万千道：“我当学占卜，不应学医矣。”人问其故，某叹曰：“彼是《易经》，想必容易，哪似医者所学之《难经》，谋生难上加难也。”《难经》原名《黄帝八十一难经》，古代中医学经典著作之一，传说为战国时期秦越人扁鹊所作，以问答解释疑难的形式编撰而成。前述望文生义的浅薄之医能看好病吗？

《冷庐医话》又载，明朝医家戴元礼听说当地某名医技术高明，欣然拜访，门前刚巧听到该医师对取药者大喊：“临煎加锡一块！”

戴元礼大惑，问何故，那医师傲慢地说："此古方耳。"言下之意，这深奥的古方你怎会懂？戴元礼仔细一想，茅塞顿开，原来这位"名医"把"锡"和"饧"混为一谈，"锡"是金属，而古方中的"饧"是用糯米煎制的饴糖。差之毫厘，谬以千里，一字之差，可决生死！

或许你觉得这不过是鸡毛蒜皮，可惜文化向来都是不容轻视的！撇开医德问题，时下年轻医师的文化素质委实不乐观。

数日前，我早晨听到一位实习的政府医院进阶学员交接换班，说昨夜消化科收了个"胃肠功能'索'乱"的患者，实在令人啼笑皆非，连常用词"紊乱"都全然不知。澳门市民日后还得仰赖这些政府医院的大夫啊！又不久前，我看到一位本科刚毕业的医师求职信，内有籍贯一栏，他填"福建葡田"。荒谬！我虽非福建籍，但好歹知道"莆田"这个有点名气的地方！澳门人极少用拼音输入法，多用仓颉笔画输入，该生的错漏显然并非来自同音字的疏忽，而是自小在脑海中就存在完全错误的信息！对家乡名城的无知，是家长的错？还是老师的错？

医师的素质不等于技能

千里之堤，毁于蚁穴。现今的开放社会高速发展，复合型人才的需求与日俱增，如果认为医师只需要懂得诊断、开药和做手术就万事大吉，那未免低估了社会和行业的复杂性。医师固然无须对天文地理、中外历史了如指掌，也无须对诗词歌赋烂熟于心，但总该要对各种知识有所涉猎，这不是附庸风雅，而是提高服务质量的要求。

大学的医学教育终究不能是单纯的职业技能灌输，更应在综合素质上下功夫，这样培养出的医学人才才不会是作业流程中呆若木鸡的复制品，才有成为大师的可能，才有成为社会栋梁的希望！明朝医家裴一中说："学不贯今古，识不通天人，才不近仙，心不近佛者，宁耕田织布取衣食耳，断不可作医以误世。"这未免苛刻，但一个人文知识肤浅的医师，又能具备多高的道德水平？又能走多远？

医学的本质决定了医务人员应具备合格的治疗技术，同时还要有浓厚的人道主义情怀。如同各个行业需要职业素养，培养医务人员职业素养对于改善和提高医疗服务质量至关重要。但遗憾的是，目前中国大陆绝大多数医学院校仍是以医学专业知识教育为主，人文素养教育仍然相对欠缺。

许多有识之士指出，导致内地医师医德、医风下降的原因虽然有市场体制改革、社会风气影响等外在因素，但上述医德问题的争议，关键仍在于医务工作者的人文知识欠缺、道德修养不足、在大是大非面前感到迷惘，这是内因。人文知识修养与现实生活中的医德、医风有着密切的联系。医德败坏、医风不良，本质上是医德的扭曲。

谈及医学人文，很多人都会想到台湾慈济大学医学院，其医学人文教育堪称全球典范。其实，台湾的医学院校普遍都重视医学人文研究，各个院校几乎都设有医学人文研究所，学校也设立了很多医学人文课程。除此之外，学校还要求学生在大四毕业之前修满十八个通识课程的学分，以开阔学生视野。

读完医学课程，在医学院校毕业，并且取得行医资格，过程漫长而艰辛，对绝大多数医师来说，仅仅是职业生涯的起点，而他们走完了这个初级阶段，已经在医学知识上打好了基础。可是，

“知识、文化、智能”这三个词之间到底有何异同，有何关联？有知识的人一定有文化吗？有文化的人一定有知识吗？有文化、有知识的人就一定有智慧吗？

还是让一颗充满谦卑的心，在人生的历练中，回答这个问题吧。

跋

书写完了，犹如一个婴儿的降生，该是起名字的时候了。我苦思冥想，还是想不出什么震古烁今、提纲挈领的好书名，我只想到了和文雅的阅读毫不相干的牛杂！

很多广东人、港澳人都喜欢在路边吃牛杂。顾名思义，这是一种常见的街头小吃，由多种牛的内脏混搭煮成，常以浓郁的柱侯酱汁调味。即使是西装革履、文质彬彬之辈，往往也抵抗不住牛杂的香气诱惑，遂纷纷扯掉斯文的面纱，购来一碗，大快朵颐，直吃得满头大汗，不亦乐乎。

牛杂为什么吸引人？首先一点，就是它的随意性。吃，本是人类的自然本能，为了果腹也好，为了品味也罢，以最自然的状态进入食客的角色，或许才是藏于灵魂深处的奢望。遗憾的是，人的社会功能愈是彰显，人的自由度就愈是受限。想想餐桌上的礼仪，想想和陌生人聚餐的拘束，不禁一声叹息，菜是好菜，却不一定有好胃口。回想起自己写的第一本书，那是框架式的读物，二十五个故事被划分成天衣无缝的五大部分，太像二十五份住院病历了。

所以，这次我干脆打破所有约束，天马行空，没有固定的思路，摒弃既定的格式，扔掉规整的组合，一切医事、趣事、史事均信手拈来，随意发挥而又有机整合，呈现于读者眼前。毕竟，读者不应该是来听课的、来接受医学教育的，他们应该从宝贵的闲暇时光里舒舒坦坦地获得有益、有启发的惬意和乐趣，这才是作者的终极目标。

牛杂的第二个诱人之处：多样性！众所周知，一锅上好的牛杂，几乎囊括了牛一身的所有内脏，包括牛胃、牛肠、牛心、牛肝、牛肾、牛肺以及不可或缺的萝卜等，煮得烂熟，配料还有八角、陈皮、桂皮、甘草、草果、丁香，焯水后又得旺火烧热炒锅，下油，放豆豉酱、蒜蓉、碎老姜，再用葱白爆香，烹以白酒。其滋味可谓包罗万象，百味齐全。对照过去自己的书，总是谈论枯燥乏味的心脑血管、呼吸系统疾病，再加上匪夷所思的传染病、胃肠病，好像把写书当成日常职业的延续……

这次我冲破樊篱，把视角和触角伸向更为广阔的历史、社会空间，聊了心智，写了戒烟，品了荔枝，介绍护齿，分析脱发，调侃白发，间谈中国解剖学的坎坷，回顾中、西医的碰撞，还推测关公刮骨疗伤的止痛秘籍。总之，糅合更多、更杂的“营养”，至于医学知识这一味，或统领全局，或画龙点睛，或承上启下，或只是作为脚注穿插其间，若隐若现。希望广大读者喜欢这种叙事方式。

牛杂之所以好吃，还在于搭配它的柱侯酱，香滑绵软，味浓汁厚。当你手捧小碗，一边观赏街景一边咀嚼入味的牛杂时，可别忘了这美味小吃的幕后功臣。棕褐色的柱侯酱味道鲜美，香气四溢，浓而不咸，入口醇厚甘滑。如果一部作品，仅仅为了介绍某种知识，就很容易走进冷冰冰的死胡同，烹成味同嚼蜡的开水白菜汤。我相信，当作者在作品中融合更多真情实感，汇入更多自身对社会的理解认识、对读者的深情厚谊时，更容易被读者们认同。当然在这个过程中，出版社的热情邀请也是作者笔耕不辍的不竭动力。一言以蔽之，但愿我和出版社一同珍藏的情感，就如同这醇厚的酱料，能够让读者朋友在细细品味、回味之余，有一丝丝的感动。

无论如何，希望各位还喜欢我这锅刚调制好，糅合医学、历史和文学的“杏林牛杂”吧！

2015 年 8 月 16 日